沈岩船政研究系列
马尾船政文化丛书
阳光学院船政专辑

沈 岩／著

纪念船政创办 150 周年

沈岩

船政文化
讲稿精选

社会科学文献出版社
SOCIAL SCIENCES ACADEMIC PRESS (CHINA)

2009 年在周末讲坛
讲船政系列专题

在海西文化讲坛讲
沈葆桢专题

应福州市文明办之邀请，在闽都大讲坛讲海西建设与船政文化

在闽都大讲坛讲海西建设与船政文化，台下座无虚席。记者报道说："沈老师深入浅出、旁征博引的演讲风格征服了大家。全场听众聚精会神，不少人还认真做着笔记。"

参加福州电视台船政节目录制

在船政文化讲坛上讲船政

在船政与近代海军研讨会上演讲

在福建省闽台文化
交流研讨会上发言

在海峡论坛主讲船政与民族气节

在福州外语外贸学院讲船政与中国梦

在船政特展期间与叶昌桐先生合影留念

笔者在台湾举办《船政学堂》讲座后与听众交流并在听众带来的专著上签名留念

2008 年 10 月，台湾东森电视台记者赴福州采访笔者

参加国际教育工作者年会

笔者出席东京大学教育峰会，与代表们在一起

2006年12月25日，与郭学焕一起拜访沈葆桢故居。图为在故居与沈家后裔合影

自　序

　　2009 年，福建省社科联、省图书馆邀我到他们举办的《周末讲坛》，做船政文化专题系列讲座。每月一讲，讲了五讲。讲时都录了视频，编辑后作为视频资料交由中国数字图书馆展播。之后，我经常受邀担任电视台等媒体的嘉宾，应邀到各地开讲座。因此，积累了一些讲稿。在编辑船政研究论文稿时，本想把它们编在一起，但讲稿毕竟和文稿不同，较为简约和口语化，还是单独列为一卷为宜，因此选取部分较为有分量的讲稿，编辑成一集，美其名曰，研究船政文化讲稿精选。

　　近代的中国把船政带到中西文化激烈碰撞的风口浪尖。如何融通中西文化，就必须有求真务实的探索精神。船政是中西文化大碰撞、思想观念大变革的产物。"师夷制夷"就是碰撞的结果。"穷则变，变则通"的变革思想、"东南大利在水而不在陆"的海权意识、"船政根本在于学堂"的人才观、"引进西学，为我所用"和"求是、求实、求精"的教育观、"窥其精微之奥"的留学观等，都是前所未有的思想变革，它让世人为之惊叹，为之振奋。船政的创办本身就是中西合璧的结果。船政人开创了数十个第一，正是探索精神的充分体现。船政精神就是爱国自强的民族精神、重视科教与海权的时代精神，以及融通中西的探索创新精神。

　　1866 年，船政创办，至 2016 年已满 150 周年了。真是弹指一挥间，时间过得太快了。尘封百年之后，我们才关注它、研究它，喜欢上它，是不是太麻木太慢了呢？中国梦，梦起马江。沈葆桢一代人不顾自己的安危，为民族的自强而勇猛精进，死而后已。他们是船政的第一代，肩负起民族复兴的大任，冲破列强的重重阻挠和顽固派的强烈反对，排除万难，终于在小小的马江建起一座通往近代化的桥梁。船政的第二代，在中西文化交流的风口浪尖上，秉承船政的宗旨和遗志，继续图强奋发，尤其是严复等留欧的船政学子，能够站在更高的层面上来审视中国，寻找救国良方。至今，我还始终认为，我们对船政的了解远远不够，对船政的敬畏远远不够，对船政文化的挖掘与弘扬远远不够。

船政文化博大精深，船政精神永放光芒，船政先贤永垂不朽！

周末讲坛——船政文化系列讲座[*]

第一专题　中国近代第一所高等学府

（原定 2009 年 6 月 9 日，后改为 2009 年 7 月 14 日，周六上午 9：30 –
11：30，在福建省图书馆开讲）

说起严复、詹天佑、邓世昌，大家都耳熟能详；但说起他们的母校，
可能有很多人不甚明了。

说起北京大学、清华大学，大家都会翘起拇指——他们确是中国一流
的高等学府；但第一个真正符合近代教育制度的高等学校是哪一个呢？

——赵启正《船政学堂》序

❖ 第一个问题　船政是怎么办学的

一　船政学堂的创办

船政学堂是洋务运动的产物。

洋务派代表人物左宗棠深受林则徐、魏源的影响，决心实践"师夷制
夷"，设局造船。

1866 年 6 月 25 日（同治五年五月十三日）左宗棠上奏清廷《试造轮
船先陈大概情形折》。7 月 14 日上谕批准。

12 月完成征地 200 亩（后扩大到 600 亩），23 日开工建设。求是堂艺

---

[*] 《周末讲坛》为福建省社科联和福建省图书馆主办，每周六在省图书馆开讲。本讲视频资
料已由省图书馆录制，并收入国家图书馆数字推广工程，作为专题视频资料，有兴趣者
可以点播。第一讲录音稿，已由福建省图书馆整理，以题为"中国近代第一所高等学府"
编入海峡文艺出版社出版的《东南周末讲坛选粹》。

局同时开局招生。

中国第一所新式教育的学堂——求是堂艺局诞生。

二　船政是怎么办学的

（一）船政教育的组织管理

1. 船政教育的学堂设置

共有八所学堂，即造船学堂、绘画学堂、艺徒学堂、匠首学堂、驾驶学堂、练船学堂、管轮学堂、电报学堂。

2. 船政教育的办学体制

（1）工学紧密结合的厂校合一体制；

（2）灵活配套、形式多样的办学体系；

（3）与留学深造相结合的培养模式。

3. 船政教育的管理体制

（1）配备高规格、强有力的领导班子。

（2）钦定的领导班子，船政大臣是正一品，知府、知县只能当局员、委员，其规模之大，规格之高，前所未有。

（3）中西结合的管理制度（契约形式与等级制度相结合）：①纳入衙门官僚管理体系的赐衔制度；②通过清廷授权明确船政大臣和洋监督的管理权限；③建立论功行赏的褒奖制度。

（4）分工分权的管理办法：①教学、训导、行政分开；②中、外管理分开。

（5）洋监督与导师责任制：①实行洋监督包教包会的责任制度；②责任到人的导师责任制度。

（6）船政教育的经费投入：①船政经费在闽海关税内酌量提用；②学堂经费列入船政衙门预算。

（二）引入近代教育的教学模式

1. 专业设置

造船学堂：设造船和造机两个专业，培养造船工程师和造机工程师；

驾驶学堂：设航海驾驶专业，培养具有近海和远洋航行理论知识的驾驶人才；

管轮学堂：设航海管轮专业，培养舰船轮机管理专业人才；

练船学堂：设实际航海专业，培养具有近海和远洋实际航行能力的驾驶人才；

电报学堂：设电报专业，培养电报技术人员；

绘图学堂（绘事院）：设船体测绘和机器测绘专业，培养测绘技术人才；

艺徒学堂（艺圃）：设船身、船机、木匠、铁匠 4 个专业，培养技术工人；

匠首学堂：设船身、船机、木匠、铁匠 4 个专业，培养技术监工。

2. 课程设置

前后学堂各专业教学计划分为堂课（理论课）、舰课或厂课（实践课）。

堂课又分为内课、外课（军训、体育等）和中文三部分，其中以内课为重点，内课包含外语课、专业基础课和专业课。

3. 教学管理

（1）教学计划既严肃又灵活；

（2）教材以引进为主，部分自编；

（3）高度重视实习与实训；

（4）学籍管理不完善但很严格。

4. 实践性教学

（1）实验课程国内首创，船政学堂建有物理、化学、气学、电学等一系列实验室。

（2）厂课实习与跟班劳动结合。

（3）航行实训严定。

（4）课程，稽核日记。

5. 学业考核

实行严格规范的平时考核；高度认真的毕业考试；独特的练船毕业考核；讲求实效的厂课考核。

（1）教学设备：高投入的实验设施；以厂为依托的实习设施；昂贵的

练船设施 前后安排"福星"号、"建威"号、"扬武"号、"平远"号、"靖远"号、"通济"号、"元凯"号七艘舰船作为练船。

（2）教学方法：填鸭式的注入式教学；联系实际的现场教学；因材施教、分班教学。

（三）借船出海的师资战略

船政学堂的师资队伍初创时以洋教习为主，后期以自己的教师为主。坚持外籍教师以私人身份受聘的原则，与日意格签订了外籍教师"五年内包教包会"的协议，达到了既"权操诸我"，又引进科学技术的目的。

船政学堂的教习前后选聘四次：第一次由日意格代聘，原计划是37人，实际聘用52人，最多达75人；第二次在1874～1895年间聘洋教习10人；第三次于1896年聘用杜业尔等6人；第四次于1903年聘用柏奥铿等16人。前后四次共聘用洋教习、洋匠107人。

船政学堂中国教师名单如下：

罗丰禄、魏才、方伯谦、陈兆翱、刘步蟾、林泰曾、陈季同、林永升、严复、黄建勋、蒋超英、詹天佑、吕翰、林钟玑、古之诚、陈文濂、林滋汉、郑毓英、郑清濂、魏瀚、黄庭、王回澜、郑守箴、林振峰、王寿昌。

（四）权操诸我的学生管理模式

艺童入学从船政衙门开印日（正月初四日）开始，到封印日（农历十二月二十四）回家，即春节放假10天外，均要上学。艺童统一作息时间。艺童免费食宿，患病的医药费用，均由学堂发给。艺童每月给银四两，俾赡其家，以昭体恤。艺局内宜拣派明干正绅，常川住局。

（1）军事化管理。

船政学堂实际上是一所军事院校。日意格称其为"兵工厂"，英国外交部称其为"水师学院"。

船政学堂的军事管理主要体现在军事教育与训练，以及军队供给制方面，军事训练后以学堂为主。学生堂课毕业后派往福建水师实习舰课，接受军事教育与作战训练。

（2）日常思想政治教育。

（3）船政文化的熏陶。

（4）学生兼习策论，以明义理。

（5）校园文化建设。

船政衙门头门楹联：

且漫道见所未见，闻所未闻，即此是格致关头，认真下手处；

何以能精益求精，密益求密，定须从鬼神屋漏，仔细扪心来。

仪门楹联：

以一篑为始基，从古天下无难事；

致九译之新法，于今中国有圣人。

大堂楹联：

见小利则不成，去苟且自便之私，乃臻神妙；

取诸人以为善，体宵旰勤求之意，敢惮艰难。

（五）开创先河的留学教育

（1）船政学堂的留学教育；

（2）船政教育的深化与发展；

（3）船政教育的重要组成部分；

（4）开创了中国近代学生留学教育的先河；

（5）奠定了中国留学生的留学方式和基本制度。

1872 年派遣幼童留美，是中国政府正式派遣的第一批留学生。

但幼童留美，实际上并不成功：

（1）幼童留美，学制 15 年，时间长，成效慢；船政留学生是成年人，任务是深造，时间短，见效快。

（2）留美幼童出国留学计划欠周密，学习目标不明确；船政学堂留学计划周密，学习目标明确，针对性强。

（3）留美幼童学习差距大，监督不善，问题较多，提前撤回；船政留学管理严格，学习期满通过最后考试，学成回国。

（4）留美幼童可塑性强，模仿西方生活方式引起清廷的不安；船政留学生"深知自强之针"，富有爱国心和强烈的使命感，都能刻苦学习。

日意格的报告——七年艰辛不能废

沈葆桢的奏折——窥其精微之奥，宜置之庄岳之间

大臣广议——均表支持

留学首批派遣　38 名

1877 年 3 月 31 日出发，5 月 7 日抵达法国马赛

华监督李凤苞、洋监督日意格

制造学生 12 名，驾驶学生 12 名，艺圃学生 9 名，已在法国实习的学生 2 名（魏瀚、陈兆翱）。

随员马建忠，文案陈季同，翻译罗丰禄。

留学第二批派遣　10 名

1881 年 12 月出发，1882 年 1 月抵英、法两国

华监督许景澄、洋监督日意格

翻译吴德章（1 届留学生）

制造学生 8 名，驾驶学生 2 名

留学第三批派遣　29 名

1886 年 4 月 6 日出发，1886 年 5 月到达

华监督为原提调周懋琦、洋监督斯恭塞格

翻译李隆芳

制造学生 14 名，驾驶学生 15 名

（另有北洋水师学堂学生 5 名）

留学第四批派遣　7 名

1897 年 6 月 2 日出发，1897 年 7 月到达法国

监督吴德章

翻译沈希南

制造学生 6 名（其中将卢学孟调任比利时学习兼任使馆翻译，把自费留学的魏子京改为留法公费生）

因经费困难，于 1900 年 11 月提前回国。

留学零星派遣　25 名

光绪六年（1880 年），在北洋水师担任要职的船政学堂毕业生刘步蟾率命到马尾，从船政中抽选生徒、舵工、水手等共计 60 多人前往英国伦敦，上船练习，准备从英国接收订制的军舰。（未计入）

光绪二十五年（1899 年），清政府海军衙门选后学堂驾驶 15 届学生王

麟、张哲培赴日本留学，改学陆军。

船政学堂毕业自光绪元年（1875 年）遣赴欧洲游历起，至民国五年（1916 年）最后 2 名学生学成回国止，在 41 年间，陆续派遣出国留学生计 111 名，其中有多人留学 2 个国家以上。

留学成就概略

派遣留学生，要求习英学者可期为良将，习法学者可望为良工。

魏瀚，留学英、法、德、比四国，获法学博士，精通造船、枪炮、铁甲制造诸法，任工程处总工程师，总司造船。

陈兆翱，留学英、法、德、比四国，精通制机诸法，任工程处总工程师，总司造机。

郑清濂，留学英、法、德、比四国，精熟造船和制造枪炮，在德国监造北洋水师主力舰"镇远""定远"两艘铁甲舰，任工程处总工程师，总司快船和铁甲制造。

吴德章、杨廉臣、李寿田，在英、法、比三国留学，精通快船、铁甲和轮机制造，分任工程处造船、制机总工程师。

英国格林尼次官学（即格林威次海军学院）

留学生在思想文化、外交与法律等领域，卓有成就。严复是个典型：他突破了"中学西用"的框框，引进了触动"中学"的"西政"观念；

透视西学，提出了西方国家"以自由为体，民主为用"的精辟论断；

抨击时局，破天荒地揭露专制君主是窃国大盗；

传播西方进化论、社会学理论、经济学理论等，影响了梁启超、康有为等维新派人物；

提出了强国富民的救国方略，提倡"开民智""鼓民力""新民德"；

成为中国近代杰出的启蒙思想家，推动了中国近代社会向科学与民主方向发展。

陈季同将游历所见写成《西行日记》《三乘槎客诗文》，并将中国古典小说《红楼梦》《聊斋志异》等书译成法文本，有法文著作《中国人自画像》《中国人的戏剧》《中国娱乐》《中国拾零》《黄衫客传奇》《一个中国人笔下的巴黎人》《中国故事》《吾国》和喜剧《英勇的爱》等，在文坛上享有盛名。

王寿昌与林纾合作，将法国名著《茶花女》译成中文本《巴黎茶花女遗事》，由魏瀚出资在福州出版发行。

马建忠著有中国第一部汉语语法著作《马氏文通》。

陈寿彭译著《中国江海险要图志》，成书 32 卷，插图 208 幅，对国防、航运、经济等有重要参考价值；他还翻译《格物正轨》等著作多卷，写成《太平洋诸岛古迹考》。

郑守箴译有《喝茫蚕书》，最早介绍西方国家选种育蚕方法。

罗丰禄，1896 年（光绪二十二年）同时担任驻英国、比利时、意大利三国公使。译成《海外名贤事略》《奥斯福游华笔记》等著作。

吴德章，1902 年（光绪二十八年）任驻奥匈帝国公使。

陈兆翱，在留法期间，"创制新式锅炉，法人奇之"，发明抽水机，为西方技术界所推崇，以他名字命名。他又改进轮船螺旋浆，大大提高效率，外国竞相效之。

池贞铨用白石粉制成耐火砖。

林日章为中国采用西法炼银第一人。

池贞铨、林庆升、林日章、张金生、游学诗等系中国最早矿务专家，他们先后参加福建、江西、湖南、广东、安徽、山东、台湾、湖北、四川、贵州、陕西等地煤、铁、铅、银、锡、铜矿的勘探与开采，足迹遍布大江南北。

（六）船政学堂的成就

◆ 近代海军的发祥地

为中国近代海军的建设造就了一批急需的人才

1. 培养了近代的驾船、驾舰人才

福建水师的张成、吕翰、许寿山、梁梓芳、沈有恒、李田、陈毓松、叶琛、陈英、林森林、谢润德、丁兆中、梁祖勋；

广东水师的林国祥、李和、黄伦苏；

南洋水师的蒋超英、何心川；

北洋水师的刘步蟾、林永升、叶祖珪、邱宝仁、邓世昌等。

2. 提供了海军主力舰队的骨干力量

任北洋舰队要职者（1894 年）如下：

左翼总兵　　　　　　林泰曾　　　　　镇远，铁甲旗舰

右翼总兵	刘步蟾	定远，铁甲督舰
中军中营副将	邓世昌	致远，钢甲快舰
中军右营副将	叶祖珪	靖远，钢甲快舰
中军左营副将	方伯谦	济远，钢甲快舰
左翼右营副将	林永升	经远，钢甲快舰
左翼左营副将	邱宝仁	来远，钢甲快舰
左翼右营参将	黄建勋	超勇，巡洋舰
右翼右营参将	林履中	扬威，巡洋舰
后军参将	林颖启	威远，练船
后军参将	萨镇冰	康济，练船
都　　司	李　和	平远，钢甲快舰

诞生了一批中国近代海军的高级将领

叶祖珪（驾驶第一届）　1904年总理南北洋水师，清廷授振威将军。

萨镇冰（驾驶第二届）　1909年为筹备海军大臣，1917、1919、1920年三次任海军总长，1920年5月兼代理国务总理，1922年5月授肃威将军（上将）。

蓝建枢（驾驶第三届）　1918年3月任海军总长，1921年8月授澄威将军。

刘冠雄（驾驶第四届）　1912年3月、1917年二次任海军总长兼总司令，1912年11月授海军上将。

李鼎新（驾驶第四届）　1921年5月任海军总长，1922年继任，1917年1月授曜威将军（上将）。

程璧光（驾驶第五届）　1917年6月任海军总长（未到职），同年任广州护法政府海军总长。

林葆怿（驾驶第九届）　1917年任海军总长。

黄钟瑛（驾驶第十一届）　1912年4月任海军总长兼总司令，1912年11月授海军上将衔。

3. 在抵御外侮中发挥了主力军的重要作用

中国海军舰队第一次抗御外国侵略势力的是船政

在中法马江海战中英勇抗敌的是船政

在中日甲午海战中英勇抗敌的主力也还是来自船政

◆近代科技队伍的摇篮

在船舶制造方面

从同治七年（1868 年）起至光绪三十三年（1907 年），船政共计建造大小兵船、商船 40 艘。当时全国造 50 吨以上的轮船仅 48 艘，总吨位 57350 吨，船政占 40 艘，47350 吨，分别占 83.33% 和 82.56%。1890 年，中国有北洋、南洋、广东、福建四支水师，有舰艇 86 艘，其中向国外购买的有 44 艘，自制 42 艘，船政制造的就有 30 艘，占全部的 34.88%，占自制的 71.43%。

在矿业开采冶炼方面

在近代交通事业中（船舶民用、铁路建设、电信事业）

◆近代教育的先驱与榜样

（1）船政学堂开创了近代教育的先河

（2）诞生了许多近代教育家

沈葆桢本身就是一个非常了不起的教育家

严复 天津水师学堂总教习、北大第一任校长

在《教育大辞典》上名列近代教育家的除严复外，

还有马建忠、陈季同、詹天佑、萨镇冰、蒋超英、魏瀚、叶祖珪等

❖ 第二个问题　船政学堂是不是高等学府

1. 从培养目标看

船政学堂的培养目标：

通船主之学，堪任驾驶

培养能自造舰船、船用机械设备的工程技术人才，以及能独自近海和远洋航行的船舶驾驶人员；

国家紧缺的高级人才；

属于精英教育。

2. 从教育内容看

设置专业：符合近代高等教育分系科、分专业培训专门人才的特点；

课程体系：各个专业，都有其较完整的课程体系和教学计划，包括公共课、专业基础课、专业课和实习实训，基本配套；

师资水平：一流人才，可任教高等教育；

学制时间：最长 8 年 4 个月，每年 355 天（相当 1.8 学年，8 年 4 个月相当于 15 年）。

3. 从教育效果看

毕业生水准：可当舰长、大副、轮机长、大管轮、工程师、翻译等；

留学情况看：可信任，跟得上；

留美幼童回炉：詹天佑 16 人编班学习；

发挥的作用：近代教育史上是空前的。

高等教育史权威专家评价

潘懋元：福建船政学堂堪称中国近代第一所高等学校。

潘懋元：福建船政学堂在建立高等教育体制、为国家培养高级专门人才、促进中西文化交流上，比之清末许多高等学校，影响更深，作用更大。

❖ **第三个问题　船政学堂是不是高等学府的第一家**

历来中国教育史或中国高等教育史，对于中国第一所近代性质的高等学校的考证，有几种论点：

（1）创办于 1862 年的京师同文馆。

（2）创办于 1895 年的天津中西学堂（天津大学的前身）。

（3）创办于 1898 年的京师大学堂（北京大学的前身）。

1862 年创办的京师同文馆，是一所培养通译人员的外国语学校。开办时按原先的俄罗斯文馆旧例办理。而俄罗斯文馆建于乾隆年间，它的前身还可追溯到明代的"四夷馆"（后改称"四译馆"）。这类学校，早已有之，并不是一件创举。

京师同文馆不具备近代高等教育的基本特征。依然是旧式的书院，只不过增加了外国语课程，程度也只相当于小学。直到 1867 年，京师同文馆增设天文算术馆才可以说具有近代高等教育的某些特征。

京师同文馆的天文算学馆也不是中国近代第一所高等学校，无论从创办时间、分科设置专业以及专业课程体系，都应让位于福建船政学堂。

天津中西学堂（天津大学的前身），创办于 1895 年。

京师大学堂（北京大学的前身），创办于 1898 年。

船政学堂创办于 1866 年，分别早其 29 年和 32 年。不言而喻是最早的一家。

船政学堂的历史地位

中国近代引进西方教育模式的第一所高等院校

中国近代第一所海军军事院校

中国近代首创留学生教育制度的高等学府

中国近代第一个产学一体、多元结合的教育机构

近代中西方文化交流的一面旗帜

近代西方先进教育模式中国化的典范

船政办学传统是珍贵的文化遗产

船政办学传统有其深刻的内涵

引进西方教育模式为我所用的办学原则

以契约形式合作和独立自主的组织原则

突破传统、高位嫁接和改革创新、土法上马的办学理念

厂校一体化和工学紧密结合的办学形式

集普教、职教、成教于一炉和高中低结合的办学体系

科技与人文结合、培养爱国情操的教育形式

人才为本、精益求精、因材施教的教学理念

针对性和实用性强的专业设置与课程体系

权操诸我的学生管理模式

引进外教、外文教学与留学深造的培养模式

船政教育模式有其鲜明的特点

从教育目的上看属于精英教育模式

从教育功能上看属于传承教育模式

从教育内容上看属于生活准备模式

从教育组织上看属于弹性教育模式

从教育主体上看属于师本教育模式

从教育方法上看是文本教育与实践教育相结合的模式

船政办学意义深远

1. 船政办学的政治意义

其一，它是思想观念大变革的产物

其二，它是中国近代化先驱性的创举

其三，它培养了向西方追求真理的先行者

其四，它坚持了独立自主的办学原则

2. 船政办学的军事意义

首先，它是维护海权的实践者、先行者

其次，它是中国近代海军的发祥地

再次，在抵御外侮中发挥了主力军的重要作用

3. 船政办学的经济意义

一是为近代工业的发展提供智力支持

二是为近代科技的发展奠定人才基础

4. 船政办学的教育工作意义

第一，创立了近代教育模式，成为各地纷纷效仿的样板

第二，走出了近代教育的新路子，成为中国近代教育的滥觞

第三，建立了近代留学制度，促进中国青年对西方文明的了解

第四，船政办学经验至今仍然有借鉴意义

第二专题　中国近代海军发祥地

（2009 年 8 月 11 日，周六上午 9：30 ~ 11：30，在福建省图书馆开讲）

一　中国的海防

（一）古代中国的海防

1. 上古时代 先民与大海结下了不解之缘

我国海岸线长，港汊和岛屿多，上古时代华夏民族就与大海结下了不解之缘，是世界上最早走向海洋的民族之一。

《周易》记述"伏羲氏刳木为舟"。甲骨文有舟字，说明实物更早。中国是世界上造船技艺起源最早的国家之一。（上：以瓠济水　下：刳木为舟）

河姆渡出土的木桨、舟山群岛出土的陶器、环渤海湾出土的文物，证实了 7000 年前就已出现了舟楫，在 5000 年前就往返于大陆与舟山群岛、辽东半岛之间。

中国是世界上造船技艺起源最早的国家之一。

开封干船坞

徐福东渡

说明先民早已掌握了航海技术

日本蓬莱山

2. 2500 年前就有了海战

战争从陆战到水战，舟船是重要的工具。

公元前 1066 年，周武王伐纣渡过黄河，组织 47 艘船，运 4 万兵。

恩格斯："海军是一个国君和国家所拥有的军舰的总称。"

公元前 525 年，吴楚长江大水战是历史记载最早的水战。吴败楚胜。俘吴之王舟。

公元前 485 年吴齐黄海大海战是我国历史上最早的海战。

3. 海上势力范围的争夺

汉时平定朝鲜。朝鲜，周时封给殷室箕子，几次不臣，几次平定。

南征交趾。交趾是九州之一。

公元前 112 年，汉武帝派楼船，兵 10 万平之。最早的中日海战

公元 663 年日本犯唐。

日本是"汉委奴国"，但不安分，常侵朝、犯唐。

战于锦江口，四战四捷，火烧日船 400 艘。日本此后 900 年不敢来犯。

元代的远征。元军东征。元朝 6 次遣使赴日通好被拒，第 7 次遣使被杀。

1274 年，忽必烈派战船 900 艘远征。日史称"文永之役"。大败日军万余人，矢尽遇风，冒雨回国。

1281 年，分两路进军，大败日军，史称"弘安之役"。日本从此遣使朝贡。

元军征南。

1284 年，战船 200 艘，降缅甸；又征占城（今越南中南部）与安南（今越南北部），使臣服。

1292 年，发兵 2 万，舟千艘，从泉州出发，征爪哇（今印尼爪哇岛）。

4. 世界古代航海史上的创举——郑和下西洋

郑和"比哥伦布（1451 ~ 1506）发现新大陆早 87 年，比迪亚士

（1455～1500）发现好望角早83年，比达·伽马（1460～1524）发现新航路早93年，比麦哲伦（1480～1521）到达菲律宾早116年"（吴晗语）。

郑和下西洋是和平之旅，主旨是"宣德化而柔远人"。但也有不得已的海战，目的是维护和平。第三次下西洋时，郑和访问锡兰山（今斯里兰卡）被诱，锡兰山国王亚烈苦奈儿暗地派兵5万劫掠舟师。攻战六日，亚烈苦奈儿反被郑和所擒并献于朝廷。明成祖悯其无知将其释放。从此恃强凌弱的锡兰山改善了与邻国的关系。

5. 明代抗倭

倭寇是日本海盗集团，14世纪至16世纪活动猖獗，嘉靖（1522～1566）时，江浙一带被杀数十万众

谭纶（1520～1577，嘉靖福建巡抚）戚继光（1528～1587，总兵）俞大猷（1503～1579，总兵）抗倭。16世纪中叶平定沿海倭犯。

泉州抗倭铁炮、敌楼　　崇武古城

戚继光1561年平定沿海倭犯

于山有纪念他的戚公祠和平远台

6. 古代中国全盛时期的海疆

北：库页岛，东：对马岛、济州岛、琉球群岛，南：苏禄群岛、曾母暗沙、新加坡、安达曼群岛

7. 古代的海权意识比较淡漠

在古代，地理气候条件恶劣，各国的生产力水平普遍低下，宽阔浩淼的大海成了天然屏障。海权意识淡漠。

历代封建统治者历来推崇儒家学说，主张和为贵，总体来说是以防为主。

甲午战争前几年，美国海军学院院长马汉发表了海权理论，震动了世界。马汉的海权理论，是将控制海洋提高到国家兴衰的高度。

海权的实质就是，国家通过运用优势的海上力量与正确的斗争艺术，实现在全局上对海洋的控制权力。

（二）近代中国的海防

1. 明代中叶后，闭关锁国

清代海禁愈烈。顺治十八年，迁界30里，"火焚二个月，惨不可言。"

2. 西方工业革命，进入船坚炮利的海军时代

美国发明用蒸汽机转动舵——芬奇船（1786 年，约翰·芬奇）

美国造世界第一艘汽船（1907 年，"克雷蒙德"号）

1819 年，美国"萨凡纳"号，首次横渡大西洋

1838 年，英国造"西利亚士"号，蒸汽机为动力，横渡大西洋

法国造的"格罗尔"号（1859 年，5000 吨级）世界最早的装甲舰

荷兰海军防卫舰"Buffel"号（1868 年），各国海军普遍采用

3. 西方列强入侵

1514 年（正德九年），葡萄牙人来广东海面。

1552 年（嘉靖三十一年），强行上岸，租占澳门。

1626 年（天启六年），西班牙人侵占基隆。

1629 年（崇祯二年）占领淡水。

1642 年（崇祯十五年），西班牙人战胜荷兰人，独占台湾。

1661 年 4 月 21 日，郑成功率兵 2.5 万人、战船 900 多艘，收复台湾。

1662 年 2 月 1 日，荷兰总督揆一投降。

1683 年（康熙二十二年），施琅率战船 230 艘，在澎湖决战，大获全胜，统一了台湾。康熙采纳施琅"断乎其不可弃"的意见，将台湾纳入版图，设一府三县：台湾府、台湾县（今台南）、凤山县（今高雄）、诸罗县（后改名嘉义）。

4. 再次禁海

康熙的出海限制：双桅、40 吨、28 人，华人不得充当外轮管驾。

1717 年（康熙五十六年）重开禁，但只准往东洋，海外华侨不得归国，外轮只能停在澳门。

1757 年（乾隆二十二年）准在广州一处通商，设十三行统一对外。

1792 年（乾隆五十七年），英国使团 700 人访华，要求放宽限制。盛情接待，要求被拒。

1816 年，英再次派使臣来华，因不行跪叩礼，被驱逐出境。

中外贸易，中国顺差。英国输出鸦片，中国白银大量外流。

林则徐虎门销烟。

1839 年在虎门销毁鸦片 1188 吨

5. 鸦片战争，列强入侵，清廷签订了许多丧权辱国的条约

闭关锁国，落后挨打，中国成了列强瓜分的半殖民地。

❖第三个问题　鸦片战争后的中国海防

6. 林则徐虎门销烟后的防范

战略思想　他在总结鸦片战争的教训时，认为"器不良""技不熟"是重要原因，而取胜的八字诀是"器良技熟，胆壮心齐"，并说："剿夷而不谋船炮水军，是自取败也"。

购舰建军　1840年购入美国商船"甘米力治"号，并改装成兵轮，装载了34门英制大炮。还购入了2艘25吨的仿欧式战船——双桅纵式帆船和1艘外轮小火轮。

购买了适用于兵船和炮台的三四千斤或八九千斤的大炮共200多门，自造大炮数百门。

筹划造舰　林则徐离开广东时，携带了战船图式8种，到浙江讨论过造舰问题。

西方学者罗林森在《中国为发展海军的奋斗》中指出："在有些西方人看来，林为了驱逐侵略者已在筹建新式海军。"

7. 变革思潮的形成——师夷长技以制夷

林则徐是"开眼看世界"的第一人，提出了"师夷长技以制夷"的著名方略。

魏源接受林则徐的委托，编撰出一百卷的巨著《海国图志》，提出了建设海军和海防的一系列主张。他认为"夷之长技，一战舰，二火炮，三养兵练兵之法"，强调"善师四夷者，能制四夷；不善师四夷者，外夷制之"，提出了制造船械、聘请夷人、设水师科等设想，建议建立一支拥有百艘军舰的海军。

继《四洲志》《海国图志》之后，留心洋事的著作还有，1844年梁廷枏的《海国四说》，1846年姚莹的《康輶纪行》，1848年徐继畬的《瀛环志略》和稍后的《中西纪事》等。

林则徐《四洲志》、魏源《海国图志》、姚莹《康輶纪行》、徐继畬《瀛环志略》、桂文灿《海防要览》、梁廷枏《夷氛闻记》、何秋涛《朔方备乘》、林福祥《平海心筹》、严如煜《洋防辑要》。

8. 师夷长技的实践——洋务运动

第二次鸦片战争的失败，使更多的中国人觉醒了。在学习西方先进科学技术和思想文化的共识下聚集起来，形成了一股强大的政治势力——洋务派。

1861 年 8 月 22 日，咸丰帝病死热河。慈禧，趁机联合恭亲王奕䜣等人密谋政变，一举夺取了朝政大权。

当时，太平天国运动已经趋于平息，洋务派利用国内外暂时的和平环境这一有利时机，大规模引进西方先进的科学技术，兴办近代化军事工业，培养新型人才，建设新式海军、陆军，引发了一场长达 30 年的洋务运动。

9. 买舰队的尝试

1861 年，咸丰帝大板一拍，决定向西方购买一支现代化的舰队。

掌管中国海关大权的副总税务司赫德怂恿中国政府从英国购买军舰。委托正在英国休假的总税务司李泰国一手经办。

李泰国无视中国主权，擅自代表清政府与阿思本签订合同，任命阿思本上校统领这支舰队。中国人花钱购买一支悬挂外国旗且中国人不能管辖的舰队，朝野舆论一片哗然。清政府不得不遣散了这支不伦不类的舰队，同时也为此付出了 67 万两白银的代价。

二 中国近代海军的建立

（一）船政的创办——海防建设可喜的一步

洋务派代表人物左宗棠深受林则徐、魏源的影响，决心实践"师夷制夷"，设局造船。

同治五年五月十三日（1866 年 6 月 25 日）左宗棠上奏清廷《试造轮船先陈大概情形折》。在折中他首先提出了"惟东南大利，在水而不在陆"的精辟观点。

认为"欲防海之害而收其利，非整理水师不可，欲整理水师，非设局监造轮船不可"，主张在闽设局造船。

同治五年六月初三日（1866 年 7 月 14 日），在不到 20 天的时间内，就形成上谕，作了批准，要求"必尽悉洋人制造、驾驶之法"。

沈葆桢（1820～1879）是林则徐的女婿，也是外甥，榜名振宗，字幼丹、翰宇，侯官县（今福州市区）人。清道光二十七年（1847 年）进士，选翰林院庶吉士。道光三十年（1850 年）授编修。同治元年（1862 年），任江西巡抚。同治五年（1866 年），授总理船政大臣。同治十三年（1874 年）奉命办理台湾等处海防兼理各国事务大臣。次年调任两江总督兼督办南洋海军事宜。光绪五年十一月初六日（1879 年 12 月 18 日）病逝，终年 60 岁，追赠太子太保衔，谥文肃。

主政船政期间，建造"万年清"等 15 艘船舰，建立第一支海军舰队，并培养了一大批科技和海军人才。

船政衙门

福建船政创建表明，加强海防建设的主张，已由鸦片战争时少数先进分子的议论，成为清政府的国防政策，并开始付诸实践。这是近代中国海洋军事观发展进程中一个具有重要意义的进步。

（二）第一支海军舰队的形成

第二次鸦片战争后，清政府萌生了建立新式海军的思想。阿思本舰队流产后，清政府开始探索建设新式海军的途径。福建船政的建立是清政府在海军建设理念上的一个重大突破。

计划自船政铁厂开工之日起，五年之内成船 15 艘，建成一支新式海军。

"万年清"号 1370 吨级长 79.3 米、宽 9.27 米，1869 年 6 月下水

"湄云"号 550 吨级长 54 米、宽 7.8 米，1869 年 12 月下水

1869 年 6 月 21 日沈葆桢奏报，第一号船拟名"万年清"，破格使用渔民出身的副将衔游击贝锦泉为管驾（舰长），用通晓轮机的中国舵工水手 80 余人，不用外国人。

"福星"号 545 吨级长 54 米、宽 7.8 米，1870 年 5 月下水

"伏波"号 1258 吨级长 72.6 米、宽 11 米，1870 年 12 月下水

"扬武"号轻型巡洋舰

1876 年 2 月 5 日"扬武"号访问日本。《万国公报》报道，日本人感到"艳羡""骇异""殊足壮中朝之威"。

清廷直属第一支舰队成立

1870 年船政第三艘兵轮下水后，清廷批准沈葆桢的奏请，成立轮船水师，以李成谋为统领，由船政衙门统辖。

这是近代中国第一支与旧式水师有着根本区别的新式水师，是中国近代海军建设的开端。

福建船政建造的兵轮调往各港口执行任务。

（三）海军认识的深化

沈葆桢：铁甲船不可无。

裴阴森：整顿海军必须造办铁甲。不久，船政局就造出了铁甲舰"平远"号，遂了沈葆桢生前建造铁甲之愿，但距沈葆桢提出要购置铁甲船已迟了10年。它深化了建设新式海军以取代旧式水师的思想。

建造铁甲舰和增加巡洋舰船，与敌在海上交锋，克服了不争大洋冲突的消极防御思想，采取积极的海防战略思想，已经萌生了制海权意识。

海权认识的深刻变化

重陆轻海——海陆并重

单一海防——全方位防范

守土御侮的被动防范——争海权的主动防范

（四）海上争衡的实践——沈葆桢甲戌巡台

1874年2月，日本政府以"牡丹社事件"为借口，派遣陆军中将西乡从道为"台湾番地事务都督"，率兵"征台"。

1868年，日本明治维新，把海军建设作为第一要务。

1872年，设立海军省（比我们早10年）

日本侵台路线，1874年5月，日军在台南琅峤登陆

清政府派船政大臣沈葆桢为钦差大臣赴台办理台务

沈葆桢率舰队赴台

1874年6月14日"伏波""安澜""飞云""万年清""济安"各轮船在闽海集中。

沈葆桢、日意格及布政司潘霨、帮办斯恭赛格等率舰队出发，先后到达台湾。

沈葆桢积极备战

还提出购置铁甲舰2艘，清廷没同意

日本见台湾防务强大，自己羽毛未丰，"不得大逞于台，遂罢兵归"。

这是近代中国海军舰队第一次抗御外国侵略势力入侵台湾的军事行动。它遏制了日本的侵略野心，迫使侵台日军同清政府进行谈判，最后达成了从台湾撤军的协议——《中日北京专条》。

日本被迫撤军，腐败的清政府却承认日本"保民义举"，偿付给白银50万两。

甲戌巡台是中国近代海军自创建以来第一次大规模出航巡逻台湾海域，它在相当程度上遏制了日军对侵台的嚣张气焰，是中国近代海军保卫海疆、保卫台湾的壮举，也显示了船政的成就和功绩。

连横先生高度评价沈葆桢巡台，他说："析疆增吏，开山抚番，以立富强之基，沈葆桢缔造之功，顾不伟欤?"

三 中国近代海军的发祥地

(一) 船政足为海军根基 (孙中山)

1. 船政建立了第一支近代海军舰队，被誉为"中国海防设军之始，亦即海军铸才之基"，其影响十分深远

中日战争之后，英国专栏作家干得利（R. S. Gundry）撰写了《中国的今昔》一书。他写道："在名城福州开办兵工厂与造船所之事。这些事例很快就为各地所仿效。……这就是中国海军的发端。"

2. 建立了中国近代第一个军事基地

设立船政，目的就是整理水师。船政造军舰，制炮，生产鱼雷，为的是武装水师。学堂培养的人才，也是为造舰和水师服务。

洋监督日意格就称其为"The Foochow Arsenal"，即福州兵工厂。

从同治七年（1868年）起至光绪三十三年（1907年），船政共计建造大小兵船、商船40艘。

当时全国造50吨以上的轮船仅48艘，总吨位57350吨，船政占40艘，47350吨，占83.33%和82.56%。

1890年，中国有北洋、南洋、广东、福建四支水师，有舰艇86艘，其中向国外购买的有44艘，自制42艘，船政制造的就有30艘，占全部34.88%，占自制的71.43%。

3. 在抵御外侮中发挥了主力军的重要作用

（1）中国海军舰队赴台抗御日本侵略势力。

1874 年 2 月，日本政府以"牡丹社事件"为借口，公然无视中国主权，率兵"征台"。沈葆桢率领船政自造兵舰为主的舰队开赴台湾，遏制了日本的侵略野心。

（2）在马江海战中抗敌法国侵略者。

当时的福建水师 21 艘舰船中的有 14 艘是船政建造的，占了 2/3。舰船的全部管驾人员也都是船政学堂的毕业生。船政各厂工匠也"均著力于办防，赶制水雷、炮弹、炮架等事"，以支持抗法战争。

船政培养的水师官兵奋起抵抗，"福星"号着火，管带陈英毫无惧色，带头跳入火海。吕瀚、许寿山、叶琛、林森林、梁梓芳 等管带也都英勇奋战，表现了爱国主义精神和大无畏的英雄气概。中法海战，我方死亡近千人，列入名册的 736 人，写下了中国近代海军史上最为惨烈的一页。

（3）在甲午海战中英勇抗敌坚贞不屈。

在中日甲午海战中，北洋船舰多数购自英德，只有"平远"号是船政制造的。

支援的船舰，船政制造的有"开济""镜清""寰泰""福靖""广甲""广乙""广丙"等。

北洋水师舰船的管带多数是由船政培养的。

左翼总兵	林泰曾	镇远、铁甲旗舰
右翼总兵	刘步蟾	定远、铁甲督舰
中军中营副将	邓世昌	致远、钢甲快舰
中军右营副将	叶祖珪	靖远、钢甲快舰
中军左营副将	方伯谦	济远、钢甲快舰
左翼右营副将	林永升	经远、钢甲快舰
左翼左营副将	邱宝仁	来远、钢甲快舰
左翼右营参将	黄建勋	超勇、巡洋舰
右翼右营参将	林履中	扬威、巡洋舰
后军参将	林颖启	威远、练船
后军参将	萨镇冰	康济、练船

都　　　司　　　　　　李　和　　　　　　平远、钢甲快舰

船政培养的海军将领英勇抗敌，以死报国，与战舰共存亡。

致远管带邓世昌命舰开足马力冲撞日舰"吉野"时，中雷舰沉。与爱犬同没水中。

"定远"管带刘步蟾，在提督丁汝昌受重伤后，督阵指挥，变换进退，发炮伤敌督船，船中弹沉没时，"遂仰药以殉"。

林永升誓死奋战，中弹牺牲。

黄建勋、林履中舰沉落水，拒救助。

（二）闽堂是开山之祖（李鸿章）

船政开创了近代教育的先河，继之而起的其他学校都直接或间接地受到了船政学堂的影响，船政学堂的办学方针、教育规模和教育体系成为当时中国创办近代教育的重要蓝本。

天津水师学堂创办时，李鸿章就说："此间学堂（指天津北洋水师学堂）略仿闽前后学堂规式。"

张之洞于1887年创办的广东水陆师学堂时也说："其规制、课程略仿津、闽成法，复斟酌粤省情形，稍有变通。"

其他如昆明湖水师学堂、威海水师学堂、江南水师学堂等实际上也是"略仿闽前后学堂规式"。

沈翊清："船政制造、驾驶两学堂，自左宗棠、沈葆桢创设以来，规模皆备，人才辈出，为中国南省开学风气所最先。"

马尾船政学堂不单成为各地纷纷效仿的样板，而且其教师和毕业生，很多被派到各地担任要职.

1879年，天津设水师营务处，李鸿章即派马建忠在营务处办理海军事务。

次年，天津水师学堂设立，李鸿章先调曾任船政大臣的吴赞诚筹办，后派久任船政提调的吴仲翔为总办，聘船政留学生严复为总教习（后任会办、总办）。船政首届留学生萨镇冰亦在此任教。

1887年，广东水师学堂成立，吴仲翔又被任总办。

1890年，设立江南水师学堂，调蒋超英为总教习。

1904 年设立广东水师鱼雷学堂，魏瀚为总办。

1904 年设立南洋水师学堂，叶祖珪为督办。

（三）船政学堂成就之人才，实为中国海军人才之嚆矢（清史稿）

（1）船政培养海军军官和军事技术人才 1100 多名，占中国近代海军同类人员的 60%。

（2）船政学生和闽籍海军人士在海军界发挥了重要作用，形成所谓马尾系和闽系。

马尾系是马尾船政学堂培养的海军骨干。

晚清和民国时期船政毕业的海军高级将领：

叶祖珪（驾驶 1 届）：1904 年总理南北洋水师。

萨镇冰（驾驶 2 届）：1909 年为筹备海军大臣，1917、1919、1920 年三次任海军总长。

蓝建枢（驾驶 3 届）：1918 年 3 月任海军总长。

刘冠雄（驾驶 4 届）：1912 年 3 月、1917 年二次任海军总长兼总司令。

李鼎新（驾驶 4 届）：1921 年 5 月任海军总长。

程璧光（驾驶 5 届）：1917 年 6 月任海军总长（未到职），同年任广州护法政府海军总长。

林葆怿（驾驶 9 届）：1917 年任海军总长。

黄钟瑛（驾驶 11 届）：1912 年 4 月任海军总长兼总司令。

闽系是指在海军界的闽籍骨干。

谢葆璋：北洋政府时期曾担任海军部代理总长、海军中将。

杨树庄：北洋政府海军总司令、国民革命军海军总司令、国民政府海军部部长。

蒋拯：北洋政府中国总司令，海军中将。

林永谟：护法军政府海军总司令、中将。

饶怀文：北洋时期民国海军总司令、中将。

总而言之，船政是中国近代海军的发祥地，在海军发展史上的历史地位是谁也抹杀不了的。作为后来者，必须鉴史通今，弘扬船政文化，把我们的国家和社会建设得更加富强美好。

第三专题　中国近代工业文明的起步①

（一）第一个问题　关于近代化

1. 人类历史上的第三次大转变

在人类历史长河中，有三次伟大的革命性转变。

第一次：人类的出现。

第二次：人类从原始状态进入文明社会。

第三次：从农业文明或游牧文明逐渐过渡到工业文明。

社会学者、历史学者一般把人类历史上的第三次大转变理解为现代化（或近代化）。

2. 近代化是一场社会变革

近代化就是向近代文明进化。它以科技为动力，以工业化为中心，以机器生产为标志，并引起经济结构、政治制度、生活方式、思想观念全方位变化。

洋务运动：洋务派为了"自强""求富"，通过采用西方先进的生产技术，企图摆脱内忧外患困境的运动。

3. 福建船政就是洋务运动的产物

4. 在近代化进程中船政成就卓著

在洋务运动中，船政是"开山之祖"。

船政的成就最为显著，影响最为广泛深远。

（二）第二个问题　船政与近代工业文明的起步

1. 中国近代造船工业的先驱

船舶工业是机械工业的集大成者，是机械生产水平的综合反映。

---

① 2009 年 9 月 15 日，周六上午 9：30～11：30，在福建省图书馆开讲。

船政的船舶工业水平代表了当时中国的最高水平。

从同治七年（1868年）起至光绪三十三年（1907年），船政共计建造船舶40艘。

船政建造的舰船40艘：

> 万年清、湄云、福星、伏波、安澜、镇海、杨武、飞云、靖远、振威、济安、永保、海镜、琛航、大雅、元凯、艺新、登瀛洲、泰安、威远、超武康济、澄庆、开济、横海、镜清、寰泰、广甲、平远、广乙、广庚、广丙、广丁、通济、福安、吉云、建威、建安、建翼、宁绍。

当时全国造500吨以上的轮船仅45艘，总吨位57805吨。

船政占37艘（吉云是拖轮未记入），47388吨，分别占82.22%和81.98%。

江南制造局7艘，9917吨，分别占15.55%和17.16%。

广东军装机械局1艘，500吨，分别占2.22%和0.86%。

江南制造局所造舰船8艘（1868~1905年）：

> 惠吉、操江、测海、威靖、海安、驭元、金瓯（195吨）、保民。

前十年造了7艘，1876后近十年未造船只，1885年造了"保民"号。直到1904年成立造船厂，基本上未造新船。所造之船均为仿制，没有独立创造。总吨位10112吨。

船政技术在国内领先：快速引进吸收；结合实际大胆创新；船型不断改进：木壳→铁胁→钢壳。

机式装备不断改进：常式立机或卧机→康邦省煤卧机→新式省煤立机或卧机。

船式不断改进：常式→快船→钢甲船。

1875年开工建造的十七号"艺新"轮船，由第一届毕业生吴德章、罗臻禄、游学诗、汪乔年等设计监造的。

此后，船政建造的船舶大多数由毕业留校学生自行设计监造。

据统计，自己设计监造的舰船共有18艘之多。

影响深远：成为国内最大的造船基地；建立了中国第一支海军舰队；在国内外产生了极大的影响；清廷直属第一支舰队成立。

1870 年船政第三艘兵轮下水后，清廷批准沈葆桢的奏请，成立轮船水师，以李成谋为统领，由船政衙门统辖。

这是近代中国第一支同旧式水师有着根本区别的新式水师，是中国近代海军建设的开端。福建船政建造的兵轮调往各港口执行任务。

1890 年，中国有北洋、南洋、广东、福建四支水师，有舰艇 86 艘，其中向国外购买的有 44 艘，自制 42 艘，船政制造的就有 30 艘，占全部的 34.88%，占自制的 71.43%。

（二）地矿冶金工业的早期开拓者

1. 煤矿的开采

船政需要的煤量大，英国煤太贵，本地煤不足，迫切要求机器生产，选择在台湾基隆开采煤矿

1868 年派监工去台湾，调查煤的储藏和开采情况，提出用近代机器生产和运输，并形成采煤报告。

1875 年，沈葆桢派英籍工程师翟萨赴台查勘，并派叶文澜任矿务督办。投产当年产煤 1.4 万吨，1881 年达 5.4 万吨。

1885 年裁撤外国煤师，派学矿务的留学生张金生为基隆煤矿煤师。

福建本地煤矿的开采

船政在 19 世纪 80 年代计划自行炼钢开采附近煤矿，船政首届留学生林庆升、池贞铨、林日章等发现了福州穆源（闽侯、闽清、永泰之间）煤矿。1898 年，船政学生到古田、穆源一带再次勘探，计划开采。

1897 年，船政留学生杨济成参加厦门林培、湖头勘探活动。

2. 石油的开采

1877 年，在台湾淡水勘探煤炭时发现石油，购买小机器试开采。

虽然没成功，但它标志着中国跨出了开采石油的第一步。

3. 其他矿产的开发

福州石竹山铅矿，由船政学堂学生任矿师，于 1885 年试办，因资本不足，1888 年停办。

4. 国家重要矿藏的勘探开发

在国家重要的矿藏勘探开发中，船政学生是重要的骨干力量。他们参与勘察设计和开发建设。

（1）参与勘探。

1880 年 10 月，林日章参加著名的开滦煤矿（开平矿务局）的勘探工作。

1882 年 5 月，池贞铨、林日章随盛宣怀赴山东烟台查勘铅矿，在登州府属宁海、栖霞县、招远等处查勘铝矿。

1901 年，邵武煤矿的勘探。

湖北汉阳铁厂是我国最早建立的最大钢铁企业。

湖广总督张之洞派船政留学生张金生、池贞铨、游学诗等人，分赴衡州、宝庆、辰州、永州等府，暨毗连鄂境之四川夔州、陕西之兴安、汉中等府，毗连湘境之江西萍乡、贵州青溪等县，查勘煤、铁。

并委赴素产煤铁之山西省泽、潞、平、孟等处采取煤铁各式样，以资比较。

张金生到湖北兴国大冶之百泉湾探勘铝矿。

池贞铨到湖北兴山千家坪勘探铜矿。

（2）参与开发建设。

林日章参与开平煤矿的开采建设。

林日章任烟台铝矿监工。1882 年林日章随盛宣怀赴山东烟台查勘铅矿后，提出开采、淘洗、锻炼、提银四点计划，被任命为监工。

游学诗督办宁古塔矿务。1882 年，吉林调船政留学生游学诗"督办宁古塔等处"的矿务事宜，后因整顿台湾基隆煤矿需人未成行。

罗臻禄任矿务委员，主持广东省矿务工作。

池贞铨、沈瑜庆，于 1907 创办赣州铜矿。

5. 冶金工业的开风气之先

船政铸铁厂有铸铁炉 3 座，月产铁件 90 吨。铁件送英国化验，称"铁质良好，可称上等"。

船政铸铁厂能铸大的铁件（3 万斤）、铜件（1 万斤）。1868 年建天后宫，铸铜钟 425 千克，铁鼎 600 千克。

1904 年，设铜元局生产机制铜钱，有熔炉 52 座，印花机 20 架，是我国最早的机制造币工厂。

（三）近代交通事业的开拓促进者

1. 船政制造的商轮在民用航运事业上发挥了重要作用

船政成立前后，不少商人欲购船设公司兴办近代航运业。1872 年 6

月，李鸿章提出"闽厂似亦可间造商船，以资华商领雇"。船政在制造兵轮时，亦间造商轮 8 艘。

船政让招商局承领"福星"轮；

让招商局免租金使用商轮"永保""海镜""琛航"三艘轮船，为招商局采办米石北运天津；

将船政制造的最大商轮"康济"号，由轮船招商局"承领揽运"，行走于上海与香港一线

马建忠担任轮船招商局会办，实际履行总办职责。

参与民用航运事业

船政制造的"琛航""永保"等船，定期往来于福州和台湾之间，名为渡送官兵，可"既准搭客，且准运货"，"俨然与商船无异"，海关因此按商船要其纳税。

"海镜"轮往来烟台等地时，"附搭客货，亦授'永保''琛航'成案，照章稽查完税"。

2. 船政培养的人才在铁路建设方面发挥了骨干作用

铁路建设的技术中坚

在铁路建设上建奇功的尤推郑清濂和詹天佑

铁路建设的技术中坚

船政毕业生到铁路部门任职，推动了铁路建设

1907 年，邮传部尚书岑春煊说，邮传部"创设伊始，百端待理。举凡轮、路、邮、电诸务"，要有"提纲挈领之员，以资佐理"。

他称魏瀚"于轮、路诸学极为讲求"，将其调部"在左丞、参上行走"。

调丁平澜到部"差妥，以备任使"。

调陈寿彭到部，"以主事补用"。

调郑守钦"归臣调遣"，

调林贻游去部任职。

郑清濂任汴洛铁路总办

魏瀚任广九铁路总理

丁平澜任广九铁路提调

李大受任京汉铁路养路副总管

卢守孟任京汉铁路行车总管

李大受和曾毓隽、关赓麟等船政学生被派去勘测川汉铁路

京汉铁路是沟通南北大动脉的主要干线，亦是外国势力争夺的主要工程。1908年，邮传部以京汉路事繁重，又专筹议赎路，急需娴习外交，熟习路务人员，乃调郑清濂为京汉路总办。邮传部称郑清濂"品端守洁，不染习气，熟谙路政，兼精工程艺学"。

铁路之父詹天佑

1888年，入中国铁路公司任职。

1905年任为京张铁路会办兼总工程师，次年升任总办。京张铁路工程困难重重，他以惊人的毅力，攻克险峻的关沟段，凿通号称天险的八达岭隧道，解决青龙桥坡道难题，提前两年于1909年全线通车，成为中国自建的第一条铁路。

同年秋，赴宜昌任川汉路总工程师。1910年任粤汉铁路总理。

1912年任交通部技术监督等职。同年任中华工程师会会长。

他曾发明火车车厢间挂钩，国际上称为"詹天佑挂钩"。

周恩来曾称赞他所取得的成就是"中国人的光荣"。

3. 电信事业建设的先声

电信是利用有线电、无线电等电磁系统传送信息的一种通信方式，也包括利用光学通信系统传递信息。电通信发生于19世纪。光学通信，20世纪才有。

中国的烽火台是最古老的光通信。

率先使用电灯探照灯

船政于光绪五年八月（1879年9月）试用电灯。爱迪生1878年9月才发明钨丝灯，1880年取得专利。比上海早使用3年，比天津早使用9年。

1885年国外有了抛物面的探照灯，当年12月，船政制造的铁胁快舰"镜清"号（第26号舰船）装上探照灯，后来船政建造的舰艇都装有电灯、电风扇、探照灯。

自己铺设的第一条海底电缆

台湾于1877年敷设电线时，福建巡抚丁日昌就派船政前学堂制造专业毕业生苏汝约、陈平国"专习其事"。

1874年，日本借故派兵入侵台湾。清廷急派船政大臣沈葆桢赴台处理台湾事务。沈葆桢赴台后，深感军务紧急，电信重要，于是奏请清廷，自设闽台海底电缆。培养电信人才。

丁日昌在船政学堂附设电报学堂，到1882年，学堂共培养电信人员140人，为闽台海底电缆的铺设奠定了人才基础。

1887年，川石岛—淡水的海底电缆终于铺设成功。同年10月11日投入对外营运。马尾川石岛—台湾淡水的海底电缆，全线长117海里。是船政电报学堂毕业生作为技术人员使用自己的"飞策"号船进行海底铺设的。这是中国铺设的第一条海底电缆。它的铺设成功，标志着近代中国的电信技术已发展到一个新的阶段，也说明船政学堂培养人才是卓有成效的。

（四）近代航空工业的先行者

1917年，国民政府国务院决定在马尾增设"福州飞潜学校"，任命福州船政局局长陈兆锵兼任校长。

学生由艺术学校选送，编为甲乙班，又在福州公开招收中学生50名编为丙班，于1918年春开学。由留学归来的巴玉藻、王孝丰、王助、曾贻经讲授飞机制造专业知识。随后又开办航空班，培养海军飞行员，学制4年。这就是中国最早的培养飞机、潜艇制造和飞行员、潜艇驾驶人才的学校。

1918年1月，设立"飞机制造工程处"，由巴玉藻为主任，王孝丰、王助、曾贻经为副主任，着手制造水上飞机。

1919年8月造出了取名"甲型一号"的双桴双翼水上飞机（所谓水上飞机，就是利用水面滑行继而升空的飞机，美国波音飞机厂首制飞机即为此型），这就是我国国产的第一架飞机。该机总重量1055千克，100马力，最大时速120千米，配有双座双操纵系统，供飞行教练用。

共制成了双座教练机、海岸巡逻机、鱼雷轰炸机等甲、乙、丙、戊型号的飞机17架。

是不是最早，几种说法。

一是冯如首制说。冯如，生于1883年，广东恩平人。1895年赴美国。1907年，受美国莱特兄弟首创动力飞机的影响，在华侨资助下，在旧金山设厂研制飞机。当年就造出第一架飞机，到1910年10月冯如已造出了第三架飞机。飞机时速达60英里，最远飞20英里，在当时算是拔尖的航空器。1911年1月，他携机回国。1912年8月25日，在广州郊外飞行时不幸罹难。

二是北京南苑航空学校首制飞机说。南苑航空学校飞机修理工厂1913年设立。翌年，潘世忠（留学飞行家）任厂长期间，请来外国技师指导，仿制了螺旋桨和飞机机身、机翼等。据说，在1916年利用外购的80马力航空发动机，自行设计、制造出一架飞机。事实上，该厂是利用损坏的几架飞机部件（购自国外），拼装整合成一架教练机，而非新造产品，也未见飞行记录，谈不上首创中国飞机制造业。

三是"乐士文第一号"飞机说。数年前曾有数家报刊登载：广州大沙头飞机修理厂1923年6月制成的陆上双翼教练机，为中国自制的第一架飞机。这架由留美飞行家杨仙逸主持制造的飞机是成功的。孙中山和宋庆龄主持了试飞典礼。试飞时，宋庆龄一同乘飞机上天。这架飞机就以宋庆龄读书时的英文名字"乐士文"命名为"乐士文第一号"。孙中山为此题了"航空救国"四字，然而，"乐士文第一号"是1923年制成的，比马尾船政局生产的飞机晚了4年。

西北工业大学姜长英教授所著的《中国航空史》一书指出：设在马尾的"海军制造飞机处，是我国历史上第一个正规的飞机制造厂"。

武汉交通科技大学席龙飞教授在《中国造船史》一书中指出，"福州船政历史地成为中国航空工业的摇篮"。

马尾是中国航空工业的先驱已成共识。

（五）近代科技和管理的引进吸收创新者

科技的引进吸收创新

管理的引进吸收创新

科技的引进吸收创新

陈兆翱在留法期间，创制新式锅炉，法人奇之，发明抽水机，为西方技术界所崇，以他名字命名。他又改进轮船螺旋桨，大大提高效率，外国竞相效之。

造船、造飞机：引进、吸收（自己设计制造）、创新（改进）

詹天佑挂钩、解决人字坡道难题

池贞铨用白石粉制成耐火砖

管理的引进吸收创新

船政食洋能化，引进西方先进的管理模式，结合中国实际，实行"权操诸我"的原则，变成自己的东西，形成特色鲜明的中国化管理模式：

引进西方先进的管理模式，为我所用；

突破传统、高位嫁接、大胆改革创新；

引进管理、契约合作与独立自主、土法上马结合；

厂校一体化、工学紧密结合；

熔普教、职教、成教于一炉，高中低结合的办学体系；科技与人文结合、培养爱国情操的教育形式；人才为本、精益求精、因材施教的教学理念；针对性和实用性强的专业设置与课程体系；"权操诸我"的学生管理模式；引进外教、外文教学与留学深造的培养模式。

近代科技人才的摇篮

船政培养了大批有关海军、造船、轮机、航空、机械等方面的技术人才，派出的留学生攻读西学时涉及的工业技术领域更广，举凡航运、邮电、枪炮、鱼雷、矿务、铁路、桥梁等众多技术领域多所涉及，回国后均成为中国新兴部门的骨干力量。

洋务运动期间以船政学堂模式为蓝本，清政府相继于 1880 年、1890年和 1902 年分别在天津、南京和烟台创办天津水师学堂、江南水师学堂和烟台海军学校，其总教习和校长分别是福州人严复、蒋超英和谢葆璋（谢冰心之父）。全国各地新创办的海军学校的负责人多为福州船政文化人，且招去大量福州籍的学生，从而又造就了一大批福州籍的科技人才。

受船政文化因素的熏陶，不少名人晚年回到故里均努力办学

陈宝琛创办师范学堂、拓展政治学堂，创设商业学堂和全省中小学堂

黄乃裳创设简易师范，在家乡闽清办高、初小学 34 所。福州还有教会办的英华、福英、培元三学堂，黄乃裳曾任三书院教务长。

华桥商人林白水创办蒙学堂。

国民政府主席林森创设乡村师范及众多小学。

这些都是沈葆桢培育科教兴国人才的思想的继承和发展，由于这批乡贤的努力，终于结出丰硕的果实。使福州在培养了大批船政技术人才的基础又出现了一批福州科学人，把福州文化人的层次大大提升了一步。福州籍的中科院院士就有 43 名，按福州人口的比例算，10 万人中出 3.2 个院

士，这不仅居全国之首，在世界各国也甚为罕见。有的学者把它称为"科技人文景观"。这是船政文化积淀的强烈放射。

福建籍的中国科学院院士（学部委员）、著名科学家

张钰哲　天文学家

傅　鹰　胶体化学家

虞宏正　胶体化学家

邓叔群　真菌学家

刘崇乐　农业科学家

严　恺　水利工程专家　严复侄孙

侯德榜　化学工程专家

李　俨　数学史学家

邓　拓　社会科学家

郑振铎　社会科学家

王善源　微生物学家

傅承义　地球物理学家

王绶琯　天文学家　马尾海军学校（1943年）

冯　端　物理学家

沈　元　空气动力学家

陈　彪　天体物理学家

陈景润　数学家

林同骥　流体力学专家

陈茹玉（女）化学家

黄维垣　化学家

王世贞　原子核医学家

郑作新　鸟类学家

唐仲璋　寄生虫学家

黄祯祥　病毒学家

曾呈奎　海洋生物学家

王　仁　地理学部

卢衍豪　古生物学家

高由禧　气象学家

曾融生　地球物理学家

林兰英（女）　物理学家

郭可信　金相学家

梁守槃　航天工程专家

陈建生　天体物理学家

陈俊武　石油化工专家

庄巧生　农业科学家

王世中　农业化学家

谢联辉　农业科学家

吴孟超　肝胆外科专家

陈可冀　医学家

唐崇惕（女）　寄生虫学家

阙端麟　半导体材料专家

王乃彦　核物理学家

林　群　数学家

林家翘　数、理、天文学家

高　鲁　天文学家、中国天文学会创世人

蒋丙然　天文气象学家，中国气象学会创世人，1922 年中国气象学会
　　　　首任理事长

萨本栋　物理学家，1947 年曾任中央研究院总干事

林　幾　医学家、中国近代医学奠基人

陈陶声　中国工业微生物学奠基人

石美鑫　心胸医学家

赵修复　昆虫学家

高士其　科普作家

林　一　化学家

林同炎　桥梁结构工程专家

戴文赛　天文学家

邓昌黎　核物理学家

林孔湘　植物病理学家

陈乾晃　结构病专家

李来荣　园艺家

林尔康　原子物理学家

陈心陶　寄生虫学家

总而言之，船政在中国近代工业文明的起步中发辉了重要作用。作为后来者，必须鉴史通今，弘扬船政文化，把我们的海西建设得更加美好。

第四专题　近代中西文化交流的旗帜

（2009 年 10 月 20 日，周六上午 9：30～11：30，在福建省图书馆开讲）

❖ **第一个问题　引进西方科学技术，促进科学观念的传播，崇尚科学的风气开始形成**

（一）科技和工艺水平迅速提高

引进"西艺"，高起点嫁接，迅速地提高了造船、航海、飞机、潜艇、枪炮、鱼雷、矿冶、机械、无线电、天文等科技和工艺水平。

（二）崇尚科学的观念空前高涨

在引进西方科学技术的同时，西方的科学观念迅速传播，使崇尚科学的观念空前高涨。

1. 崇尚科学的体现

船政的组织、设计、生产、管理过程是讲求实际、崇尚科学的过程

船政衙门头门楹联：

且漫道见所未见，闻所未闻，即此是格致关头，认真下手处；

何以能精益求精，密益求密，定须从鬼神屋漏，仔细扪心来。

仪门楹联：

以一篑为始基，从古天下无难事；

致九译之新法，于今中国有圣人。

大堂楹联：

见小利则不成，去苟且自便之私，乃臻神妙；

取诸人以为善，体宵旰勤求之意，敢惮艰难。

意思是要人们勇敢地摒弃传统的陋习，认真追求科学真理；在科学技

术日新月异的关键时刻，要脚踏实地，打好基础，求实求精，刻苦探索；要去除私利，顾全大局，勤奋工作，排除万难，自强不息；只要我们共同努力，中国的科技人才一定能涌现，中国的将来一定有希望。

体现的是精益求精的科学态度，实际出发的科学精神。

2. 在实际生产中，西方的制造理念、设计理念、工艺方法得到吸收改进，也激发了船政学子的发明创造热情

如陈兆翱在留法期间，"创制新式锅炉，法人奇之"，发明抽水机，为西方技术界所崇，以他名字命名。他又改进轮船螺旋桨，大大提高效率，外国竞相效仿。

1875 年吴德章等独出心裁，建造的十七号"艺新"轮船，实中华发轫之始。自己设计监造的舰船共有 18 艘之多。

詹天佑发明人字坡、铁路挂钩。

池贞铨用白石粉制成耐火砖。

3. 出现了大量介绍泰西和西艺的著作

船政引进的科技书籍、教材

船政自编的科技书籍、教材

船政出版的工具书，如《英汉对照小词典》、日意格编的中法文对照的《船政学堂常用技术词典》（中国最早的一部中法词典）、《法汉袖珍词典》

詹天佑《华英工程词汇》（中国第一部工程技术词典）

陈季同《西行日记》

陈寿彭《格致正轨》《八十日环游记》《中国江海险要图志》

罗丰禄《海外名贤事略》《贝斯福游华笔记》

马建忠《艺学统纂》

郑守箴《喝茫蚕书》

（三）在一定程度上破除了迷信，解放了思想

大胆自造

国内顽固派认为"雇买代造"

外国多方阻挠，暗中使坏

左宗棠坚持"借不如雇，雇不如买，买不如自造"

大胆引进　冒着"非常之举，谤议易兴"风险

大胆改革　史无前例的事业，面对"三千年未有之大变局"（李鸿章语），大胆创新

（四）学到了西方的科学管理方法

契约形式

聘请洋监督鹤洋教习，约定以 5 年为期包教包会，并通过合同方式明确双方在建设期间的职、权、利

法律意识

按合约办事。外籍教习违反合同，提前解聘，如同治十年（1871 年），英国海军教官逊顺侮辱后学堂学生，被提前解雇回国；光绪六年（1880 年），英国管轮教习理格教绩不佳，被提前解聘回国

工资制度

组织形式

计划管理

技术管理

财务管理

质量管理

❖第二个问题　引进西方教育模式以及教育理念，开创了中国近代教育

船政学堂引进吸收西方教育模式及教育理念，办成一所按技术分设专业的近代高等院校

聘任洋监督鹤洋教习，与之签订了五年包教包会的合同，同时坚持"权操诸我"的原则

厂校一体化、工学紧密结合

按工程技术人才的培养目标设置专业和组织教学

各个专业都有比较完整的工程教学课程体系

"窥其精微之奥，宜置之庄岳之间"，实行留学深造的培养模式

实践性教学

实验课程国内首创 船政学堂建有物理、化学、气学、电学等一系列实验室

厂课实习与跟班劳动结合

航行实训严定

课程，稽核日记

教学设备

高投入的实验设施

以厂为依托的实习设施

昂贵的练船设施

前后安排"福星"号、"建威"号、"扬武"号、"平远"号、"靖远"号、"通济"号、"元凯"号七艘舰船作为练船。

船政学堂造就了一大批栋梁之才

严复、魏瀚、詹天佑、陈季同、邓世昌、萨镇冰、黄钟英、陈兆锵等

（一）船政学堂开创了近代教育的先河

闽堂是开山之祖（李鸿章）

（二）诞生了许多近代教育家

沈葆桢本身就是一个非常了不起的教育家

严复 天津水师学堂总教习、北大第一任校长

在《教育大辞典》上名列近代教育家的除严复外，还有马建忠、陈季同、詹天佑、萨镇冰、蒋超英、魏瀚、叶祖珪等

❖ 第三个问题　引进西方军事思想，提高海权意识，建立了中国近代海军

（一）师夷制夷的实践到制海权意识

东南大利在水不在陆

同治五年五月十三日（1866 年 6 月 25 日）左宗棠上奏清廷《试造轮船先陈大概情形折》

在折中他提出了"惟东南大利，在水而不在陆"的精辟观点

防海之害非整理水师不可

左宗棠上奏清廷《试造轮船先陈大概情形折》，还提出"欲防海之害而收其利，非整理水师不可，欲整理水师，非设局监造轮船不可"

海军认识的深化——制海权意识

沈葆桢：铁甲船不可无

裴阴森："整顿海军必须造办铁甲"。不久，船政局就造出了铁甲舰"平远"号，遂了沈葆桢生前建造铁甲之愿，但距沈葆桢提出要购置铁甲船已迟了十年。它深化了建设新式海军以取代旧式水师的思想

建造铁甲舰和增加巡洋舰船，与敌在海上交锋，克服"不争大洋冲突"的消极防御思想，采取积极的海防战略思想，已经深化了制海权意识

海权认识的深刻变化

重陆轻海——海陆并重

单一海防——全方位防范

守土御侮的被动防范——争海权的主动防范

（二）第一支海军舰队的形成

第二次鸦片战争后，清政府萌生了建立新式海军的思想。阿斯本舰队流产后，清政府开始探索建设新式海军的途径。福建船政的建立是清政府在海军建设理念上的一个重大突破。

（三）为我国的军事理论建设做出了贡献

晚清和民国时期，船政毕业的海军高级将领，如叶祖珪、萨镇冰、蓝建枢、刘冠雄、李鼎新、程璧光、林葆怿、黄钟瑛等都为我国海军的军事理论建设做出了贡献。

严复、马建忠、陈兆锵、许崇智等也都很有建树。

马建忠对中国近代海军是一位有卓越贡献的人物。

他依据西方的模式，起草《上李相伯复议何如璋奏设水师书》，提出中国海军建设的系统主张：

建立建军制度，

确立军旅武装原则，

建立沿海防御网，

系统培养海军人才，设立海军大学。

马建忠的海权主张，有若干是超前的，至今仍有启发性。

船政足为海军根基

——孙中山

船政建立了第一支近代海军舰队，被誉为"中国海防设军之始，亦即海军铸才之基"，其影响十分深远。

中日战争之后，英国专栏作家干得利（R. S. Gundry）撰写了《中国的今昔》一书。他写道："在名城福州开办兵工厂与造船所之事。这些事例很快就为各地所仿效。……这就是中国海军的发端。"

❖ **第四个问题　引进西方政治法律理论，突破"中学西用"框框，推动中国社会向科学与民主的方向发展**

严复是个典型

《天演论》中冯君豪"此书是晚清中西文化交流的结晶"

突破了"中学西用"的框框，引进了触动"中学"的"西政"观念；

他透视西学，提出了西方国家"以自由为体，民主为用"的精辟论断；

抨击时局，破天荒地揭露专制君主是窃国大盗；

传播西方进化论、社会学理论、经济学理论等，影响了梁启超、康有为、谭嗣同等维新派人物；

提出了强国富民的救国方略，鼓吹"开民智"、"鼓民力"、"新民德"；

成为中国近代杰出的启蒙思想家，推动了中国近代社会向科学与民主方向发展。

船政的译著惊人

严复《天演论》《原富》《群学肆言》《群己权界论》《社会通诠》《穆勒名学》《名学浅说》《法意》，并提出"信、达、雅"的翻译标准。

陈季同《拿破仑法典》（泰西律之祖，律目有八，每律数百数千条，陈谓之"泰西立国之始基，富强之根本者"，在《求是报》连载）《法国民法典》

马建忠翻译《法国海军职要》（辜鸿铭40年后仍感谢马建忠在新加坡的教诲）

陈季同运用国际法，提出保台的主张。

❖**第五个问题　引进吸收西方文学、语言学成果，开辟了翻译外来文学和汉语文法研究的新天地**

王寿昌与林纾合作，将法国名著《茶花女》译成中文本《巴黎茶花女事》，由魏瀚出资在福州出版发行。

马建忠（1845～1900）江苏人，1877 年留法，主修国际公法国际政治。在欧洲从事外交工作多年，精通英文、法文、希腊文、拉丁文，得以根据外文文法，研究古汉语文法，撰写了《马氏文通》，开辟了近代汉语文法研究的新领域。

❖**第六个问题　将中国文化介绍到西方，为世界了解中国做出贡献**

船政学子介绍中国，在外期间写了很多作品。其中最为典型的是陈季同。他将游历所见写成《西行日记》《三乘槎客诗文》，并将中国古典小说《红楼梦》《聊斋志异》等书译成法文本，有法文著作《中国人自画像》《中国人的戏剧》《中国娱乐》《中国拾零》《黄衫客传奇》《一个中国人笔下的巴黎人》《中国故事》《吾国》，以及喜剧《英勇的爱》等，在世界文坛上享有盛名。

总而言之，船政不仅是中国近代海军和科技的发祥地，创办了第一家高等学府，在中国近代工业文明的起步中发辉了重要作用，而且是中西文化交流的一面旗帜。

第五专题　船政文化及其启示

（2009 年 11 月 3 日，周六上午 9：30～11：30，在福建省图书馆开讲）

❖**第一个问题　什么是船政文化**

（一）船政的特定含义

"船"是水上运输工具。

"政"，辞海的解释主要有三，一曰政治；二曰事务，如校政、家政；三曰主其事者，如学政、盐政。

"船政"的一般含义，从字面上理解，一是有关轮船方面（主要是造船、航运、港务、监督）管理事务的统称；二是主其事者，船政也可理解为和学政、盐政一样的主其事者。

从马尾船政的实际情况看，它主要指的是掌理船舶事务的行政机构。从遗留的文物中可以看到，船政衙门上方竖匾写的是"船政"二字，刻的公章是"总理船政关防"，船政石制界碑刻的是"船政官界"。第一任总理船政大臣是官居一品的沈葆桢。船政大臣有权直接向皇帝具奏。

这些都说明，船政是当时清政府的官署，是一个高规格的专门掌理轮船事务的行政管理机构。

但仅从这些层面理解还是不够的

缔造者本意不光是造船，船政一开办就有造船、办学和整理水师三重任务。

从船政创办的情况看，一是地域性很强，地在马尾，而且船政衙门有一定的处置权，更像个官办特区；二是造船、办学、水师三位一体，是个由造船系列工厂、船政学堂和福建水师构成的一个近代海军系统。

从船政实践的结果看，其社会影响已远远超过了造船和办学，在政治、经济、军事、外交、文化等方面对中国近代化进程都产生了不可估量的影响。

结论

船政是中央直属的专门管理机构

船政是具有一定独立处置权的特区

船政是以造舰为主的工业基地

船政是引进近代教育的高等学府

船政是特定历史时期形成的特殊产物

船政是专有名词

（二）什么是文化

1. 文化是相对造化而言的

造化　　自然

文化　　社会化的自然

　　　　被改造的自然

　　　　属于第二自然

2. 人化的自然

物质层面的（改造过的山河、城市建设、人文景观、各类商品和产

品、社会人及其衣食住行等);

精神层面的(思想、宗教、道德、科学技术、文学艺术、虚拟世界等);

政治层面的(体系、制度、机制、组织结构、管理模式等)。

这三者相辅相成、辩证统一。

物质层面的文化是基础,

政治层面的文化是统帅,

精神层面的文化是灵魂,

而核心是世界观、人生观、价值观、审美观。

3. 文化还有中概念、小概念

中概念　与中国特色的社会主义经济、政治并重的中国特色的社会主义文化。

小概念　文化部门管的那些内容,如文学艺术、文体活动、文化产业、文化市场管理等。

(三)什么是船政文化

用大概念来理解:

①物质层面的成果,如船政的各项成就、船政遗迹、与船政有关的各种文物等;

②政治层面的成果,如船政组织体系、运行机制、管理模式、教育模式及其成效等;

③精神层面的成果,如船政组织者、参与者的思想观念、道德风范、宗教信仰、学术成果和社会影响等。

结论:船政文化就是船政历史人物在社会实践活动中,创造的物化成就和政治精神文明成果。

(二)船政文化的精神实质

船政文化是船政历史人物创造的物化成就和政治精神文明成果,它包括物质、政治、精神三个方面,而其精华是精神成果。

一是爱国自强精神。

在列强要瓜分中国的当时,船政人的爱国自强精神表现得十分突出。它奏响了中国人觉醒图强的进行曲,是民族自尊、爱国自强的典范。

特别是甲申马江海战、甲午黄海海战，船政的学生正气凛然，奋勇杀敌，视死如归，伟大的爱国主义精神得到了充分的体现和升华。

二是改革创新精神。

船政吹响了中国从传统农业文明向工业文明进军的号角。在它的一系列举措中，许多都是开风气之先的。

创新是民族的灵魂。船政人开创了数拾个第一，正是民族精神的充分体现。尤其是思想领先，更是难能可贵。最典型的代表就是严复。他是船政精英的杰出代表。他的思想影响了几代人，是中国近代最杰出的启蒙思想家。

三是重视科教，人才为本。

船政，师夷长技，引进技术、引进设备、引进管理、引进人才，派出去考察、派出去留学，紧追世界科技前沿。

同时引进近代教育模式，把培养人才作为根本，从而使船政成为近代科技队伍的摇篮，成为中国近代教育的"开山之祖"。

四是重视海权。

左宗棠充分认识到"东南大利，在水而不在陆"。

沈葆桢一再强调"船政为海防第一关键"，"船政为海防水师根本"。

船政设立本身就是重视海权的体现。造船制炮、整顿水师、培养人才都围绕着海权做文章。可以说，船政就是谋海权之政，而且取得了世人公认的成就。

孙中山称赞船政"足为海军根基"。

结论：船政文化的精神实质有爱国自强、改革创新、科教人本和海权意识等几个方面，其核心是强烈的爱国自强精神和强烈的海权意识。

这种精神是在近代特定的历史时期形成的，是中国传统文化和民族精神在近代的升华。

❖ 第二个问题 船政文化的启示

启示之一

船政文化体现的是一种爱国自强的民族精神，这种精神支撑着中华民族的复兴，也激励着正在进行的伟大振兴。

（一）船政应运而生，并迅速成为晚清政治经济军事发展的重镇，有着民族觉醒的大背景，体现的是一种爱国自强的民族精神。

（二）船政的发展也充分说明，她奏响了中国人觉醒图强的进行曲，成为民族自尊、爱国自强的典范。

（三）一百多年来，正是中华民族这种爱国自强的民族精神在支撑着这个民族的复兴，也正是爱国自强的民族精神在激励着这个民族正在进行的伟大振兴。

禁烟运动　太平天国运动　洋务运动　戊戌变法　义和团运动　辛亥革命　五四运动　国内革命战争与新民主主义革命

启示之二

船政吹响了中国从传统农业文明向工业文明进军的号角，是最早的"经济特区"，为中国的现代化建设提供了历史经验。

（一）当年的船政也是"改革开放"的窗口。清朝政府在福州马尾划块地盘，给些政策，允许引进外国的管理和技术，引进外国的人才和设备，进行"改革开放"的实验。这是非常之举，是恰逢"三千年未有之大变局"之大举措。

（二）船政进行了一系列的改革开放实验，许多是开风气之先的：

如第一艘千吨级舰船"万年清"号、第一艘巡洋舰"扬武"号、第一艘铁协木壳船"威远"号、第一艘铁甲舰"龙威"号、第一艘水上飞艇等都是在马尾建造的；

中国近代的第一支舰队也是在这里诞生的；

使用电灯、电报、电风扇、探照灯、生产鱼雷、机制铜钱等也都是师生们的首创；

铺设了中国的第一条海底电缆（川石岛—台湾淡水的海底电缆，全线长117海里）；

设立了飞机制造工程处，采用国产材料成功地制成了我国第一架水上飞机，开创了中国人自己的飞机制造工业新纪元。

（三）科教兴国是当代的重要思想，也是前人的历史经验。

船政顺应了国家对科技人才的迫切需要，通过"引进来，走出去"，自办"特区",开辟试验窗口,窥视西方"精微之奥"和立足创新,培养了一大批优秀科技人才,为中国近代化贡献了力量,从而推动着中国科学技术的进步和社会发展。

启示之三

船政是维护海权的先行者,是中国近代海军的发祥地,其经验教训为中国海防建设和海洋事业的发展提供了借鉴。

(一)船政造船制炮、整顿水师、培养人才都围绕着海权做文章。可以说"船政就是谋海权之政",而且取得了世人公认的成就。

(二)重视制海权建设,拥有一支强大的海军,对海岸线长、海洋面积大的国家来说,始终是不可忽视的要务,在霸权主义恃强凌弱与恐怖主义向全球曼延的今天,尤为重要。

(三)对建设海峡西岸经济区的福建省来说,增强海洋意识、加强海防建设、加快港口建设和海洋开发也是刻不容缓的。

对祖国统一事业也有着极为重要的意义。

(四)海洋的开发利用是未来经济的重要支柱。我国的海洋资源丰富,我们的开发利用才刚刚开始,大有文章可做。

启示之四

船政翻开了中西文化交流碰撞的崭新一页,造就了一代精英,推动中国近代社会向科学与民主的方向发展。

(一)中华文明历史悠久,中华文化博大精深。他海纳百川,广收博取,融合了许多其他民族的精华。

晋唐 佛教的传入,本土化(禅宗、华严宗、天台宗、净土宗);

宋明 新儒学糅合佛学成理学;

明清 传教士来华,西学东渐。

(二)船政文化是中国文化近代化的重要组成部分,为后人提供了许多可借鉴的经验。

(1)引进西方科学技术,促进科学观念的传播,形成崇尚科学的新

风气

西方科学技术是世界近代化的根本动力，他冲击和动摇了传统的价值取向和思维习惯，促进科学的世界观和价值观的形成和发展。

（2）引进西方教育模式，以及教育理念，开创了中国近代教育

（3）引进西方军事思想，提高海权意识

（4）引进西方政治法律理论，突破"中学西用"框框，推动中国社会向科学与民主的方向发展

（5）引进吸收西方文学、语言学成果，开辟了翻译外来文学和汉语文法研究的新天地

（6）将中国文化介绍到西方，为世界了解中国做出贡献

（三）在今天的信息时代，中西文化交流已经发生了革命性的变化，其范围之广，影响之深，前所未有。

如何在中西文化碰撞中，扬其精华，提升自己，是中华民族的一大历史性任务。

（四）船政举起近代中西文化交流的旗帜，值得我们大力挖掘、认真研究、细心分析、发扬光大。

启示之五

船政文化已成为人们熟悉的热点，也越来越受到高层的重视，但弘扬船政文化仍任重道远。

（一）船政文化越来越受到重视

船政文化活动的开展（船政文化年活动、研讨活动、纪念活动、文物保护、船政旅游、船政文化城建设、复办船政学院、《船政风云》开播）

专家学者研究的深入（成立研究会所、研究深入、成果增多）

台湾政要的到访（连战、萧万长、郁慕明）

国家高层的重视（2006年1月胡锦涛总书记参观了船政文化博物馆）

（二）弘扬船政文化任重道远

1. 历史很辉煌，知名度却不高

船政的成就和历史地位是很高的，但知道它的人却不多。有些历史人

物知名度很高，如严复、詹天佑、邓世昌、萨镇冰等，但却很少人知道他们的母校是船政学堂。船政学堂几乎有被尘封的尴尬（2005 年 6 月，国际教育工作者大会上，一家学院介绍校史最早，我纠正后，他感到茫然）。

2. 史实很清楚，结论却大相径庭

对于洋务运动及其创办的工厂、学校，史学界的评价是越来越尊重史实，越来越少用政治标签。多数认为，洋务运动引进西方先进的科学技术，以发展近代工商业为中心的近代化的改革，是符合中国社会发展客观经济规律和作为客观经济规律的反映的变革思潮要求的。

但史学界也有不同看法，如近几年出版的一部专著就从质疑"洋务运动"一词开始，到"制人民有余、御外侮不能"的半殖民地官办近代军事工业为止，强调的多是洋务远动的失败与破产。讲船政学堂是"典型的半殖民地教育体制"。

辉煌的历史为何封尘

（1）极"左"思潮的影响，不能正确评价这段历史；

（2）政治需要，史评禁区，学校停办；

（3）经济活动推进中的缺失，对船政文化认识不到位，船政品牌的经济潜力远未挖掘，复办船政学院的缺憾；

（4）文化层面的欠缺，思想僵化，文人相轻，研究肤浅，文物散失和难以收集；

（5）船政自身的不足，船政的历史局限性；

（6）宣传力度不够，全国性宣传更少，还有的有意识或无意识地回避。

中央电视台《走遍中国》栏目在介绍甲午海战的民族英雄邓世昌时，竟然只字不提他是福建船政学堂的学生。介绍刘公岛上的水师学堂时，说这是继北京、天津之后的第三家，只字不提"闽堂为开山之祖"（李鸿章语）的第一家。

《复兴之路》政论片开头，选取了一个马尾港的镜头，但却说了一个不准确的概念"马尾造船厂"，不讲"船政"。

3. 大力弘扬船政文化

加大宣传力度，尤其是全国性宣传的力度。

把区域性研究逐步升格为全国性的研究、国际性的研究。

船政文化积淀深厚，是一笔巨大的无形资产。要善于锻造船政文化品牌，提高知名度。

马尾历史悠久，人文品位很高，旅游资源丰富，又是紧靠省城，开发旅游产业的前景广阔。应进一步搞好规划，建设好船政文化城。

加快在马尾复办船政学院（1981年，省委书记项南说"这个学校不在我们这一代恢复起来，那是非常惭愧的事"）。

如何实现"大手笔"？

总而言之

要用历史唯物史观来看待船政，要站在民族的、国家的立场上来看待船政。

船政有兴有衰，也有自身的局限，但掩盖不了她的历史光芒。

船政文化是船政历史人物创造的物化成就和政治精神文明成果。它是中华传统优秀文化的一部分，是中国近代史上值得大书特书的重要篇章，也是福建历史和福建文化不可或缺的辉煌一页。

让我们共同来弘扬船政文化。

二

海西大讲坛——沈葆桢专题讲座[*]

大家好！

今天和大家一起来聊一聊，一位著名的历史人物——沈葆桢。

对近代史有所了解的朋友，对他不会感到陌生；到福州马尾参观过船政文化博物馆的朋友，对他会有更多的了解。

说起沈葆桢，就会想到另一位历史人物——大名鼎鼎的民族英雄林则徐。他俩有什么关系呢？那可不一般。

林则徐和沈葆桢，小的时候是舅舅外甥的关系；大的时候又多了一层关系，什么关系？岳父和女婿的关系。既是内舅又是外舅（岳父又称外舅）。

这一前一后的两代人，人生轨迹有着惊人的相似之处。都出身穷知识分子家庭，父亲都是教书先生。两位都是20岁中举人，二十七八岁中进士（随后当翰林院编修，升为监察御史），36岁外放，到外地当官（林则徐当杭嘉湖道道员、沈葆桢当九江知府），都当过巡抚（相当于省长，林则徐48岁当江苏巡抚、沈葆桢42岁当江西巡抚），都当过两江总督（管江苏江南两省，康熙时已分为江苏、江西、安徽三省，相当现在的三省和上海市，总督相当于华东局这个层次）。都是积劳成疾，病逝在任上。

林则徐是"开眼看世界第一人"，是提出"师夷长技以制夷"战略方针的人。有趣的是他是提出者、制定者，而沈葆桢则是继承者、实践者。

性格脾气也很相像，都是勤政廉政，小事都坚忍不拔、一丝不苟，都严谨务实，都是刚正不阿、有血性、有骨气的人物。

大家知道，林则徐虎门销烟，震撼了世界。他是伟大的爱国主义者，杰出的政治家。那么沈葆桢呢？也是杰出的政治家，伟大的爱国主义者。

---

* 2009 年由福建省教育电视台录制，在海西大讲坛中播放，重播几次。

所以，左宗棠说沈葆桢"贤哉似舅"。陈宝琛说，福建近百年来，最著名的大臣就是林则徐沈葆桢（"吾闽百年来，名臣最著者数侯官林文忠、沈文肃二公"）。

那么有没有不同的地方呢？有没有青出于蓝而胜于蓝的地方？有。

沈葆桢（1820～1879）字翰宇，号幼丹，侯官人。28岁中进士，36岁任九江知府，38岁升道员，40岁赏加按察使衔，42岁任江西巡抚，45岁赏头品顶戴，48岁船政大臣，56岁任两江总督兼南洋通商大臣，60岁病逝任上。

认真审视沈葆桢的功过是非，我认为可以给他下这样的结论：

（1）他是中国近代杰出的政治家。

（2）他是中国近代卓越的军事家，近代海军的创始人。

（3）他是中国近代伟大的教育家，近代高等教育的开拓者，职业技术教育的开创者，近代军事教育、航海教育、工程教育的先行者。"启蒙思想家"，北大第一任校长严复，"铁路之父"詹天佑，外交家、文化使者陈季同，造船专家魏瀚、与林纾翻译茶花女的王寿昌、民族英雄邓世昌、林永升、海军高级将领萨镇冰等都是他的学生。

（4）他是中国近代化的先锋，工业化的旗手，近代造船工业的首创者，科教兴国的先驱。

（5）他是勇于创新、敢为天下先的改革家。造新船、办新学、建立新式海军，派遣留学生促进中西文化的新交流，创造了许许多多的第一。

（6）他是祖国统一的捍卫者，保卫台湾的功臣，台湾近代化的奠基人。连横《台湾通史》赞曰："析疆增吏，开山抚番，以立富强之基，沈葆桢缔造之功，顾不伟欤？"

大家可能会问，有这么了不起吗？确实是这样，就让我慢慢地给大家介绍吧。

我准备按时间顺序，从他小时候讲起。先讲第一讲，少年沈葆桢。

第一讲 少年沈葆桢

沈葆桢的成就，首先得益于他的家庭。他的家风好，家教好。

沈葆桢故居的厅堂上挂的是"文章华国，诗礼传家"的对联（故居）。确实，他的家风就是诗礼传家安贫乐道。

沈葆桢的祖上到福建来，传到他是第五代。前面三代都为幕友，就是"管理钱谷"的师爷。一般人认为师爷的名声并不好，总给人挂着算盘、浮收勒折（大斗进、小斗出）、从中盘剥、仗势欺人的一种形象。但沈家祖上可不一样，重气节，不重钱财。

高祖父沈子常帮人家管理钱谷，一看主人，二劝主人。首先要看什么样的主人，主人不贪财，重名声气节，他就留下来帮你掌管钱财；主人是贪得无厌的，就洁身而去，不跟你同流合污。

曾祖父沈锡九也是这样，帮人理财，"平生无毫发私"，从不贪小便宜。

祖父沈学圃经常告诫家人，幕友"无官之责，有官之权，易于为非"，一定要培育好自己的根基，不然容易变坏。

祖上三代都是这样，就形成了安贫乐道的好家风。在这种家风的培育下，沈葆桢的父亲沈廷枫（1787～1870）就养成诚实忠厚、"好读书，寡言语"的性格。他的父亲很聪明，读了很多书，常常与当地名士"道德文章相厉"，在乡里名望很好。他以教书为主要生涯，学生中有 1 人中状元，6 人中进士，11 人中举人。但他自己在科考上却始终不顺利，46 岁才中举人，随后三次北上会试均名落孙山。所以家境贫寒。"家无立锥地，馆修支半岁"，"食指增（子 4 女 6，大均殇，生葆桢父已 34 岁），生计益绌"。（沈葆桢《先母林夫人事略》）

伯父沈廷槐（1781～1853）与林则徐、梁章钜是在鳌峰书院师从敢于蔑视权贵、刚直不阿的教育家郑光策的同窗好友，又是同年中了举人。林则徐通过其伯父认识他父亲。当看过沈廷枫的文章后，十分赏识。还未考上秀才，林则徐就将六妹林蕙芳许配给沈廷枫。

母亲林蕙芳（1794～1865）是林则徐的妹妹。在娘家时，受良好家风的影响。

林蕙芳，聪明贤惠、知书达理。经常旁听他父亲在私塾的讲课，听她兄长与朋友吟诵，也学会经史子集。父亲感慨"惜哉！其女也，不然何遽出若兄下哉？"（其父林宾日教学方法不同于一般教书先生，教育态度既讲究又开明。他不只重追求学问，还注重品格修养；不求死背，不求体罚，循循善诱，让学生循序渐进，因材施教。在他教了五十年书当中，中举或考上进士的多达数十人。）

林氏吃苦耐劳、勤俭节约。娘家靠父亲授徒维持生计，家境贫寒，母亲和姐妹们要做针线活补贴家用。她小小的年纪，总是埋头干活，从不言苦。

林氏安贫乐道、乐善好施。"生而贫，中岁益贫，至债负山积，未尝以为忧。"保持乐观的态度。嫁到沈家后，家庭较困难，娘家要给些许接济，她总是婉言谢绝，说"衣食粗给，无需此也。"而且常对比她更为困难的家庭给予接济。有人不理解，说自己家这么困难还接济人家，为什么？她说他们比我家困难，能让他们多活几天，就多几天的机会，我只是尽点心意而已。（"贫甚于吾者，使少延数日之命，未必无机会可图，忍以力不足置之邪否？亦尽吾心而已矣。"）其父林宾日就乐善好施，乐善好施也是从娘家带来的好家风。

清嘉庆二十五年（1820）农历二月二十七日，沈葆桢就诞生在这样的家庭里。出生时并不是在现在的沈葆桢故居（三坊七巷的宫巷 26 号，全国重点文物保护单位）也不是其祖屋八角楼（故址位于福州市第十九中学后面，现已不存）而是北院前文笔书院隔壁（故址位于省商业厅礼堂附近，现已不存）。当时是租来的房子，只有一个房间，而且是朝西的，冬天很冷，夏天很热（"冬则凄风撼扉，夏则烈日在榻"），一家人挤在一起，生活条件可想而知。

沈葆桢出生在这样的家庭，既传承了沈家的好传统，也承继了林家的好家风，从小就养成了勤奋好学、安贫乐道、清正刚毅的好品格。

家风就是家庭文化。有什么样的家庭文化就培养什么样的人品。好的家风培养好的人品；差的家风培养残次品、等外品，甚至废品、危险品。现在的家庭对家风的养成不重视，出现两个大问题：一是制造了大量的问题少年，成为严重的社会问题，这是历史的悲哀。二是对家教的误读，出现另一个倾向，有的家庭生活条件好了，家庭教育不惜花费重金，从胎教就开始，但只重视物质改善，只重视智力的提高，练钢琴、学书画、学歌舞，忽视了品格的养成，人格的完尚，甚至过分溺爱，反而惯坏了，也出了不少问题。

养不教，父之过

沈葆桢的父亲是位教师，对儿子的管教是非常严格认真的，我概括为四点：

一是倾其所知。把自己的知识都毫无保留地传授给他。

二是尽其所能。虽然家庭生活拮据，但为了培养孩子，他舍得投资。有一次，私塾先生告诉他，有一本书不能不读，他就"解衣入质库，购书付儿"。

三是启迪智慧。沈葆桢幼时聪明好学，善于思考，常常向他的父亲提出许多问题。他父亲都能认真启发他。《礼记·檀弓》，沈葆桢问了一连串古代丧礼的问题，不但详细地解答，还教导他"读书当知人论世，设以身处古人之地而察古人之心。孟子所谓尽信书则不如无书"。他的父亲是治学严谨、循循善诱的教书先生，"为生徒讲授，常以经诂经，必疏通证明，于义安而后已"。沈葆桢日后办船政那种乐学重教、精益求精的精神，正源自这里。

四是鼓励鞭策。他父亲很留心他的每个进步。沈葆桢中了秀才、升为廪生、中了举人，都及时鼓励，也及时地教导他不要骄傲。他父亲常常说"汝进取有基，可喜。少年侥幸，易自满，尤可忧"。常常说，我担心的是他的自满，常给他敲警钟，既激励又鞭策。

母亲是子女的第一任教师

传统女性，任务就是相夫教子。沈葆桢的母亲林蕙芳聪明贤惠，教子有方。

一是爱心为引，苦心为教。沈葆桢所学经书，"母皆手录"。全部手抄放大。这是因为课本的字印得不清晰，她怕影响目力；更重要的是，亲自手录的艰辛，所花的心血，给子女带来的是母爱的关怀，是一种温馨和勉励。

二是晓之以理，动之以情。"无疾言厉色"，和颜悦色，平等式、启发式的教育。而且"为之逐字讲解"，"委曲引掖以尽其材"，把书中故事讲得生动活泼，有时还"恻然悲之"，留着泪解释，帮助他理解。

三是遵循天性，寓教于乐。沈葆桢五岁时记性很差，"拙于强记"，"强读数百遍，掩卷茫如"，实际上是读不进去。她亲手做成玩具式的经寸书，让他边玩边学，使"葆桢喜而读之，成诵乃止"。

四是励志强心，固气壮胆。沈葆桢幼时体弱多病，"屡濒于危"，而且十分胆小，晚上听到鸟叫、猫叫，就钻到妈妈的怀里。有时受惊就生病。他妈妈想了几个办法：第一，不能让他娇气，四岁就让他读书，让他自立。她认为大声朗读，可以"舒其气，气舒则百脉荣"，读书可强身。第二，以英雄人物"万死一生，百折不回"的事迹激励他，并问他这些人的胆量从何而来？沈葆桢说"是生而然耳？"他母亲说，不是，人都是有胆的，心虚了才胆怯（"非也！人莫不有胆，心有所愧则气馁，气馁则胆慑"）。让他明白一个道理，就是英雄人物"无愧于心，故气盛；气盛，故胆壮"。这就给沈葆桢打了精神上的强心针。接下来就是鼓励他在遇到鸟叫猫叫时，就问一下自己，有没有心虚，有没有做对不住人家的事呢？没有，就没什么好怕呀。第三，"试与说鬼"，夜走小巷、墓地，使他的胆量增强起来。终于使林母感到高兴，说"孺子可教也！"

沈妈妈的方法，对现在的妈妈们应该有启迪作用，如果小孩记性差、胆子小，可以试一试。

舅舅的言传身教

林则徐对沈葆桢的影响是十分深刻的，是他的榜样和导师。

1. 在家时手把手地教

林则徐虽然在家的时间不多，但他无时无刻都在影响和教导着这个外甥。林则徐直接教导沈葆桢有两段时间，一是道光四年（1824 年）八月，林则徐的母亲病故，回籍丁忧，守制三年。道光七年（1827 年）十月，林则徐的父亲病故，又守制三年。这个时段，沈葆桢是 5 到 7 岁，8 到 10 岁。少年沈葆桢天资聪慧，勤奋好学，知书达礼，有悟性，善思考，甚得舅舅的钟爱。

天资聪慧。沈葆桢小时候，林则徐经常出对子和他对，现在流传下来的就这一对，也很说明问题。林则徐说：鱼名弹瑟；沈葆桢随口就对：鸟唤提壶。对得十分贴切工整。弹瑟对提壶，动词对动词，名词对名词，很工整。鱼名鸟名怎么是这个名字哪？他说的是福州话，弹瑟就是鲶鱼，俗称胡子鱼；提壶，谐音，就是鹈鹕，食鱼的大型水鸟（不是鱼鹰：鸬鹚）。

勤奋好学。沈葆桢自幼嗜书好学，成为舅舅藏书楼的常客。他到舅舅家，就钻到书堆里，看了许多古今中外的好书。

善于思考。看书时经常会思考问题。遇到不懂得地方就问舅舅，也经常把自己的想法告诉舅舅，有些想法还相当有见地，让林则徐颇为惊讶。

正因为沈葆桢聪明好学，道光十二年（1832）沈葆桢 13 岁，林则徐就决定将次女普晴许配给他。

2. 带到工作岗位上学

道光十三年（1833 年），沈葆桢的父亲沈廷枫中举后，第一次上京应试。上京时把沈葆桢带到江苏，交给林则徐管教，自己应试到第二年春还返时才把沈葆桢带回福州。林则徐当时任江苏巡抚，有意让他得到锻炼和提升。常常让他看文书，了解格式写法，拟写奏折文书，而且要求极严，字斟句酌，稍不满意，便要他重来。有时通宵达旦，彻夜书写、抄改。而沈葆桢也表现极佳，从无怨言。沈葆桢在舅父的亲手指导下，进步很快，学到了许多书本上没有的东西。（十一月，江苏灾荒严重，奏请缓征漕税，道光帝严旨诘责。十二月，单衔密疏历陈江苏钱漕之重，被灾之苦，坚请缓征，暂纾民力。清廷不得不允所请。林则徐这种为民减负的做法和坚忍不拔的作风给他留下了深刻的印象。林则徐当时还编了一本种稻的书《江南催耕课稻编叙》，并且在抚署后园置地，雇老农试种湘、闽各类早稻，以便推广。这种务实的作风、试验的做法对他也会产生深刻的影响。

沈葆桢从小练字。在这段时间，他的书法进步很快。在书法方面有其家传，林则徐是大书法家。其伯父、父亲写一手好字。沈廷槐"工书，则徐为人作书，多其代笔，该字体相同，几可乱真"。他的两位老师也是书法高手。这一次在舅父的严格管教下，书法又上了一个新台阶。后人评价他的书法出自颜真卿，可以和何绍基平分秋色，"与何道州分席"。（"骨气雄劲，别具一格。间作小品山水，笔意苍劲，法度谨严，一如其人。"）

3. 常以书信施加影响

翁婿常有书信往来。林则徐就通过书信的形式教育他。沈葆桢也常常把写的文稿寄给舅舅批改。在林则徐的日记中，常可看到"阅沈婿文字"的字眼。沈葆桢进士后在北京以庶吉士入庶常馆教习三年。经常给舅舅寄京报，有一次写信说以后不寄了。林则徐就写信说，那我不成了聋子了吗？（道光二十九年十月十六日，1849 年 11 月 30 日）"幼丹贤甥如晤：信中云此后不寄京报，则我在闽中直成聋聩矣"）林则徐是开眼看世界的第一人，他对世界的变化，对时事、信息非常关心，其求知欲望和活到老学到老（林第二年赴广西督师病逝在潮州途中）的精神对沈葆桢也是一种言传身教。

沈葆桢对其舅舅感情深厚，常常以他为榜样处理政务，所以，大家总感到沈葆桢的为人为政，很像林则徐。左宗棠曾说"贤哉似舅"。后人盛赞"冰清玉润，一脉相承"。

老师的影响

沈葆桢的老师有两个较为出名。

刘建韶，字闻石，长乐人，道光十五年（1815）进士。曾任陕西韩城知县，调临潼，升定远同知，候补知府，署兴安、榆林知府。父之同窗，舅父至友。林则徐很器重他，亲自写信请他"严明训迪"。沈葆桢中进士，林则徐写信致谢，"知小婿沈翰宇幸捷南宫，良由化雨滋培，曷胜颂水思源之感"。说明对沈葆桢的影响是很大的。

林昌彝（1804～1876），字惠常，又芗溪，号五虎山人，侯官人。道光十九年（1839）举人，咸丰年间曾任武夷五曲书院山长。喜欢旅游，生平足迹半天下；喜欢读书，舟车之中，手不释卷，而且健谈，夜深就枕，犹畅谈经史，叠叠不休。

林昌彝是著名经学家，爱国诗人。天姿、学问两具备。他留心世务，谈到不平等条约就激动万分，"每谈海氛事，即激昂慷慨"（温训《射鹰楼诗话序》）。他写的书《靖逆十二策》《拟平逆策》得到林则徐的好评。林则徐十分赞赏依靠民众的力量与英国侵略者进行持久斗争的做法，说"此百战百胜之长策"。著有《射鹰楼诗话》，在中国近代诗话史上占有重要地位。他的诗富"有金石气，亦有姜桂气"（陶梁评林昌彝诗）。林则徐评价他的诗：采择极博，论断极精，时出至言，阅者感悟，直如清夜钟声，使人梦觉。

小故事：道光十九年（1839）两人同时参加乡试。考后，林昌彝做梦，梦见两人都中了举人，沈葆桢中第二名，林昌彝中第82名。发榜后，林昌彝的捷报先到，是第83名，林昌彝"欢喜若狂"，沈葆桢说"一第何足贵，而师喜如是"。中了举人有什么呢？何必这么高兴。过了不久，沈葆桢的捷报也来了，中了第 3 名。林昌彝过来祝贺他，这时沈葆桢已入睡，赶快起来，穿衣服，穿袜子。但一只袜子穿好后，另一只袜子一直找不着。林昌彝指着他的脚大笑，说"两袜穿一足矣！一第何足贵，竟忘情如是耶？"说我太高兴了，你自己呢？

光绪二年（1876）林昌彝病逝，沈葆桢十分悲痛，时任两江总督兼督办南洋海军事宜，十分繁忙。他闻讯马上写信给长子玮庆，要他送去奠敬和挽联。联句他自己拟好写在信里：

夫子大人寝右

总角待龙门，风雨啸歌，许以传心如昨日；

轻装归马渎，波涛咫尺，失之交臂竟终天。

受业沈葆桢泣百拜。

流传的联句是：

总角侍龙门，风雨啸歌，许以同心如昨夜；

轻装归马渎，波涛咫尺，失之交臂恨终天。

改了四个字，除夜字外，不见得好，原作的感情更为深厚、朴实、亲切。

在父辈和老师的培养下，沈葆桢打下了良好的根基。那么沈葆桢日后是怎么样发展的呢？请听下一讲《步入仕途》。

第二讲　步入仕途

大家好！

上一讲我们讲到家庭对沈葆桢的影响，这一讲我们讲他通过科考步入仕途。

一　无奈的选择

通过科考步入仕途，这是当时知识分子无奈的选择。道光十九年（1839 年，虎门销烟的日子），20 岁的沈葆桢中了举人。但随后三考三落第（1840、1841、1844 年）。这是举子们的无奈，全国 3 年一科才中 300 人，平均一年 100 人，命中率很低。当年的林则徐也是二考二落地。沈葆桢比他多了一次"万寿恩科"（1841 年道光皇帝六十大寿，改会试正科为"万寿恩科"）的机会。

最后一次，沈葆桢和他父亲一起参加会试的，结果都落第。父子俩都是三次参加考试，每次都要住在京城半年，花费很大，"举债累千金"。他父亲已经 58 岁了，靠设馆授徒那一点维持半年生计的收入，艰难程度可想而知。

又过了三年，道光二十七年（1847）沈葆桢第四次参加会试，终于考中了进士。同科进士的有李鸿章、沈桂芬、郭嵩焘等，都是日后的重臣。

中进士后，按部就班，就像现在的人事制度一样，两三年一提拔。清朝规定进士都要在翰林院进修，进庶常馆学习当庶常吉士，一般三年，合格者授翰林院编修（正七品）。翰林院官员授职后，每隔几年再进行考试，称为"大考"。考后按成绩分为四等确定升降（一等重用，二等升阶，三等不升不降，四等降级）。三年后再参加监察御史选考，合格的记名御史用。当三年御史，有了缺，才外放使用。这叫熬年头。沈葆桢也只能这样，三年后编修，又三年后记名御史。

当他升为监察御史的时候，机会终于来了。

二 皇帝的青睐

咸丰四年（1854）五月，沈葆桢补授江南道监察御史。监察御史是言官、谏官，可以向皇帝直奏。有些御史就专门挑刺，专门整人，像张佩纶那一班清流派，就经常弹劾人，并以此出了名，让"百官震撼"。沈葆桢当御史不把精力放在针对个别人，而是针对时弊来提出问题。在任御史期间，他上了许多奏折，其中有三封很值得一提。

（《奏请饬统兵大臣乘胜东下折》《奏请弁兵分隶郡县折》《奏请变通钱法折》）

我把这三封奏稿的主要观点归纳如下：

1. 请朝廷授予曾国藩统兵大权，以利于对太平军的作战。并建立长江大队水师，水陆并进，挥师东下。

2. 改变军队的混乱局面。清代武备，是八旗和绿营兵。白莲教起义（1796～1804），绿营兵也丧失了斗志，于是起用地方团练。结果"文员带勇，武员带兵"，见有好处就争，要他打仗就推诿，军令无法统一。他建议文武合一，军民联防，赋予郡县以兵权。

3. 针对当时通货膨胀的状况，提出"轻重之权操于上"的宏观调控办法。

沈葆桢的观点是很有胆识见地的。曾国藩当时就是办团练起家，逐步形成名噪一时的湘军。与太平军作战，湘军起了重要作用。按清廷规定汉人是不能统兵的，也很忌讳汉人执掌兵权，危及满人的政权，所以非常犹豫。作为监察御史的沈葆桢敢于直言，请饬统兵，难能可贵。但这时的咸丰帝已被太平军搞得焦头烂额，不用汉人地方团练形成的军队，已难以挽回败局。但把军权交给汉人，整个政治军事格局都会发生重大变化。9 月 13 日，清廷还是发出谕旨，赏署曾国藩兵部侍郎衔办理军务。太平军攻陷苏州，咸丰十年（1860）5 月，加兵部尚书衔署理两江总督。虽然，挥师东下并没有达到"一鼓荡平"的乐观估计，但从此以后，改变了满人统兵的历史，汉族官僚掌控兵权的局面一直延续到清朝灭亡，以致民国的军阀混战。这种局面的形成，不能说就是沈葆桢这封奏折的结果，内忧外患才是迫使清廷做出这种让步和调整。但不管怎么说，通过这封奏折，我们可以看到沈葆桢的卓识远见和敢于直言的品格。

赋予郡县兵权的奏折，朝廷没有采纳。这是一种制度性的改革，涉及各种利益集团尤其是满汉官僚集团利益的调整，也会进一步动摇满人的统治。

第三封奏折，闪烁着经济学智慧的光芒，在封建社会没有市场经济学概念的时候，提出许多现在才能理解的经济学问题，令人震惊。

首先，他看到了通货膨胀，"钱日贱，物日贵"，货币贬值，物价高涨；"领饷四千，仅抵二千余之用耳"，名义工资四千，实际工资二千余。

其次，看到了通货膨胀的原因，由于白银外流，官方以白银为征税标准，还有"私铸繁兴"，毁制钱铸大钱，发钞没有白银做保障无信用，"钱有散而无敛则钱轻，钱轻则物重民生困"，造成银贵钱贱，比价从 1 比 700 到 1 比 2300。农民一石米卖 3000 文钱，过去可换白银 4 两 3，现在只有 1 两 3。

再是，提出了我们现在常说的宏观调控手段，财政货币政策。请看他的对策：

根据货币升值贬值来发放货币（"酌轻重以敛制钱"），货币升值就多发，反之少发，"重（重指货币升值）者散之使轻，轻者敛之使重"。权力要集中在中央，使百姓得到好处。"使权归于上，利溥（普遍）于下，以赔国本，而清人心。"

发行纸币不能"以虚迁实"，要与白银挂钩，"将所有银钱输之钞局"，这样，"持钞以取钱，取信既久，自必畅行无碍。""效用将远在官铸和铸办的大钱之上。"

相对固定白银与制钱的比率，按每两2000文钱再根据地区不同调整，使"商民有减赋之乐，国家无逋（拖欠）赋之忧"。

征收部分谷帛实物，减轻农民负担。农民一亩地就三石米而已，过去征实物，上交一旦米，现在改征漕折，按白银收取税赋，又要将近去掉一旦米，只剩下一石多米，就无法过日子。对于拿廉俸的人来说，"钱与谷帛各半"，则可减少拿名义工资的损失，所以一举两得。

任御史要有胆有识，沈葆桢的三篇奏稿确实有一定分量，不知道咸丰帝对经济学是否理解，但确实因此得到咸丰帝的赏识（清史稿称："朝御史，数上疏论兵事，为文宗所知"），当年就被记名以知府用。

三　夫人的血书

咸丰五年二月初二（1855年3月19日）沈葆桢被破例提前外放（御史年资一般要三年），出任九江知府（原授杭州知府），但九江城已为太平军攻下，他无任可上，故应曾国藩之邀请，先到南丰曾营营务处当幕僚（管理文书奏报、军队调动、粮饷补给等工作）。六月任贵州道监察御史。

咸丰六年（1856）四月，调任广信（今上饶）知府。

当时，江西大部为太平军所占，清军仅踞南昌、赣州、饶州、广信四府，曾国藩孤军困处南昌。太平军又从抚州东进饶州、广信，广信府属之弋阳、铅山、贵溪相继失守。八月初，沈葆桢筹饷河口（现铅山）。太平军自吉安破新城、泸溪、金溪。十四日围广信。郡城"人心惶惶，吏民铺户，迁徙一空，署中童仆，纷纷告去。"沈夫人林普晴向玉山守军血书求援。

这里介绍一下沈夫人林普晴

沈夫人林普晴（1821~1873），道光元年（1821）八月十五日中秋生，

（中秋逝）当时林则徐偕夫人从杭嘉湖道回福州，在福建瓯宁县（今建瓯市）的船上出生。到家后，祖父起名曰普晴，因出生时月明如昼，像白天一样晴朗。她自幼爱读书，诸子百家诗词歌赋都读过。她比沈葆桢小一岁。青梅竹马，两小无猜。她六七岁时，有一次，长辈们在议论表兄弟，给她开玩笑，问她，这些表兄弟中，谁最好？答曰："无逾沈氏兄者矣！"她说沈葆桢最好。

12 岁时，林则徐把她许配给沈葆桢。19 岁完婚。婚后到沈家，做家务，下厨房，学做菜，孝敬公婆，一改大家闺秀的习惯，深得好评。有一次，看到一张凭证，就问婆婆，婆婆说是质卷，就是当铺的抵押单，才知道沈家靠抵押过日子，当即把两个陪嫁的丫环退回娘家去。沈家贫寒，但她不埋怨，极尽做媳妇的职责（"竭力承欢，无忧色"）。第二年，沈葆桢上京会试，林普晴不惜典当金镯子等嫁妆，凑齐盘缠，支持沈葆桢进京赶考，从此她改戴藤镯子，并持之终身。虽贵为一品夫人，也不再佩戴金银首饰。《清史稿·沈葆桢妻林》称她"治家有节度，断线残纸，必储以待用"。林宾日题林家故居厅堂：粗菜淡饭好些茶，这个福老夫享了；齐家治国平天下，此等事儿曹为之。

林普晴是沈葆桢的贤妻，也是他公干的得力助手。既是贤内助、廉内助，又是秘书、参谋。印章、文件，她保管，也参与起草，誊写。她有胆识，有心计，处事冷静周全。沈葆桢很多事情都征求她的意见。

广信告急，她想起了一个老乡：

饶廷选（1803～1862），字枚臣，闽县（今福州市区）人。未弱冠即入伍，两度赴台镇压起义。咸丰三年（1853），任漳州镇总兵。调贵州安义镇总兵，升福建陆路提督，时任浙江衢州总兵，镇守玉山。于是，咬破指头，写了 400 多字的血书，表达与广信共存亡的决心，和视死如归的气节。

普晴是林则徐的女儿。林则徐虎门销烟，名声很大，很受尊敬。他的女儿血书求援，深深打动了饶廷选的心。信中说广信失守，玉山难保，也确实在理，所以以此为理由，也出于对林则徐的敬仰，背城出击。但因没有军令就出兵（"未有军令赴援，屡裰公职"），三次被"革职留营"。咸丰十年（1860 年），太平军李秀成部攻浙江，廷选由江西援浙，收复淳安，升授浙江提督。翌年九月，廷选攻下诸暨，援救省城。守城 70 余天，杭州

陷落时，廷选终以革职留用提督身份和他的两个兄弟一起战死。卒赠太子太保，谥"壮勇"，入祀昭忠祠。葆桢挽联

为千秋万世立此纲常，君恩母训如新，原以臣忠兼子孝；

拼九死一生赴予急难，信水灵山依旧，那堪我在见公亡。

八月初五，普晴血书求援。

八月初六，沈葆桢单骑飞回广信。

八月初七，饶廷选回信，说河道干涸，"舟不得发"。玉山到上饶有一条河，叫金沙溪。没水不能走船。这时，地方绅士劝他们到乡下躲一躲，但沈葆桢只是把随从的人，安排到乡下去。夫妇二人留了下来，做了与城同归的准备。当时普晴怀有身孕，怀印倚井（后生下的次女名怀印），做了投井自尽的准备。沈葆桢整整齐齐地穿好官服，手持宝剑（各种史书略有不同，有说夫人持剑的，葆桢不在时，应是夫人持剑；又一说援军到时，看到的是葆桢"公服危坐"，这只是细节上的差别），以备非常。空城一座，如何守？太平军一到，不是自尽就是被杀，如果逃跑，侥幸活下来，朝廷也饶不了你，两江总督（时任浙江巡抚）何桂清就是例子。在太平军进攻江南大营时，本该先派兵营救江南大营，他却退守常州。当常州被包围时，乡绅数十人劝其不要弃城，他命令火枪手射击，打死20多人，然后逃之夭夭。1862年12月被朝廷处死。这时的沈葆桢，在援军说来不了的时候，其痛苦、绝望可想而知。此时此刻，生死关头，他们不会不想到林则徐，不会不想到林则徐的名言，"苟利国家生死以，岂因祸福避趋之"。也会想到文天祥的名句：人生自古谁无死，留取丹心照汗青。

八月初八，老天有眼，大雨滂沱，河水暴涨。

八月初九，饶廷选带兵千人乘船到了广信。

八月初十起，抓紧部署，出城迎战。14日，太平军以云梯攻城，饶廷选、沈葆桢登城楼指挥作战，沈夫人亲自为将士煮饭做菜，送到阵地，大大鼓舞了士气。游击穆图阿、都司赖高翔出西门迎战，破太平军兵营。太平军奔玉山，企图断广信后路，玉山守军"绕道出其前，大创之"。"连日大战，破其长围"，太平军终于撤退。

八月十五日（时"值中秋节，为夫人初度，具酒脯祭于井，庆更生"）。正好是沈夫人35岁生日，于是夫妇祭祀这口井，庆祝渡过险关，获得新生。这应是沈葆桢夫妇一生中共同度过的最难以忘怀的日子。

事后，沈葆桢感激饶廷选"以忠义相急难"，结拜为兄弟。饶廷选并未因三次被"革职留营"而怨恨沈家，而是以忠义为自豪，特意将普晴血书装裱"悬于客厅，以示宾客"。据廷选次子仲馨回忆，曾见原书，血痕狼藉。但杭州失陷后血书丢失了。林普晴才华出众，诗书俱佳。她的书法传承其父，十分工整隽秀，林昌彝曾经请她抄写《三礼通释》呈送给皇帝（林昌彝因献《三礼通释》，于咸丰八年（1858）得建宁府学的教职）。林普晴也会写诗，《全闽诗话补编》《清代女诗人选集》有林普晴的诗作。

林普晴独守空城，视死如归，血书求援，广信得守，受到朝廷表彰，传记入编《清史烈女传》。

由于广信守城有功，获朝廷嘉奖升迁。（当年九月，清廷擢沈葆桢以道员，尽先补用。）咸丰七年（1857）闰五月初一日，当任广饶九南兵备道员，辖广信、饶州、九江、南康四府。（驻扎九江。但因九江仍在太平军手中，故仍驻广信）。

咸丰八年（1858）三月，沈葆桢击退福建沙溪攻入广信之太平军，又击败进攻贵溪、弋阳、广丰、玉山等地之太平军，诛安仁抗粮奸民，赣东相对安定。

咸丰九年（1859）六月，（曾国藩上奏极言葆桢夫妇共同抗敌，谓"军兴有年，郡县望风逃溃，惟沈某能独申大义于天下"等，清廷闻报，）赏加按察使衔。

四 上司的刻薄

当时的江西巡抚耆龄，字九峰，满洲正黄旗人，（咸丰七年三月，由布政使升任江西巡抚。同治元年，升任闽浙总督。后调福州将军。）此人以阴险刻薄、玩弄权术闻名，常常"借公事挑衅"，刁难打击沈葆桢。举三个例子：

1. 河口厘局的开支，花一些银子是正常的。但耆龄却多次指责，还叫布政使三番五次下文，说局费太高。沈葆桢就裁员，减少开支，裁去几个人后，每月节省一百多两银子，他还不满意。沈葆桢知道是故意找茬，就不退让了，与"抚藩攘臂而争"，最后，耆龄只好作罢。厘金是苛捐杂税，始于咸丰三年，刑部侍郎雷以诚在扬州帮办军务，设局劝捐助饷，后因劝捐难以持久，遂改为厘金，分百货厘、盐厘、土药厘、洋药厘等四类，税率约4%至10%不等，不数年推行全国。由同治八年统计，全国征收厘金达1230余万两，相当于同年地丁收入的68%。

2. 河口茶厘，每月提1万5千银子送给曾营做兵饷，另提一些给祥字营做兵饷，但耆龄却把章程改了，说筹不出钱给祥字营当兵饷。沈葆桢看过章程后，非常气愤，就撕开情面，与其抗争。

3. 九江关一年上交的关税是50万两。现在九江仍在太平军手中，关税收不起来。负责九江关的杨凤山骑虎难下，耆龄却要照应他，说他病了，要沈葆桢去九江开关。沈葆桢说"按照原额，一年须赔五十万两"，你故意把他支开，这不是逼我跳进火坑吗？

沈葆桢据理与争，当然得罪顶头上司。沈家祖上就是这个脾气，主人不行就走人。所以沈葆桢以生病函请辞官。这时刚好他弟弟沈琦病逝，父母亲非常悲痛，家里写信来催他回去，终于获准回籍养亲。咸丰九年（1859）七月，以母老开缺回籍，"士民数千赴行省乞留"。

这和林则徐的当年经历极为相似。嘉庆二十五年（1820）二月，林则徐任江南道监察御史，河南南岸河堤缺口，河南巡抚琦善办事不力，引发大水灾，林则徐不惧琦善满洲贵族的背景，向嘉庆帝直奏琦善的无能。他为官清廉，不畏权势，道致同事的猜忌、冷嘲热讽，林则徐因此对官场厌倦。道光元年（1821），那时林宾日病危，以照顾父亲为由辞官而去。

五　为官的要义

咸丰四年（1854），沈葆桢补授江南道监察御史开始，到咸丰九年（1859）40岁，赏加按察使衔，前后5年，有破格升迁的幸运，有命悬一发的感慨，有守土一方的艰辛，有大吏掣肘的无奈。在内忧外患的多事之秋，作为一个要有所作为的官吏，当他摆脱日常繁忙的事务后，安下心来想到的是什么？

一般人是好好休息一下，享受一下人生。但沈葆桢却利用这一段时间，写了一本书。书名是《居官圭臬》，圭臬，就是标准，法度。居官圭臬，就是做官的标准、法度。这是沈葆桢针对当时官场上的弊政，收录历朝历代名臣的格言议论，整理编著的。它从古今治乱得失的高度，提出吏治的重要性和道德准则、法律原则。

《居官圭臬》分上下两卷，14 章，上卷有《文昌忠经》《孚佑忠诰》《从政汇略》《略政格言》《官长约》《乡绅约》，下卷有《明职》《州县约》《行戒》《活板说》《恤犯篇》《救荒策》《功过格》《政绩》。

简单介绍他的观点：

1. 为官的基本原则：清、慎、勤。"当官之法，惟有三事，曰清，曰慎，曰勤"。就是居官要清正廉洁，要谨慎从事、如履薄冰，要勤政尽心尽力。清慎勤三字大家应该不陌生，现在提倡廉政文化建设，许多地方都把它作为座右铭。

2. 为官的主导思想是爱民。他认为做官就要为百姓谋利益，"做一日官吏，即为百姓筹百年之计"。而爱民的实际行动就是亲民，就是关心民生。要"以疼儿女心疼百姓，以理家务事理地方，悯其饥，念其寒"。如何做到亲民，他提出两个关键：一是关键在基层的观点。"州县乃亲民之官吏，只一亲字认得透，做得透，则万事沛然，无所窒碍矣！"二是体察民情的观点。他认为官员要下乡体察民情，下乡要做到：①轻车简从；②问寒问暖，"遇民则问晴雨相慰劳，与谈辛苦，察其家口，子妇能孝顺否？兄弟相友爱否？地有遗利、人有失业否？③问百姓关心的事；④要因人而异，问农夫与秀才不一样，遇秀才则与语读书行馆？⑤平易近人，入乡随俗；遇食则山蔬脱粟皆可食，遇坐则土茎芦席皆可坐。⑥现场办公，能办的事立即办掉。他说认真执行一二年，各乡之情况了如指掌，是非好坏十分清楚，那么，"何利不可兴，何弊不可除"？

3. 贪官污吏的主要表现：急征暴敛、良恶不分、晨昏荒宴、侵犯民利、沉迷美色，把它称之为"五瘴"。

4. 他还提出官员的岗位责任制、行为准则、树立正反两方面典型、功过政绩的确立等等。

封建官吏能如此要求，实在难能可贵。沈葆桢说用以自警，也是警世。他本人正是以此为准则，勤政亲民，廉洁奉公，获得"一生清名"。

下一讲我们来探讨他在江西巡抚任上的为官为政。

第三讲 受命江西巡抚

大家好!

今天讲沈葆桢专题第三讲《受命江西巡抚》。

1861 年,原江西巡抚毓科,因能力平庸,被革职。一个月后任命沈葆桢接任江西巡抚。

巡抚相当现在的省长,要管理着 2500 万人口的江西,还要与太平军正面作战,面临的是一大堆棘手难题和严重的挑战。在这个任上也彰显了他的谋略和胆识。我讲六个问题。

一 时局严峻

当时的江西,作为一省之长,他面临着四大难题:

防务吃紧

江西为兵家必争之地,是与太平军作战的主战场。太平天国运动从 1851 年开始到 1863 年止,历时 14 年,波及十六省。特别在中后期,主要战场在江苏、浙江、安徽、江西、湖北等江南各省。1855 年太平军占领武汉后,清军在长江中下游的军事形势全部逆转。

石达开攻占安徽、江西后,江西的大部分已为太平军所占领。清军仅占领南昌、赣州、饶州、广信四个府。主力部队曾国藩的湘军,被困在南昌。朝廷紧急调集两广总督叶名琛、闽浙总督王懿德派绿营兵前来救援,还是不能解围。

1860 年李秀成破了清军江南大营,接着又攻克苏州、常州。第二年攻克杭州。随后转向江西,江西防务万分吃紧。

当时进入江西的太平军已有 30 万人!

经济凋敝

清军与太平军的作战呈反复争夺的拉锯状态,对生产力破坏十分严重,无论是太平军占领地区还是清军占领地区,到处都是凄凉破败的景象。强劳力当兵,其他人逃难,田地荒芜、饥荒瘟疫,真是满目疮痍。

财源枯竭

清朝政府为围堵太平军消耗大量财力,加上两次鸦片战争的赔款,国库空虚。只有靠增加税赋来转嫁危机。

当时的财政收入主要有"田赋"（主要包括漕粮和地丁，是农业税）"厘金"（原来是募捐用于战争的，现为固定征收的各种附加税费）"关税"（海关税）三方面。江南地区，包括江西一向税负较重。

1. 田赋，实收不过半。

道理很简单：一是打仗，江西的大部分已为太平军所占领；二是农业收成锐减，到处瘟疫饥荒；三是运河不通，政府改收粮食为收白银，增加了农民的负担；四是各级官员土豪劣绅盘剥渔利，百姓苦不堪言。

2. 厘金，同样收不起来。厘金是专门作为军队的经费用的。曾国藩在江西的湘军五万人，每个月经费要 30 万两，但当时江西全省只能收到八九万两。

3. 关税，1860 年允许英国人在九江通商，同时开始征收关税。九江关税以木排为大宗，主要是食盐、茶叶、毛竹。由于连年打战，大量木排被烧，而且运河不通，货流不畅。九江关每年应征关税 50 万两，现无法征集。

江西省每月财政支出要 30 万两，现在入不敷出，出现大量赤字。历史拖欠应上缴的税收还有 215 万两。

二　教案棘手

1860 年签订的中法《北京条约》规定，允许法国传教士在中国自由传教，归还以前没收的天主教堂、学校、田地等，同意在各省租买土地，自行建造。由于法国传教士唆使教民干预公事，庇护地方败类，引起各地百姓的强烈不满和群起抵制。

在贵州、湖南反洋教斗争的影响下，江西也掀起反洋教斗争，捣毁了南昌筷子巷、袁家巷、庙巷三个教堂，砸了教会保护的义和酒店、合太盐店。法国传教士罗安当闻讯逃跑。

法国公使出面干预，要求"赶紧惩办"，否则出兵。英国领事也帮腔，以"不日有兵船要来"相威胁。

沈葆桢第一次处理涉外教案，内顶外压，十分棘手。

三　强兵固省

面对满目疮痍、民不聊生的烂摊子，面对防务吃紧、一片荒凉的破败景象，沈葆桢采取"强兵固省"战略，从整顿军队开始，达到稳定局势、然后步步为营、节节取胜的目的。

自建赣军

自办团练。皇帝曾经下旨，要求沈葆桢招募乡民，训练成军队。沈葆桢奉旨建军，大办民团。当时太平军大举进入江西，江西必须自卫。

调军防卫。除办团练，沈葆桢广调清军赴江西防卫。江忠义的精捷营、席宝田的精毅营、韩进春的韩字营、王文瑞的老湘营、王德榜的长左营、张岳龄的平江营、王沐的继果营、刘胜祥的祥字营、刘于浔的水师营、刘典的克勇、段起的衡字营等均相继调入江西。

自掌军门。1863 年 11 月，精捷营的江忠义病故，所辖的人马由沈葆桢直接指挥，加上他原指挥的韩字营、精毅营等，江西军队的实力大为改观。

严肃军纪

举几个例子：其一，都司陆德胜，侵吞口粮，横行一方，被就地正法。

其二，都司朱洪春，报私人恩怨，打死三个人，被就地正法。

其三，记名提督黄仁遗，骄横狂妄，不思改悔，沈葆桢将其革职留用，以观后效。黄仁遗被处分后，加强对属下的约束，作战时十分卖力，沈葆桢后又给予嘉奖。

沈葆桢军纪严明，赏罚分明，威望很快就树立起来。

坚壁清野

沈葆桢认为，仅靠军队的力量是不够的，必须发动群众，坚壁清野。他要求，大乡每乡自为一堡，小乡合数乡为一堡。各乡有山依山，有水依水，都选择险要的地方筑起堡垒，以防太平军进攻。

协同作战

1862 年，太平军围浙江衢州，江西防务吃紧的时候，沈葆桢就部署军事防卫，调动东路防军与自浙入赣之太平军作战。

1863 年三月，徽州三面受围，沈葆桢调兵解围。四月太平军转入建德，进攻祁门，沈葆桢又率军将其击退。接着消灭鄱阳境内太平军，并剿灭永宁、永新、龙泉等县"会匪"。

1864 年围剿赣西方向的太平军。五月，太平军突袭抚州，朝廷下令沈葆桢阻截，并将其剿灭，不让其逼近南昌。这几支太平军很快都被沈葆桢击败。

六月十六日曾国荃攻下南京，太平天国宣告灭亡。黄文金保护洪秀全的儿子、幼天王洪福瑱逃往昌化、绩溪；黄文英奔泾县、祁门，想从江西折向广东。朝廷下令沈葆桢要全力堵截，并消灭太平军余部。

九月初九日，太平军余部被全部消灭，并活捉幼天王洪福瑱和洪仁玕、洪仁政、黄文英等骨干。十月，沈葆桢根据朝廷的命令将这些人处死。

随后，沈葆桢奉命到福建会剿太平军的残部。

消灭太平军残部取得胜利，朝廷赏给沈葆桢一等轻车都尉世职，并赏给头品顶带。但沈葆桢却打报告给朝廷，要求收回封赏，说自己没什么功劳，是部下英勇作战的结果，是曾国藩、左宗棠派军救援江西的结果。这又一次表现了沈葆桢推功揽过的一贯作风。

乱中求治

怎么样休养生息，恢复生产，搞好经济呢？这又是一个大难题。沈葆桢重锤出击，乱中求治，激浊扬清。

减轻税赋

为休养生息，实行减赋措施，先后两次。第一次，年减负 378 万两。第二次，在第一次基础上再减 138 万两，其中漕折一项约减了 45.7%，其幅度相当大。

针对江西的困境和税赋拖欠的现状，沈葆桢还多次请求朝廷豁免。据《清穆宗实录》记载，经朝廷同意减免的税赋达到 1000 万两。

惩治奸劣

沈葆桢声张正义，严惩土豪、劣绅、奸商。

代理贵溪县补用知县陆长庆私自下乡，募得捐银 3000 两，只上缴1000 两，私吞 2000 两，以徇私舞弊、贪污捐项罪将其革职。

都司刘青云得知绅士郑克被太平军拉去服役后逃跑，则以"从逆"罪拘捕郑克。郑克的妻子托人疏通，说要送他钱票 6 张，折 375 千文，后拿不出来，只给 78 千文。郑克的父亲求其宽限，刘不依，把他抓起来。结果郑克的父亲自尽。沈葆桢判刘青云诈赃致死，将刘青云绞监候（死缓）。

清江县土豪为一乡之利，私自开闸泄洪，致数百里田园农舍被淹。沈葆桢到任后，又一次洪水暴发，清江县土豪又一次组织挖堤。沈葆桢闻讯前去制止，并将 5 名主犯正法，并将临江知府单兴诗、代理知县张兴言一并革职。

沈葆桢还同贩私盐的外国奸商作斗争。当时，洋商贩私盐是普遍现象，利大风险不大。沈葆桢到任后严肃查办贩私盐的洋商、洋船，与外国驻九江的领事交涉，下令省内华商不得代售外国奸商的私盐。并奏请朝廷按约惩办。洋商见冒重大风险而无利可图，便不再打私盐的主意。

举荐贤达

沈葆桢一边打击土豪劣绅和奸商，一边举贤荐能，声张正气。他遍访江右贤士，了解到前翰林院修撰刘绎、道员钟音鸿、进士郑维驹等一批贤达，就委以实职，加以重用。

争饷留用

1862 年，沈葆桢上报朝廷请求将江西漕折五万两留给本省，作为练兵的经费。认为江西防务亟待改善，希望不致因江西之无能而影响清军之整个作战部署。他认为江西财政困难，欲"强兵固省"，就要"留本地之财，养本地之勇，卫本地之民"。

第二年（1863），沈葆桢又请求将洋税留在本省使用，朝廷准奏。

第三年（1864），又请求将厘金留给本省支配，曾国藩的军队不得分羹。沈葆桢在江西用于防卫的军队增多，使军费短缺更为严重。曾国藩为两江总督，辖江苏、安徽、江西三省，今安徽全省、江苏之富饶地区已收回在清军手中，则曾国藩之军费的大部分不应由江西负担，这是其一；二是，江西的防务本应由曾国藩兼顾，今曾国藩不能兼顾，江西之经费则只能养江西之兵了。

曾国藩知道后上疏力争。清廷也要求沈葆桢在九江洋税项下每月拨银三万两给曾国藩。曾国藩又疏请拨江西漕折银五万两，但沈葆桢都不同意。

这就是有名的"沈、曾争饷"。

妥处教案

沈葆桢治理江西教案，有理有节，柔中有刚。他不捕风捉影，滥杀无辜，不出动军队弹压，而是通过调查，具陈民众痛恨洋教的原因和未能查出首犯的情况。而且把责任揽在自己身上，请求由自己承担责任，交给朝廷严加处分。同时，一方面安抚民众，在省城自建育婴堂；另一方面与传教士谈判，要求罗安当迁离省城到通商口岸九江传教，并建议由官府筹措5000两白银，作为赔修法国教堂之用，交罗安当购买九江百姓愿卖之地建教堂。

罗安当通过法国公使拼命向江西当局勒索、恫吓，要求索赔7万两。1863年4月，罗安当又抵南昌城外，再次引起市民的骚动。沈葆桢利用民众的声势，与其周旋，最后以向罗安当赔款白银1.7万两结案。

沈葆桢处理教案，堪称典范。这与数年后曾国藩以"杀民谢敌"处理天津教案形成鲜明对比。他的揽过的精神也十分可嘉。上文讲到推功，这里是揽过，推功揽过是他的美德。

治理江西三年，留下了不平凡的政绩：

结束了长达14年的战争，彻底改变了江西"万分吃紧"的局面，换来了较长期的和平环境；

不顾情面，据理力争，争来了银饷，缓和了财政紧张，使江西有了一定休养生息的机会；

整饬了吏治，稳定了政局，恢复了封建的统治局面；

妥善处理了江西教案，平息了无休止的争端。

三年的历练，丰富了他的人生阅历，锤炼了他的品格，留下了"久负清望"的美名。

三年的历练，把一介书生推到出生入死的风口浪尖，为他政治军事上的成熟积累了经验教训，为他的政治生涯奠定了良好的基础。

三年的历练，使他养成果敢、严明、整肃和说到做到、敢于负责、雷厉风行的作风；处理外事问题有利有节，柔中有刚。

三年的历练，展现了他不谋私利、敢杵权贵的高贵品格。在与曾国藩争饷的问题上，有人说他是忘恩负义。曾国藩于军于政都是他的上司，又是提携举荐他的恩人，从官官相护和知恩图报的观点来看，沈葆桢是有不应该争饷的一面，但如果不争饷，江西是什么样的情形呢？赣军建得起来吗？经济状况能好转吗？从守土一方、利政利民的角度看，沈葆桢争的不是一己之私，而是不徇私情、耿直不阿，展现的是"苟利国家生死以"、"壁立万仞无欲则刚"的高尚品质和以民为本的思想。

三年的历练，也使我们看到他一直在坚持自己的为官之道，坚守自己为政之信仰：清、慎、勤。

1865 年，沈葆桢辞官回家为母亲丁忧。这时，他开了一个裱画店卖字，巡抚开裱画店，这是怎么回事呢？我们下一节再讲。

第四讲 总理船政

大家好！

今天讲沈葆桢专题第四讲《总理船政》。

一 三顾出山

左宗棠三顾

同治五年五月十三日（1866 年 6 月 25 日）左宗棠上奏清廷，建议办学造船，得到恭亲王奕䜣的支持。同治五年六月初三日（1866 年 7 月 14 日），在不到 20 天的时间内，就形成上谕，批准了。

但新疆西捻军和回民起义，形势吃紧，左宗棠被调任陕甘总督。刚刚立项的船政谁来接管呢？

左宗棠思维再四，想到了沈葆桢。当时沈葆桢正因为母亲去世辞官回家丁忧。这时，他开了"一笑来"裱画店卖字，为什么呢？补贴家用。可见他的清廉。开价是一副对联 400 文，一石米 3000 文可买七幅半，官居一品，又是与清代大书法家何绍基齐名，太不容易了。

左宗棠认为非他莫属，理由是：①沈葆桢，在政界在当地都有名望；②考虑事情很周到；③皇帝对他又好印象；④对家乡的事业很关注，很支持。

左宗棠商之英桂（福州将军）、徐宗幹（福建按察史），都认为非他莫属。于是左宗棠三次到宫巷商请，沈葆桢却始终婉言谢绝。左宗棠只好奏请朝廷，请皇上下御旨要求沈葆桢深明大义，以国家事业为重（仰恳皇上天恩，俯念事关至要，局在垂成，温谕沈葆桢勉以大义）。同时建议特命总理船政，由清廷颁发关防，凡涉及船政的事由其专奏请旨，以防牵制，以解后顾之忧。

沈葆桢出山

朝廷下旨，沈葆桢只好出山。实际上他对办船政是很支持的，左宗棠的想法，他十分理解。能实践"师夷制夷"也是他盼望已久的事。但为什么他再三逊谢呢？

有几个原因：

办船政是非常之举，朝中保守势力强大，朝廷财政紧张，没有特别措施是不可能办成的。

孝忠不能两全，守制之人，尽孝难以尽忠，而且无责无权，无法指挥。

作风务实，虑事一贯详细周密，考虑不周的，不会轻易答应。

在家乡办事，回避很重要。朝廷有"回避法"的规定。因此他领衔具名联合福州士绅上疏，请求福建按察史徐宗翰挽留左宗棠暂缓西征。

但朝廷下旨，他也就负起责任来，丁忧期间就亲自部署，以左宗棠的名义联名上奏折。沈葆桢当过巡抚，官居一品，丁忧之后朝廷会有更高的职务安排，但他却接受了这份名分不明确而又具有挑战性的工作，再次看出他是一个以事业为重的人，而不是权力欲很重的官迷。

排除干扰

船政是顶着逆流前进的。她的诞生和发展始终受到内外反动势力的阻挠和干扰。

一是洋人的阻挠。

未办船政之前，英国驻华公使威妥玛、总税务司赫德多次散布造船不如买船的谬论，先后向清政府提出购船建军的建议。（《新议略论》和《局外旁观论》，"扬言制造耗费，购雇省事，冀以阻挠成议"）。阿思本事件就是个典型例子。1861 年海关总税务司赫德说服了清廷向英国购买 8 艘炮舰，舰队由欧洲人指挥。指挥官是阿思本海军上校。

马尾船政建立后，帝国主义在华势力也时加阻挠。

如同治六年（1867），福州税务司美理登企图混进船政当正监督；总税务司赫德替他到北京总理衙门活动，要求准其会办。被沈拒绝。

同治八年（1869），法国驻福州领事巴世栋搬弄是非，造成船政正监督日意格与副监督德克碑不睦。洋工博士巴不服调度，谩骂匠头。日意格请准予以开除。法领事巴世栋来厂说情，被沈婉言拒绝。

同年英国驻福州副领事贾禄，要侵占马尾船政厂界建副领事馆，居高临下，探我船厂虚实。沈葆桢尽买附近山地，不让建房。

二是国内顽固派的阻力。

"义理为本，艺事为末"是当时的世俗思想，"造不如购"是普遍的糊涂认识。办船政是非常之举，谤议易兴，一开始就面临一场又一场的斗争。始则忧其无成，继则议其多费，或更讥其失体，皆意中必有之事。

1. 闽浙总督吴棠的干扰。

1867年秋，正当建厂工程紧张进行时，闽浙总督吴棠利用职权进行破坏。吴棠最初扬言："船政未必成，虽成亦何益？"初时沈葆桢尚希望"各行其是，彼此两不相妨"，坚不为动。后来，福州由于出现反对船政的匿名帖《竹枝词》刻本，吴棠立案调查。当时任船政提调的代理布政使周开锡，为匿名帖所牵涉。吴棠明知其诬，仍下令周开锡不许到局办事。船政局员、署藩司叶文澜亦受诬被控。吴棠又弹劾另一局员、延平知府李庆霖专事趋承，奏参革职。沈葆桢挺身而出，抗疏力争。在沈的辩护下，原被吴棠调离船政衙门的周开锡等人，终被清廷下谕留局差遣，而吴棠则不久（同年底）被调离。吴是太后的恩人，沈葆桢还是那个脾气，照忤不误。（在湖广总督任上，李鸿章一度奉命入川查办四川总督吴棠被参案。他和吴棠是在皖办团练时期的"金石至交"，又深知慈禧对吴"圣眷颇隆"，因此曲意回护，以查无实据结案。）

2. 内阁学士宋晋挑起事端

同治十年十二月十四日（1872年1月23日）内阁学士宋晋挑起事端，上奏《船政虚耗折》谓：闽省连年制造轮船，闻经费已拨用至四五百万，未免糜费太重。名为远谋，实同虚耗。并请旨要求停办。宋晋的上奏引起了轩然大波，朝廷内反对造船者与日俱增。

四月二十一日（1872年5月27日），沈葆桢致函总署，列举办厂好处，力驳宋晋主张，提出不能因为弟子不如师而"废书不读"，并称所谓"虚耗"，"勇猛精进则为远谋，因循苟且则为虚耗"，坚持"船政万难停止"。李鸿章突然180度大转弯，态度由对船政不满意变为全力支持。

3. 布政使营私分肥，阻挠供铁

布政使邓廷楠（楠）勾结炼铁户，借口"防止私铸""济匪"，阻抗炼铁户卖铁给船厂。沈葆桢严责其抗旨，营私分肥、阻挠大局。责成布政司署负责供铁。若供应数量不够、质量低劣，"定唯该署是问"，并严惩违法人员，整肃厂纪，使"弊绝风清"，保证了船厂的顺利开工并正常运转。

二　权操诸我

要引进技术和管理，又要避免阿思本舰队的笑话，船政采用契约形式，坚持权操诸我的原则。

订立合同，权操诸我

聘请日意格和德克碑为船政正、副监督。与日意格、德克碑签订保约、条议、合同规约等一系列文件，约定以 5 年为期完成一批造船和育才任务，明确双方在建设期间的职、权、利，包括聘期、工资、工作任务、生活医疗待遇、奖励、辞退等，并规定洋监督在船政大臣领导下开展工作和管理外国人员，洋员与洋匠要服从中方船政提调的管理和差遣，并接受洋监督的具体工作指挥，遵守中国法律和船政及学堂的规章制度，忠实履行合同规定的工作职责。

签后送所在国家的驻华外交官画押担保。

按章办事，赏罚分明

同治十三年（1874），外国技术人员和教师合同期满，按聘用合同规定，奖给白银 6 万两。外加奖给正、副洋监督各白银 2.4 万两，以昭大信。正监督口意格赏给一等宝星（在勋章上嵌珍宝称宝星，分为五等，每等 3 级）。

后学堂教习嘉乐尔工作认真，富有成效，师生关系较融洽，学生集体写信表示感谢。该教习以后病逝在教习任上。造船教习法国人迈达自清同治六年（1867）到职，除中法战争期间撤离两年外，多次延聘，光绪三十三年（1907）以后回国，连续聘用前后达 40 年

对不负责任的洋教习，给与责任追究。如违反合同条议，非礼虐待学生的被遣返。同治十年（1871）十一月，后学堂学生因洋教习逊顺"非礼虐待"为之"哄堂"（罢课）。船政提调夏献纶袒护逊顺，罚为首学生刘步蟾、邱宝仁为小工挑土以示辱，学生哗然。当时沈葆桢在家丁忧守制，

不顾禁例，出面处理，将逊顺解雇遣返。

总监工达士博仗势欺人，时时居奇挟制，被沈葆桢撤职。

监工贝锦达办事迟缓，匠首布爱德盛气凌人，都被斥退。先后被开除的洋工和教习还有：理格、李家孜、歌迭、西林、贝那德、格里那等十多人。

船员自配，自家引航。

1868 年 1 月即开工造第一艘轮船，次年 6 月下水，名为"万年清"号。渔民出身、熟悉海上情形的贝锦泉被破格任为该轮管驾。贝锦泉熟练地驾轮出港试航，沈葆桢亲自登船观察。当时欧美各国士大夫到中国来游历的，都要绕道到福州马尾，参观中国船政。

第一艘轮船"万能清"号出海试航，法国人总监工达士博要用外国人引港，多方挟制。沈葆桢置之不理，从管驾、引港到舵工、水手全用中国人，试航成功。

勇猛精进

马尾船政的创办，是"同治中兴"的非常之举，必须勇猛精进才能快速收效。

配备高规格的班子，实行超常规的运作

为保障自强目标的实现，清廷采取了中央直办的强有力措施。沈葆桢总理船政，台湾道的夏献纶（二品）、前任台湾道的吴大廷（二品）、按察使衔福建补用道的"红顶商人"胡光墉（1823～1885，字雪岩，安徽绩溪县人，正三品，后赏加布政使衔，从二品，戴红顶子）为提调（后改任福建布政使周开锡为提调，从二品），精通英文的叶文澜为总监工（三品），形成强有力的务实班子。这是钦定的领导班子，船政大臣是正一品，知府、知县只能当局员、委员，其规模之大，规格之高，前所未有。

船政有向皇帝直奏的权利，船政是钦定项目，有调动当地各项资源的权利，可以突破当时的常规，工资制度也与地方不同，俸禄比地方官员高出许多，同一级别高出两三倍。（五品官年 80 两，在船政五品稽查可拿 360 两；六品官年 60 两，船政的六品委员可拿 240 两洋。监督日意格、德克碑月薪均 1000 两，船政大臣月薪 600 两。）

积极筹措经费，保障工程顺利进行。

原计划建厂费用 40 万两，造船 16 艘费用 300 万两，每月由闽海关拨银 5 万两。实际上远远不够。按要求，建设费用要达到 100 万两。按进度，每月开支缺口 2 万两。沈葆桢奏请朝廷追加，同意在福建茶税中支出。但执行起来十分困难。常常被挤占。因此，沈葆桢三五天就催一次，不足就到海关挂钩的阜康钱庄借支，借后由海关去还。终于保证了船政的建设经费。自 1866 年 11 月起，每月由闽海关拨银 5 万两，1873 年每月由闽省茶税项下增拨 2 万两。至 1874 年 7 月，共拨银 536 万两（闽海关 40 万两开办费，月拨共 470 万两，闽厘税局 26 万两）。

三　严字当头，风规整肃

沈葆桢接到船政大臣任命后，因为船政工薪较高，许多人想挤进船政拿高薪，以致沈家箱子堆满了介绍信，"户为之穿"，忙得沈葆桢"舌蔽唇焦"。进不了船政的人对他怨恨仇视，不断写匿名信、小字报（揭帖），谩骂攻击。但沈葆桢始终坚持"至亲旧交不滥收录"的任人唯贤方针，不理会这些谩骂攻击。

沈葆桢秉公办案，文武官员犯了错误，不论职务高低，概不宽容。有一胥吏是沈家姻亲，因触犯厂规被捕审讯。说情的亲友很多，他都不买账。在审判时忽然接到父亲的信，他心里明白，当场宣称，家信讲私事，先办公事，喝令斩了。船厂需要大量铁皮，布政司主管售铁的官员故意为难，索取好处费。沈葆桢抓个属吏，以"阻挠国事，侮慢大臣"的罪名，斩首示众。轻罪重判，小题大做，但杀一儆百，压下了船政中正抬头的歪风邪气。

1868 年 6 月，马尾一场台风，冲崩船厂江岸数十丈，逼近船台。他不把问题推给天灾，而是担起责任，上奏自请处分，同治帝准吏部议，按防范不严，给他降一级留用的处分。这并没有降低他的声望，反而严肃了风纪。

抓紧基础设施建设，两年建成投产

同治五年七月初十日（1866 年 8 月 17 日），日意格来闽后，左宗棠与他详商一切事宜，同赴罗星塔，择定马尾山下地址，原定 200 亩，沈葆桢主政后它扩大到 600 亩，工厂、储藏所、煤栈各占三分之一。

经过两年的紧张建设，船台、船坞、厂房、住所、办公房、学堂等工程的建造和机器设备的安装基本完成。一所以造船为中心的大型机器工厂屹立在闽江边上。一位英国人在参观船厂后说："这个造船场和外国任何其他造船场并没有多少区别。"

船政不但能与西方一些造船厂媲美，而且大大超过了当时正拼命向西方学习的日本造船工业的水平。日本于我国咸丰年间最先在长崎创办铁厂，尚未造船。1865 年始在横滨创办铁局和横须贺铁厂，其规模无法与马尾船政相比拟。

四 排除万难，两年船舶下水

马尾船政局建厂速度快，因而造船很快提上日程，1868 年 1 月即开工造第一艘轮船，次年 6 月下水，名为"万年清"号。"万年清"号出港试航，沈葆桢亲自登船观察，看轮机运转情况，考察驾驶的技巧，又将船上巨炮周回轰放以测船身牢度。结果均称合度。此船系木质暗轮，排水量为1370 吨。

"万年清"号下水后一年半内，湄云、福星、伏波等船相继下水。（以上 4 艘船主机都购于外国，船政局只制造船体）。

同治八年（1869 年）年底起，船政局开始起造 150 匹轮机。同治十年（1871 年）6 月，第 5 号轮船"安澜"号下水，"所配轮机、汽炉系 150 匹马力，均由厂中自制。""安澜"号装备了第一台国产蒸汽机（仿造）。

第一艘国产轮船、第一台国产蒸汽机在我国造船史上有着重要意义。

技术快速更新，实现自造为主

1873 年前后，洋人 5 年雇佣合同先后到期。这时船局面临两大难题。一是造船数量虽与左宗棠原计划大体一致，但技术远未完全掌握（"归之中土"）；二是清廷根据 1872 年大学士宋晋的"暂行停止"造船的奏疏，作出如果费用太高、迅筹变通的指示。显然，船政面临半途而废的危险。

沈葆桢一方面痛斥宋晋的船政虚耗论，争取朝廷的支持；另一方面组织技术攻关，实现变靠洋员造船为自己设计制造，变木壳为主到铁壳为主的转变。1875 年开工建造的十七号"艺新"轮船，就是由第一届毕业生吴德章、汪乔年等设计监造的。此举被誉为中华发轫之始。此后，船政建造的船舶大多数由毕业留校学生自行设计监造，据统计，自己设计监造的舰船共有 18 艘之多。

为赶上先进水平，沈葆桢去任前即作出建造铁胁船的决定。光绪二年（1876 年）夏，船政用了半年时间建成铁胁厂。9 月 2 日第一号铁胁轮船（木壳护以铁板）安上龙骨，使我国造船开始摆脱木船时代。开始是在洋匠指导下，中国技术人员具体制作，名为"威远"，时为 1877 年 5 月。同年 7 月开工制造的"超武"号铁胁兵船，由于中国工程人员通过制造"艺新"号掌握了技术，就全靠自己人了。从此以后直至 1900 年，船政局所造船即由铁胁到铁甲到钢胁钢甲，吨位大增，且炮位多、速度快。如 1883 年造成的"开济"号，是 2400 匹马力的铁胁快船，时速 15 海里。1887 年建成的钢甲船"平远"号，2400 匹马力，时速 15 海里。

五　狠抓根本

沈葆桢将把办学培养人才作为船政的根本。他一再上奏说"船政根本在于学堂"。

船政工程于同治五年十一月十七日（1866 年 12 月 23 日）全面动工，求是堂艺局即船政学堂同时开学招生。当时沈葆桢虽丁忧在家，但仍亲出考题，批阅试卷。第一次招考的考题是《大孝终身慕父母》，严复报名应试。当时他父亲初丧，见此命题，文情悲切，为沈葆桢所激赏，"置冠其曹"。严复以第一名被录取。

没有教室，就借地办学。驾驶专业暂借福州城内定光寺（又称白塔寺）、仙塔街上课；造船专业暂借城外亚伯尔顺洋房开课。

很快形成规模，船政学堂分为法文和英文两大类，当时六所，以后发展到 8 所。

法文类学堂有：造船学堂、绘画学堂（即绘事院）、艺徒学堂（即艺圃，后分出一个匠首学堂）。

英文学堂亦有：驾驶学堂、练船学堂、管轮学堂。后任丁日昌增加一所电报学堂。

练船学堂是根据沈葆桢"能否成材，必亲试之风涛"的要求设置的。同治九年五月十七日（1870 年 6 月 15 日），确定船政自造的第 3 号兵船"福星"号为练船，标志着练船学堂的成立。安排驾驶学堂毕业的学生和从香港英国学堂招来的上等艺童、上船实习和训练，为"练习学生、水手之用"。前后 7 艘舰用于练船学堂。

船政实行的是工学紧密结合的厂校合一体制。船政衙门同时创办船厂与学堂，但既不是厂办学校，也不是校办工厂，更不是厂校联合或合作；而是规划统筹加上难解难分：监督既管学堂，又管工厂；教习既是教师，又是工程师；学生既学习，又参加劳动，承担生产任务。

他认真督课，优秀"英敏勤慎"者奖之，差的"顽梗钝拙"者除名。他为艺局颇"有蒸蒸日上之势"而自豪。同治十二年（1873 年），沈葆桢破格提拔吕翰和张成分任舰船管带。船政学堂规定，"开艺局之日起，每 3 个月考试 1 次，由教习洋员分别等第。其学有进境考列一等者，赏洋银 10 元；一等者，无赏无罚；三等者，记惰 1 次，两次连考三等者，戒责，3 次考三等者，斥出（开除）。其 3 次连考一等者，于照章奖赏外，另赏衣料，以示鼓励"。

制造第 1 届先后招生或从绘图学堂择优转入共 105 名，至 1873 年（同治十一年）临毕业时只剩下 39 名，淘汰 66 名。

沈葆桢认为洋人来华教习未必是"上上之技"，"以中国已成之技求外国益精之学"必然事半功倍。他认为"窥其精微之奥，宜置之庄岳之间"。"庄岳之间"即齐国。这是孟子的话，意思是要学好齐国话，就要到齐国去。正是这种指导思想，船政学堂建立了留学制度。1875 年沈葆桢就让日意格在回国采购时，挑选魏瀚、陈兆翱、陈季同、刘步蟾、林泰曾 5 名优秀学生随同赴法国参观学习。此后，选送出国留学生四批及另星派出共 111 人。他们分赴法、英、德、美、比、西、日等国。学习的专业主要有造船、航海、飞机、潜艇、枪炮、鱼雷、矿冶、机械、无线电、天文等。学成回国的，多成为我国科技力量的主要骨干，为国家将来驱策，典型的代表有启蒙思想家严复、外交家罗丰禄、陈季同，造船专家魏瀚、郑清濂、矿务专家林应升、林日章，轮机专家陈兆翱、杨廉臣等。他们的影响之深，至今仍使福建的科技人才成为一道亮丽的风景线，仅中科院院士福建籍的就达 40 多名，居全国之首，在世界各国也甚为罕见。有的学者把它称为"科技人文景观"。

六　成绩斐然

建立了近代造船工业基地和科技队伍的摇篮

福建船政从国外引进技术、设备和工程技术人员，仅用二三年时间就在马江之畔建起了中国第一座近代化的大型造船厂。马尾因而成为近代中国最早对外开放引进的窗口和远东最大的造船基地。同时，西方的工业文明透过这个窗口，开始向中国内地折射。

船政的船舶工业水平代表了当时中国的最高水平。

技术上在国内领先

地矿冶金工业的早期开拓者

近代交通事业的先行促进者

船政制造的商轮在民用航运事业上发挥了重要作用

船政培养的人才在铁路建设方面发挥了骨干作用

电信事业建设的先声

近代科技和管理的引进吸收创新者

科技的引进吸收创新

管理的引进吸收创新

船政食洋能化，引进西方先进的管理模式，结合中国实际，实行"权操诸我"的原则，变成自己的东西，形成特色鲜明的中国化管理模式。

近代科技人才的摇篮

船政培养了大批有关海军、造船、轮机、航空、机械等方面的技术人才。

建立了第一个高等学府，成为近代教育的先驱与样榜

第一，创立了近代教育模式，成为各地纷纷效仿的样板。船政学堂引进西方教育模式，创立了与传统教育完全不同的教育制度。它的办学成功，为各地办学提供了榜样，输送了人才，被誉为"开山之祖"。

第二，走出了近代教育的新路子，成为中国近代教育的滥觞。船政学堂引进西方教育模式，先后设立八所学堂，设有造船、造机、驾驶、管轮、电报、测绘等专业。各个专业都有比较完整的教学课程体系。它打破了封建教育的传统模式，开创了近代教育的先河，为中国近代教育体系的形成奠定了坚实的基础。此后，继之而起的其他学校都直接或间接地采取船政教育模式，从而直接推动中国政府逐步建立起适应社会潮流发展的近代教育制度。

第三，建立了近代留学制度，促进了中国青年对西方文明的了解。李

鸿章曾把船政学堂的培养模式归纳为"入堂、上船、出洋"六个字。把"出洋"即出国留学作为培养人才的重要组成部分,这对于封闭的、科学技术大大落后于发达国家的中国来说,是很有远见的。正是由于建立了留学制度,促成了一批又一批的青年到国外去,使出国留学的青年开阔了眼界,增长了知识,改变了思维,学到了先进的科学技术和管理知识,为加快中国的近代化进程贡献了力量。也正因为有了出国留学,使他们感受到中西方文化的异同。通过对比,了解到差距,促使他们去追求真理,探寻救国良方。

第四,船政办学经验至今仍然有借鉴意义。引进西方先进的教育模式为我所用的办学原则,以契约形式合作和独立自主的组织原则,突破传统、高位嫁接和改革创新、土法上马的办学理念,厂校一体化和工学紧密结合的办学形式,熔普教、职教、成教于一炉和高中低结合的办学体系,科技与人文结合、培养爱国情操的教育形式,人才为本、精益求精、因材施教的教学理念,针对性和实用性强的专业设置与课程体系,权操诸我的学生管理模式,引进外教、外文教学与留学深造的培养模式等,都有许多可借鉴的地方。而根本在船政的海权意识,根本在学堂的人才战略,勇为天下先的开拓精神,德育为先、能力为重的育人思想,工学结合、学以致用的教学理念,求是、求实、求精的科学精神,引进消化的开放改革原则,权操诸我的独立自主原则都是值得弘扬的。船政学堂的办学理念和教育模式是一笔宝贵的精神财富和文化遗产,值得我们继续发掘整理和认真研究,值得我们进一步继承和发扬光大。

建立了第一支近代海军舰队和军事基地

船政是中国近代海军的发祥地。19世纪50~60年代,世界海军的发展正由风帆轮机木质前装滑膛炮战舰向风帆轮机装甲后装线膛炮战舰过渡,左宗棠酝酿提出建立船政创办近代海军,恰逢其会,刚好契入世界海军发展的这个历史性的转折点。当时的起点应该是高的,加上沈葆桢的卓越运筹,在短短的八年时间里就建起中国第一支海军舰队,初步达到整顿水师的目的。船政学堂培养了许许多多的海军军官和军事技术人才,占中国近代海军同类人员的60%,晚清和民国时期的多数海军高级将领,如叶祖珪、萨镇冰、程璧光、黄钟瑛、刘冠雄等,都是船政的毕业生。还有中法马江海战英烈吕翰、许寿山,中日甲午海战英烈邓世昌、林永升等一大批铸造出爱国魂的杰出英才。船政被誉为"中国海防设军之始，亦即海军铸才之基"，其影响是十分深远的。孙中山先生也盛赞船政"足为海军根基"。

在抵御外侮中，船政培养的学生发挥了主力军的重要作用。1874 年 2 月，日本政府以"牡丹社事件"为借口，公然无视中国主权，率兵"征台"。沈葆桢率领船政自造兵舰为主的舰队开赴台湾，遏制了日本的侵略野心。在中法马江海战中，船政学堂培养的水师官兵奋起抵抗，视死如归，表现出强烈的爱国主义精神和大无畏的英雄气概。马江海战虽然失败，但与前两次鸦片战争比较，已改变了以往侵略者的疯狂气焰。马江海战后，法军被阻于浙江石浦，无力北上，这种重大变化，也反映了船政对建立近代海军以御外侮的历史作用。在中日甲午海战中英勇抗敌的主力也是来自船政。北洋水师的右翼总兵是刘步蟾，左翼总兵是林泰曾。定远、镇远、致远、靖远、济远等 15 艘战舰的管带均是船政学生，其他副管带、帮带大副、总管轮等也大多是船政学堂毕业生担任。甲午黄海之战时，我方的十艘战舰参战，其中九艘战舰的管带均是船政学堂的毕业生，而且有八位是驾驶一届的同班同学。难怪唐德刚会在《甲午战争百年祭》中则称，是"马尾船校以一校一级而大战日本一国！"并为之赞叹："马尾！马尾！我为尔欢呼。您在五千年中华通史上，青史留名，永垂不朽！"

第五讲　甲戌巡台与台湾治理

大家好！

今天讲《沈葆桢》专题第五讲《甲戌巡台与台湾治理》。

一　甲戌巡台

甲戌年，是 1874 年；巡台是指沈葆桢巡视台湾。为什么会巡台呢？起因就是日本的虎视眈眈。

日本虎视眈眈

日本经过明治维新后迅速走上对外扩张的道路。它首先把目光投向邻国的台湾。而且从靠近日本的琉球群岛入手。

琉球群岛是我们的藩属国，从 1372 年（明洪武五年）起就接受明清政府的册封，向中国朝贡，五百年来从未间断。

1871 年底，有两艘琉球贡船遇风飘至台湾，其中一艘在台湾南部触礁沉没，船员游上岸后，有 54 人被土著居民杀害，其余 12 人被营救。随后由清政府派员安抚，并与另一艘船获救的船员一起，乘坐轮船经由福州转送回国。

1872 年，日本册封琉球王尚泰为"藩主"，强迫建立日、琉宗藩关系，为其吞并琉球做准备，也为侵略台湾寻找根据。

日本借口出兵

1872 年 6 月，日本外务卿副岛种臣以换约和庆贺同治皇帝亲政为名，来到北京。21 日，副岛派外务大臣柳原前光到总理衙门探询清廷对琉球船民被害的态度。总署大臣毛昶熙回答，该岛之民向有生熟两种。其已服我朝王化者为熟番，已设州县施治；其未服者为生番，姑置之化外，尚未甚加治理。日本即抓住"生番""化外"的只言片语，作为侵台的借口。

1874 年 4 月，日本正式设立侵台机构——台湾都督府，并组成征台军。

5 月 10 日，日陆军中将西乡从道率 3600 多人在台湾琅峤（今恒春）登陆，并分三路进攻并占领了牡丹社，牡丹社酋长阿禄阵亡。

随后，日军向后山南北各处番社分发日本国旗，准备长久霸占台湾。

沈葆桢巡台

对日本的侵台事件，清政府起初一无所知，直到 4 月 19 日通过英使威妥玛才知道此事。三月二十九日（1874.5.14）同治皇帝谕"着派沈葆桢带领轮船兵弁，以巡阅为名，前往台湾生番一带察看，不动声色，相机筹办"。半月之后四月十四日（1874.5.29），清廷另颁新谕，授沈葆桢为钦差，办理台湾等处海防兼理各国事务大臣。6 月 14 日沈葆桢与会办福建布政使潘霨和日意格、斯恭塞格等分别乘"安澜"、"伏波"、"飞云"等舰巡台。船政的轮船水师（船政第 3 号轮"福星"号建成后，沈葆桢奏请清政府批准成立，即中国第一支海军舰队），这是发挥了重要的作用。

外交备战两手抓

沈葆桢接受巡台任务后，即着手进行战略部署。

固民心。他认为"官民同命，草木皆兵"，重点是三方面工作：一是

"师直为壮"，组织声讨敌人"侵我土地，戕我人民"，"穷兵黩武者必亡"；二是认为当地的民心可用，通过认真的动员，让军民同仇敌忾，众志成城；三是让朝廷"坚忍持之"，不要"急于求抚"。

联外交。一是谴责日本的侵略，照会中强烈提出：①"生番土地，隶中国者二百余年"，主权在中国；生番是中国人，杀人偿命，自有中国的法律来处理。②"琉球虽弱，亦俨然一国"，自己可以"自鸣不平"；日本"专意恤邻"，可以通过外交来解决。③针对日方提出"劫掠"船民的问题，针锋相对说"凫水逃生，何有余货可劫？"④郑重提出"中国版图，尺寸不敢以与人"。同时拿出《台湾府志》各个番社与台湾政府定的契约给西乡从道看，令其哑口无言。同时知会英美等国，说明情况，争取国际上的支持以孤立敌人。

预边防（边防的预防）。福建陆路提督罗大春率军赴台湾北路之要塞苏澳防守，调动淮军洋枪队 13 营 6500 名增援，并在台湾招募各路兵勇达一万余人。同时汲取鸦片战争的教训，防止日军掉头侵犯福州厦门等沿海，采取加强沿海防务措施，调集各舰船，部署在沿海各地，以防不测。另增派 4 营兵力加强福建沿海一带的路上防御。

通消息。当时还没有无线电联系，沈葆桢运用 4 艘兵轮进行联络，互通消息，重要文报一天内便能知道。同时提出架设电线，快速同消息断不可无。后因日本撤军，没有马上实施。1877 年，安平到台南，再到旗后的电线由后任丁日昌组织架设成功。这是中国最早的电线。

沈葆桢到台后，一面向日本军事当局交涉撤军，一面积极着手布置全岛防务。他在府城与澎湖增建炮台，安放西洋巨炮；在安平厦门间装置海底电线；增调淮军的 13 营部置于凤山；陆上防务北路由台湾镇总兵负责，南路由台湾兵备道负责，海上防务，以扬武、飞云、安澜、清远、镇威、伏波六舰常驻澎湖，福星一号驻台北，万年清号驻厦门，济安号驻福州。并运来洋炮、火药等大量军需，士气民心为之大振。清政府同意尽数截留台湾税收、厘金，并将海关税课及地方厘金等共二十万两解交台湾使用。这些措施渐次推展开来，形成相当的声势，使日军不敢放肆。

日本被迫撤军

这时候，台南南部恶性疟疾流行，侵台日军因气候炎热，水土不服，疾疫流行，每日死者四五名至数十名，士气极其低落。

在进退维谷、内外交困的形势下，日本不得不寻求外交解决的途径。日方全权代表大久保利通偕顾问美国驻厦门领事李仙得于是年9月到达北京。8月6日，大久保利通动身来华谈判。当他抵达上海时，获悉沈葆桢加紧制造和购买铁甲舰的消息，更加紧张。在前后七次谈判中，日方仍坚执日本进兵的是"无主野蛮"之地，对此清政府予以严厉驳斥。大久保利通认识到，只有在清政府所坚持的"番地属中国版图"的前提下，才能和平解决日本侵台问题。当时清政府的内政外交也存在很多困难，于是在英、美、法三国出面调停下，清政府决计让步，于10月30日签订了《中日台湾事件专约》（《北京专约》）三条，除以"抚恤"及付给修道建屋费用为名偿银50万两外，约中有"兹以台湾生番曾将日本国属民等妄为加害"之语，日本出兵乃为"保民义举"，实际上等于承认琉球为日本的属国。在另订的《会议凭单》中，又规定"日本国从前被害难民"，中国给予抚恤银10万两；日军在12月20日全行退出台湾后，其在台修路、建房等件，中国愿留自用，准给费40万两。日本在这次侵台战争中，出动舰船18艘，兵员3658人，其中死亡593人（内含病亡581人），支出军费361.6万元，另加船舶购买费共计771万元，中国付银50万两，合日币78万元，约占其支出的百分之十。日军随后于12月1日撤出台湾。

二　台湾近代化建设

在日本侵台刚结束，沈葆桢就上了一个奏折，在奏折中他说："此次之善后与往时不同，台地之所谓善后，即台地之所谓创始也。"从这时起，他相继提出并实施了一系列治台政策和改革措施，开创了台湾的近代化建设。

废除禁令　招收大陆居民来台开垦荒地

康熙二十三年（1684年）统一台湾之后，清政府采取了两项对台湾发展极为不利的政策：一是对向清廷投降的郑氏集团成员调回大陆。二是批准施琅的建议，颁布了三项禁令，以防止大量移民赴台与郑氏旧部结合。规定：1. 经批准获得渡航许可证才能赴台；2. 渡台者一律不准带家属；3. 广东一带的不准渡台。

特别是客家人。原来，清廷为对付郑氏，采取坚壁清野政策，强迫沿海30里内各省居民尽迁内地居住，引起客家人不满，他们群起反对，曾占据汕头南部一带。清廷的这条禁令实际上是对客家人的报复。这三条禁令施行长达190年之久。

这一期间，大陆居民要移居台湾，只有一个办法，就是"偷渡"，那可是千辛万苦、惨不堪言的。

当时的禁令严重阻碍了台湾生产力的发展。沈葆桢总结了历史的经验教训，认为要建设台湾，加强海防，就必须革除禁令。为此他以钦差大臣的身份向朝廷打了报告，获得批准。从此，长达190余年的渡台禁令废除了。

于是，从同治十三年（1874年）起，厦门、汕头、香港三处设立招垦局，积极奖励大陆居民移居台湾，以便开垦台东、恒春及埔里一带"番地"。据当时赴台招垦章程条文，政府极力优待移民台湾者。移民不仅可以免费乘船、享受免费膳食，并且从登陆到开垦地，每人每日可领口粮银100元；到了开垦地，以6个月为一期，前后分为二期，前期每人每日可领银8分，米1升；后期每人每日领米1升，优待长达一年之久；开垦成绩优异者，另有奖赏。这些开垦者在开垦地筑土围，盖草寮，过团体生活，每10人为一组，向政府领取农具4件，耕牛4头，种子若干，每人授田一甲及附近原野一甲，均编立字号，每月检查一次垦殖成绩。

解除了禁令，从此福建沿海的人力、物力、生产技术源源不断地流向台湾。如果说郑成功收复台湾带动了福建沿海人民第一次大规模移居台湾，那么沈葆桢促使清政府解除禁令，则引发了福建沿海人民第二次大规模移居台湾。从此以后，台湾的人口大量增加，台湾和大陆可以自由通商、通航，带来了台湾经济的一次飞跃。

开山修路 安抚当地土著居民

沈葆桢把开山与抚番看成相辅相成的事，若仅开山没有进行抚番工作，开山是无法进行的；倘若抚番而不开山，抚番则无法实现。

开山工作，由沈葆桢当时率领的驻台部队包干进行。全部驻台部队开辟南、北、中三路。

南路——由海防同知负责，分为2支：一支从凤山县赤山到山后卑南（今台东）；另一支从射寮到卑南。

中路——由总兵主持，自彰化林圯埔（今南投竹山）而东，至后山璞石阁（今莲化五里），打通山前山后。

北路——由台湾道负责,自苏澳至岐莱。

公路工程相当艰巨,一是地形险恶,多是高山峻岭;二是土著人不了解开山意图,常发生袭击事件;三是疾疫侵袭,半年间阵亡、病故或伤故者,达到 2000 人。至光绪元年十月(1875 年 11 月),花 1 年时间,开路 430 公里,完成了前山和后山陆路通道。

开山,沈葆桢把它分为 14 个步骤:(1)屯兵;(2)兴修林木;(3)焚烧荒草;(4)修通水道;(5)勘定边界;(6)招垦移民;(7)分给牛种;(8)修乡村路;(9)设立碉堡;(10)发展工商;(11)设立乡镇官吏;(12)建城设市;(13)设立邮政;(14)设立旅店。从内容可以看出,开山不仅是开辟一条山路,而是把建政、招垦、发展手工业商业贸易、建设城镇村落、通邮以及发展生产结合起来,全面进行开发。

抚番工作也异常艰巨。

台湾的少数民族,长期与外界隔绝,与大陆移民台湾的汉族同胞之间存在某些误解,而对于歧视他们的清政府官兵矛盾更深,往往产生不同程度的摩擦。

台湾人口分布的情况比较复杂,平原居民有"漳(州)籍、泉(州)籍、粤(广东)籍之分"。山地居民有"生番、熟番、屯番之异"。管理好这些地方,要以"创始之事"作为"善后之谋"。根据善后的计划,重点在"抚番"。其实所谓"番",指的是台湾少数民族。当时台湾各个少数民族都有独特的风俗习惯,文化教育尚处原始状态,言语各别,互不往来,信息不通。清朝统治者实行对少数民族的歧视政策,当然对他们的心理状态、生活习惯、语言风俗毫无了解,只是采取简单的划分办法,把接近汉人并能接受管理的称为"熟番",把居住在深山老林,与汉人来往甚微的称为"生番"。

清朝康熙统一台湾之初,对他们的"治理",全是消极的政策,即所谓封禁"番界",使汉人不得进入以起"番衅",使"生番"不得逸出界外,以肇"番害"。他们把台湾先住民划为南北二路。以北路地未开辟者,其中仅指诸罗内山之水沙连及阿里山区各社;南路则指凤山县内山之傀儡、琅峤及后山之卑南觅诸社。于社各设头目,以为之长。对南路诸"生番"的治理,直接由官府执行。对北路"生番",严行封禁"番界"之外,有的也施予色布、烟、酒、糖、食盐、木屐等类物资予以安抚,以诱其归化。如有"扰乱"行为则出兵镇压。对于已归化但未达"熟番"程度者称为"归化番"。在北方的"番地"即有官府也不会管治的，置诸于"化外"。

清代至同治十三年（1874年）前，对先住民采取的是禁治办法，这对开发台湾、发展台湾是极大的障碍。沈葆桢上书开禁，废除以往的"围堵"之策，实行"疏导"之法，即"抚番"方法：1. 选土目；2. 查番户；3. 定番业；4. 通语言；5. 禁仇杀；6. 教耕稼；7. 修道途；8. 给茶盐；9. 易冠服；10. 设番学；11. 变风俗，等等。这11项，除"易冠服"一项外，其余基本上没有民族歧视的色彩。

在执行中，沈葆桢认为，地方官员不能强制而行，不能把高山居民看成"化外"之人，要"结人心，通人情"，对发生在民族地区的事件要做具体分析。比如，光绪元年（1875年）琅峤狮头社"动乱"，沈葆桢对接受"招抚"者，示约7条："遵剃发、编户口、交凶犯、禁仇杀、立总目、垦番地、设番塾"等。商定立"龟纹社酋长野艾为诸社的总目，所统番社如有杀人，即著总目交凶。如三年之内各社并无擅杀一人，即将总目从优给赏"；并将"竹坑社"更名为"永平社"，本武社更名为"永福社"，草山社更名为"永安社"，内外狮头社更名为"永化社"。从思想宗旨上，让全社人意识到要"永平"、"永福"、"永安"、"永化"，不要"武"、"狮"、"草"等。

在处理善后中，沈葆桢把举办教育放在重要地位，"于枋寮地方先建番塾一区，令各社均送番童3数人学语言文字，以达其性，习拜跪礼让，以柔其气，各番无不贴服"。此后，又在虎头山、四重溪等14处设立学校，从根本上提高文化素质。这是高山人走向文明的开端。

沈葆桢请旨表彰郑成功，奉准建"忠节祠"。收复台湾的郑成功和保卫与建设台湾的沈葆桢，至今还受到台湾人民的纪念。

开山抚番是巩固台防的根本性措施，它使东西海岸联成一片，有利于巩固海防，同时对促进东部的开发和汉族与原住民的交往，以及促使高山同胞走向文明都有着重要的意义。

体制改革 加强对台行政管理

沈葆桢认为"为台民计，为闽省计，为沿海筹防计"，必须有一巡抚级的大臣主持台政。这是实现"事权统一"、开创台湾未来的关键。理由有 12 点之多。他建议"仿江苏巡抚分驻苏州之例，移福建巡抚驻台"。清政府采纳了沈葆桢的建议，从 1875 年 11 月起定为福建巡抚冬春驻台，夏秋驻福州。这一制度的设立对加强对台行政有着重要的意义。福建的巡抚，一年之中要有一半的时间移到台湾去办公。这样一来，台湾与福建的关系就更加密切了。

台湾原是福建一个府，府治设在台南。但当时台北的广大地区，都尚未建立政权机构。台南的政府对台北广大地区鞭长莫及。沈葆桢为了加强对台北地区的开发，向清廷奏请另设一个"台北府"。在台北府的管辖下，新设置了淡水、新竹、宜兰三个县治。这样便加强了对台湾事务的掌控。后来台北成为全台湾的政治经济中心，这和沈葆桢的行政体制改革措施是分不开的。

鼓励开发　促进台湾经济发展繁荣

矿产开发实行减税和机械化生产

台湾的矿物资源非常丰富，据近代的调查，全省共有八十多种矿物，尤以煤矿为多。早在沈葆桢去台之前就已有开采。旧制度规定，台煤的出口和进口，都征同样的税率，这不利于矿产的开发。沈葆桢治理台湾时，减轻了对台煤出口的税收，从而鼓励了台湾煤矿的开采，对地方经济的发展起了促进作用。沈葆桢非常熟悉台湾的实际情况，他认为煤矿是当时台湾经济的基石，必须优先发展。而要畅销，又必须减税。所以他最后请求清政府准予台湾的煤矿减免出口税收。

1875 年，沈葆桢被奏准使用机器开采基隆煤矿，第二年开始动工凿井，建立起第一个近代民用工业。

石油的试开采

石油在台湾藏量丰富，台湾人并不清楚。台湾的石油到咸丰末年才被发现。广东人邱苟，时任通事，因勾引土人，被官府追捕，逃至深山。至猫里溪上流，见水面有油，味道特别难闻。当时没蜡烛，邱苟试用燃光很好。因而，转告吴某。吴某以重金购之，但不知用处，又转售宝顺洋行，得银千余两。因为此事，互相争斗，集众械斗，经久不息。同治九年二月，淡水同知逮捕邱苟治罪。又以外商在内地无开矿之权为由，把石油藏地封锁起来。

沈葆桢到台听说此事，很高兴，遂呈报，设法开采。至光绪四年，聘请两名美国工程师勘验，以后坬油脉最旺，乃购洋机器取油。开始出的是盐水，挖至数十丈，发现油脉，滚滚而出，每日可生产 15 担，长势很好。虽然后来工程师因与官方不融洽而辞职，但沈葆桢的决策和试验，对石油工业的发展起到了奠基的作用。

为了配合加强台湾防御的部署，沈葆桢还在台湾开办了一些军事工业。这些产业为台湾走向近代化作出了示范。

鼓励土地开发和发展手工业商业

开山抚番，开通了近千里的山地公路，为使公路两旁的土地得到开发。为了解决军粮供应紧张，他又允许远近商人贩米进城销售，以刺激民营农业生产规模的扩大。

沈葆桢重视手工业和商业等民办企业的发展。他废除严格限制"铸户"、严禁私开私贩铁斤的旧例，允许私人铸造铁锅等器皿和各种农具，从而调动了手工业者生产的积极性，不久，民营的手工业作坊到处可见。沈葆桢还废除了严禁竹竿出口的禁令，鼓励商人在全岛随处设店经商做买卖。

由于民营农业、手工业和商业的蓬勃兴起，台湾东部花莲港一带百余里的田野，以及中部广阔的盆地，都被开发成富饶美丽的大片农田，花莲港平原北端和其他许多地方，城镇不断涌现，商贾云集，百货畅流，人丁兴旺。

沈葆桢对台湾的治理开发，在台湾的发展史上写下了伟大的一页。恭亲王奕訢对他的评价是："经营台湾关系海防大局"。李鸿章给他的信中说道："我公在彼开此风气，善后始基，其功更逾于扫荡倭奴十万矣。"连横评述道："析疆增吏，开山抚番，以立富强之基，沈葆桢缔造之功，顾不伟欤！"

第六讲　两江总督

大家好！

今天讲《沈　葆　桢》专题第六讲《两江总督》。

1875 年 4 月，沈葆桢巡台期间，清朝政府作了个决定，补授沈葆桢为两江总督兼南洋通商事务大臣。这时，沈葆桢在台湾，没有赶回来赴任，而是写了辞呈。继续做台湾的近代化建设工作。直到朝廷再三催促，沈葆桢才于 7 月 24 日从台湾回来。回福州后，他最重要的事项，就是推荐接班的船政大臣人选。因为他最不放心的就是日后的船政。他与福州将军、福建巡抚协商到十多次，最后确定丁日昌为继任人选。直至朝廷任命丁日昌为新任船政大臣后，才于 10 月到江宁（南京）赴任。

两江总督管的是三省一市。富庶的江南饱经战乱，当时已是民不聊生，各种灾害频繁，土地大量抛荒，经济一片凋敝，社会动荡不安。在他的任上问题成堆，最头疼的还是财政空虚。当务之急就是稳定社会秩序，恢复生产。在两江总督任上，他主要办了如下几件事。

一　治乱救灾

镇压会党，稳定社会秩序。连年战乱，生计无着，土匪丛生。秘密会社活动频繁。沈葆桢用大量精力来治乱，采用购买眼线、惩首恶、散协从的办法，取得了成效。用了一年多时间，基本上稳定了社会秩序。

严明吏治，坚持风规整肃。几起大案：1. 詹启纶杀人案。詹启纶是提督衔总兵，级别相当于现在的少将，为朝廷立下了不少汗马功劳。沈葆桢复审时认真调查，从证人入手，抓住证人所述口径不一和自相矛盾的地方。终于查清官商合伙做生意，失利后致使人命的原委。詹在事实面前未经受刑就认了罪。于是，沈葆桢维持原判，以故意殴人误伤人命论处，判詹启纶绞监候。2. 总兵陈国瑞作战勇敢，骄横跋扈，曾因与武将李世忠挑衅，被降职。这次仍目无法纪、任性妄为，被革职并发往黑龙江。3. 提督衔记名总兵刘福兴因讹诈洋银 40 元、期票 203 元被革职处分，并发往黑龙江。沈葆桢治吏同巡抚江西时一样风规整肃。

灭蝗救灾，恢复农业生产。1876 年，两江灾患频繁，纵横数百里遍地蝗虫，灾民十余万涌向南京、苏州、上海、扬州等地。沈葆桢上奏设立捕蝗局，联合各省一起，发动军民全力灭蝗。对蝗灾造成的损，他采取各种办法减轻其危害，如留养（截留税赋，救济灾民）、资遣（发口粮，遣返外流人员）、工赈（以工代赈，修堤浚河）、典牛（入冬农民典当耕牛，来春赎回），渡过难关，保住秋粮丰收。1878 年，长江发洪水，运河暴涨，灾情严重，沈葆桢组织抗灾，创修运河扬州段东西两堤。1879 年又组织对高邮四个水坝的创修。

减免税收,以利休养生息。1876年上半年,沈葆桢报请朝廷,说明江苏厘金局厘金来源枯竭,请求减轻江苏百姓税负;下半年又奏请赈济安徽饥民。1877年沈葆桢奏请减免江苏钱粮,奏请安徽贵池煤矿减税至每吨税银一钱。这些都有利于老百姓的休养生息。

二 锐意改革

1. 改革盐政。要求恢复淮盐在两湖的市场;反对加价,认为是病商又病民最终病国;整顿盐田,狠抓质量,扩大的销路,靠行政解决不了,靠市场得以解决。

2. 改革漕运。主张改河运为海运;反对清廷派款修治运河,认为劳民伤财。

3. 支持轮船招商局。轮船招商局是1872年在上海创办的官督商办企业,与在华洋人企业旗昌、怡和、太古等公司竞争激烈。最大的"旗昌"轮船公司用削价的办法来竞争,终于亏空破产。招商局想买下来,但又拿不出收购款,请求李鸿章帮助。李拿不出钱来,主管盛宣怀慌了手脚,向沈葆桢求救。沈葆桢从大局出发,认为收购旗昌,自然压倒太古、怡和等洋行,答应借官款100万两购下旗昌。招商局得以发展,也带动后来官督商办大型企业的兴起。

三 坚持权操诸我

1. 妥处教案。1876年,安徽建平教徒为非作歹,欺压百姓,民众捣毁教堂,波及附近各府县。此即"建平教案"。两江总督沈葆桢经过调查,认为罪在教士,因此拒不出兵镇压。法国人多方要挟,上头压力很大,他又一次自请处分。最终还是根据实际情况,以处分闹事双方一些人,赔钱重建被毁教堂了结。这和他治理江西教案如出一辙。

2. 买断吴淞铁路。美国违反《中美续约》的承诺,擅自伙同英国财团在上海买了一段地皮,修建吴淞铁路。沈葆桢发现后,极力阻止,严正交涉。几天就照会一次,并利用英国人试车压死中国老百姓、官民强烈反对英美修铁路的有利时机，施加压力。而英国使馆则向李鸿章施加压力，并借马嘉里事件进行要挟。英、德、法、美四国的军舰还齐集烟台港示威。李鸿章提出折中方案，认为可以买下来自营。英方提出由洋商经营。沈葆桢坚持自主原则，谴责"事事听命西人"有损国体，认为李的方案有保自主之名、而无中止之实，吴淞又有军事设施，所以强烈要求买断拆毁。烟台谈判是李鸿章出面，折中退让；南京谈判是沈葆桢出面，则态度强硬，最终按沈葆桢的方案签约，取得了外交上的一次胜利。这在当时的情况下尤显可贵。

四 念念不忘制海权

1875 年 5 月，清廷分别任命李鸿章与沈葆桢担任北洋与南洋大臣。7月，总理衙门决定每年各拨给两洋水师 200 多万两海防经费。款目不少，但不足购买一艘较大的铁甲船。一心一意想购铁甲船的沈葆桢，几经考虑，认为应把钱集中使用，才能发挥更大效能。而北洋近在京畿，比南洋更需要取得制海权。11 月，他一到江宁（南京）就提出把南洋这项海防经费拨给北洋使用，三年计 700 万两，连同北洋的经费，可以买一批铁甲舰。以此为核心，配合福州、上海等地生产的舰艇，就可建立新型舰队。他从全局着想，支持友军。这是极为难得的全局观念。

念念不忘制海权的远见和忧患意识。

富有远见卓识，至死不忘东洋的虎视眈眈。他率领船政自造兵舰为主的舰队开赴台湾，遏制了日本的侵略野心。在把日本鬼子赶出去的同时抓紧整顿防务。他对台湾战略地位认识的深刻性、重要性和紧迫性是同时代人达不到的。他认为"东洋终须一战"，临终遗嘱还念念不忘日本对台"虎视眈眈""铁甲船不可不办，倭人万不可轻视"。其高瞻远瞩，比李鸿章把铁甲船视为"不急之物"，中日关系能维持的看法，何止高出一筹。如果北洋大臣是沈葆桢，海战的历史会改写。这不但是他有这种远见，还有那种胆识，那种务实精神，还有他那种敢忤权贵的血性和不怕丢乌纱帽的硬骨头精神。

如果沈葆桢指挥马江海战，历史也一定会改写。为什么呢？我说有这么几点：

沈葆桢是说到做到，即有远见又务实，实践经验丰富；张佩纶是清流派人士，弹劾起家，虽然有强烈要求先发制人的奏议，但没有实际指挥作战经验。1884 年 7 月 3 日到马尾赴任会办海疆钦差大臣，8 月 23 日就发生海战，才一个多月的时间，中方的情况都没办法了解清楚。船政大臣何如璋是 1883 年 12 月底到任的，也很短暂。

沈葆桢警惕性高，眼睛揉不下一粒沙子，会早做防备，英国要在马尾建副领事馆，沈葆桢不让建；张佩纶等防备不足，闽浙总督何璟放任法舰长驱直入。

沈葆桢有指挥赣军及海军赴台作战的经验，赏罚分明，风规整肃，威望很高；张佩纶等毫无经验，又盛气凌人，指手画脚，威信不高（时间太短，还树不起来）。

沈葆桢有不怕丢乌纱帽的精神，于国家有利的，干后做检讨；张佩纶被"违者虽胜亦斩"捆住了手脚。

五　留下一生清名

沈葆桢所处的年代是在鸦片战争前后的 60 年，那是内外交困的多事之秋，是西方文明和东方文明激烈碰撞的时代，也是三千年来未有之大变革时代。

沈葆桢生于这个时代，一生历经嘉庆、道光、咸丰、同治、光绪五朝的风云变换，涉足内政、外交、军事、经济、文化五大领域，从一介书生到封疆大吏，成为一代名臣，给后人留下了许多珍贵的精神遗产和难忘的记忆。

沈葆桢的一生是那个时代的一个缩影。从他身上折射出的是那个时代知识分子的历史命运和追求。他的功过是非只能由后人来评说。每一个伟大的历史人物，都带着他那个时代的烙印和局限性，评价沈葆桢也一样。那个时代的仁人志士只能在那个时代的条件下去奋斗与拼搏。

沈葆桢的一生，经历了太多的坎坷，太多的无奈，当我们用有色眼镜去看他时，可以在他身上发现许多你不满意的色彩，有灰色的，甚至认为是黑色的，比如，镇压太平天国运动，维护清朝统治阶级的利益，等等；但当你用历史的唯物的观点去考察他时，站在民族的立场上去看他的时候，就会发现在他身上闪耀着耀眼的民族精神和历史光芒。

重新审视他的功过是非，我认为可以给他下这样的结论：

他是中国近代杰出的政治家。

坚持清慎勤的为官之道，留下一生清名。他为官 32 年，始终清正廉洁，在江西从政 11 年，官做到巡抚，回家时还是"一如来时"，两袖清风。回家后生活拮据，开了个裱画店，卖字补贴家计。他勤奋认真，勤政出了名，经常带病坚持工作，最后积劳成疾，病逝在两江总督兼南洋大臣任上。

坚持爱民亲民，凡事总以百姓为主。在任上组织灭蝗救灾，兴修水利，整顿盐税漕税，并采取减税免税、以工代赈等措施，改善了民生，深受民众的爱戴。在临终前的几个月，慈禧太后三次召见他，当面称他"任劳任怨，凡事总以百姓为主"。

坚持秉公办事，保持求实求精的作风。他敢说敢干，敢于负责，作风严谨整肃、雷厉风行、刚柔并举。他敢于整顿，善于治理，严明吏治，对贪官污吏深恶痛绝。他处事精明果断周密，注重质量，要求"精益求精，密益求密"，讲实际，图实效，不作秀，不浮夸，不掩饰，不图虚名。他实实在在地做人，扎扎实实地办事，其务实的精神堪称楷模。

为人耿直忠厚，保持刚正不阿的品格。他清正刚毅、敢忤权贵。曾国藩于军于政都是他的上司，又是提携举荐他的恩人，但与其争饷不徇私情。他又能顾全大局，作为南洋大臣，他以国家利益为重，把南洋 3 年的经费归给北洋，以集中有限的财力先武装北洋水师。他善于推功揽过，经常把功劳推给下属和同僚，而把责任留给自己，多次向朝廷请求对自己处分。教案抓不到首犯，请求处分；船厂江岸被大水冲坏了，请求降级处分。亲自写奏折上陈要求降职和处分就有好几次。

坚持权操诸我，始终维护祖国的尊严。这在多事之秋，十分不易。在涉外问题上，他不卑不亢，从来不做丧权辱国之事。办船政坚持权操诸我，顶住了英法等国的干预和压力；英商擅自建吴淞铁路就坚决拆掉；处理涉外教案（江西、安徽）有理有节，说找不到首犯，自请处分；巡台对日采取备战与外交相结合，维护了主权和尊严。这与曾国藩"杀民谢敌"处理天津教案的做法和李鸿章的一味求和形成鲜明对比，在丧权辱国的 19 世纪显得尤为可贵。他始终以虎门销烟的舅舅林则徐为榜样，保持着强烈的爱国精神和民族气节。

他是中国近代卓越的军事家，近代海军的创始人。

有高级将领的军事才能。在江西自建赣军，从严治军，稳定了局势、然后步步为营，取得节节胜利。在巡台期间，与日军斗智斗勇，终于迫使日军退出台湾。

有高级军事指挥家的谋略和战略眼光。他治军赏罚分明，威望很高；他有很高的海权意识，念念不忘日本对台"虎视眈眈"，念念不忘"铁甲船不可不办"。

有丰富的水上和陆上作战经验。

建立起中国第一支海军舰队，并培养了一大批海军军官和军事技术人才。

他是中国近代伟大的教育家，是近代高等教育的开拓者，职业技术教育的开创者，近代军事教育、航海教育、工程教育的先行者。

他引进西方教育模式，创立了与传统教育完全不同的教育制度，开创了近代教育的先河，为中国近代教育体系的形成奠定了坚实的基础，从而推动中国政府逐步建立起适应社会潮流发展的近代教育制度。它的办学成功，为各地办学提供了榜样，输送了人才，被誉为"开山之祖"。

建立了近代留学制度，促进了中国青年对西方文明的了解，使出国留学的青年开阔了眼界，增长了知识，改变了思维，学到了先进的科学技术和管理知识，为加快中国的近代化进程贡献了力量。也正因为有了出国留学，使他们感受到中西方文化的异同。通过对比，了解到差距，促使他们去追求真理，探寻救国良方。

为后人留下宝贵的精神财富和文化遗产。如厂校一体化和工学紧密结合的办学形式，针对性和实用性强的专业设置与课程体系，权操诸我的学生管理模式，引进外教、外文教学与留学深造的培养模式，根本在学堂的人才战略，德育为先、能力为重的育人思想，求是、求实、求精的科学精神，等等，都值得发扬光大。

他所办的船政学堂，中国近代第一所高等院校、军事院校。他的轮机工程、航海专业，也是最早的。过去对于中国第一所近代性质的高等学校的考证，有几种观点：

创办于1862年的京师同文馆（旧式的书院，只不过增加了外国语课

程，程度也只相当于小学，不具备近代高等教育的基本特征）

创办于 1895 年的天津中西学堂（天津大学的前身）。

创办于 1898 年的京师大学堂（北京大学的前身，严复是第一任校长）。

船政学堂创办于 1866 年，早天大 29 年，早北大 32 年。沈葆桢创办船政学堂，不仅使他成为教育家，也把他推上近代教育的开拓者、先行者的位置上。

5. 他的桃李遍天下，而且都是近代杰出的思想家、教育家、外交家、翻译家、造船专家、铁路专家和民族英雄等。

他是中国近代化的先锋，工业化的旗手，近代造船工业的首创者，科教兴国的先驱。

他总理船政，建立起当时规模最大的工业基地。他引进西方先进的管理模式，结合中国实际，实行"权操诸我"的原则，变成自己的东西，形成特色鲜明的中国化管理模式。他突破传统、高位嫁接、大胆改革创新，船型不断改进（木壳——铁胁——钢壳），机式装备不断改进（常式立机或卧机——康邦省煤卧机——新式省煤立机或卧机），船式不断改进（常式——快船——钢甲船），技术上在国内处于领先地位，在规模上也是当时远东第一。

科教兴国是当代的重要思想，也是前人的历史经验。船政顺应了国家对科技人才的迫切需要，通过"引进来，走出去"，自办"特区"，开辟试验窗口，窥视西方"精微之奥"和立足创新，培养了一大批优秀科技人才，为中国近代化贡献了力量，从而推动着中国科学技术的进步和社会发展。

他是勇于创新、敢为天下先的改革家。

造新船、办新学，是创新是改革；建立新式海军，派遣留学生，也是改革创新。新就新在他破除了传统，克服了世俗的偏见，开创了前人未有的事业。他建立起在远东规模最大、设备最为齐全、影响最为深远的工业基地；创办中国近代第一所高等学府，成为近代教育的"开山之祖"；建立起中国第一支海军舰队，被誉为"中国海防设军之始，亦即海军铸才之基"；派遣留学生，促进了中国青年对西方文明的了解，翻开了中西文化交流碰撞的崭新一页，造就了一代精英，推动中国近代社会向科学与民主的方向发展，开始了中国近代化先驱性的创举。

所有这些，无不闪烁着改革家的智慧、胆识和和眼光。

他是祖国统一的捍卫者，保卫台湾的功臣，台湾近代化的奠基人。

他甲戌巡台，保卫了台湾。他的善后工作更是功不可没。他促使清朝政府废除禁令 招收大陆居民来台开垦荒地；开山修路 安抚当地土著居民；进行体制改革 加强对台行政管理；鼓励开发 促进台湾经济发展繁荣。他促使台湾走向近代化，他密切了闽台关系，促进海峡两岸的经济交流和合作。其意义是深远的、革命性的，是 19 世纪的改革开放。可以这么说，如果没有沈葆桢，台湾没有开禁，台湾的发展是个什么样的状况，可想而知。

三

闽都大讲坛——船政之光系列讲座[*]

第一讲　从船政看国家的人才培养

鸦片战争后，在激烈的中西文化冲撞中，林则徐等先贤认识到开眼看世界的重要，提出了"师夷长技以制夷"的正确主张。随后，魏源受其委托编写了《海国图志》，诠释了他的主张，提出了置造船械等战略设想。闽浙总督左宗棠实践"师夷制夷"，创办了船政。

船政在近代中国积弱求强的历程上，留下了浓墨重彩的一笔，展现了近代中国科学技术、新式教育、工业制造、海权建设、中西方文化交流等丰硕成果，孕育了诸多仁人志士及其先进思想，折射出中华民族爱国自强、开拓进取、勇于创新、重视科教的伟大精神，形成了独特的船政文化。

船政是洋务运动的产物，但其意义远远超过运动本身。福建船政吹响了向工业文明进军的号角，奏响了中国人觉醒图强的进行曲，翻开了中西文化交流碰撞的崭新一页，是维护海权的先行者，是民族自尊、爱国自强的典范。船政学堂以及由其引发的新式教育热潮，奠定了闽台乃至中国近代教育的基础。船政精英的呐喊，已成为那个时代的最强音。

人才培养是根本

同治五年十一月初五日（1866 年 12 月 11 日），左宗棠在上奏《详议创设船政章程折》中提出设立艺局"为造就人才之地"。同日又上奏清廷《密陈船政机宜并拟艺局章程折》，进一步阐述"夫习造轮船，非为造轮船

---

　　*　《闽都大讲坛》栏目为福州市委宣传部主办、福州广播电视集团承办，时长 30 分钟。于 2010 年 12 月 18 日（星期六）在福州电视台一套新闻频道 23：23，12 月 19 日（星期日）在福州电视台三套生活频道 08：45、16：17 播出。

也，欲尽其制造、驾驶之术耳，非徒求一二人能制造、驾驶也，欲广其传，使中国才艺日进，制造、驾驶展转授受，传习无穷耳。故必开艺局，选少年颖悟子弟习其语言、文字，诵其书，通其算学，而后西法可衍于中国"。又指出"艺局初开，人之愿习者少"，必须采取"非优给月廪不能严课程，非量予登进不能示鼓舞"的措施。

沈葆桢深感人才的重要，提出了"船政根本在于学堂"的指导思想。坚持引进西方先进的教育模式为我所用的办学原则，以契约形式合作和独立自主的组织原则，突破传统、高位嫁接和改革创新、土法上马的办学理念，采取厂校一体化和工学紧密结合的办学形式，形成熔普教、职教、成教于一炉和高中低结合的办学体系。他将科技与人文结合，坚持权操诸我的学生训导方式，"兼习策论，以明义理"，培养学生的爱国情操，提出"精益求精，密益求密""去苟且自便之私，乃臻神妙"的教学理念。他设置针对性和实用性强的专业与课程体系，并提出"能否成材，必亲试之风涛"的实训实习要求，设立练船学堂。沈葆桢还认为，洋人来华教习未必是"上上之技"，"选通晓制造、驾驶之艺童，辅以年少技优之工匠，移洋人薪水为之经费，以中国已成之技，求外国益精之学，较诸平地为山者，又事半功倍矣"①。主张"前学堂，习法国语言文字者也，当选其学生之天资颖异学有根底者，仍赴法国，深究其造船之方，及其推陈出新之理。后学堂，习英国语言文字者也，当选其学生之天资颖异，学有根底者，仍赴英国，深究其驾驶之方，及其练兵制胜之理"②，并提出了"窥其精微之奥，宜置之庄岳之间"的留学主张。沈葆桢在人才培养方面有深刻的认识，是一位非常了不起的教育家。正因为有根本在学堂的正确理念，船政学堂取得了举世瞩目的成就，中国近代海军、近代工业和科技的发展做出了重要的贡献。

船政的人才培养

培养目标

深明制造之法，并通船主之学，堪任驾驶（培养能自造舰船、船用机

---

① 同治十一年四月初一日（1872 年 5 月 7 日）船政大臣沈葆桢《船政不可停折》，《洋务运动》第 5 册，第 117 页。
② 《船政奏议汇编》，卷九，第 11～12 页。

械设备的工程技术人才，以及能独自近海和远洋航行的船舶驾驶人员，海军军事人才）；国家紧缺的高级人才（良工良将），属于精英教育。

培养内容与方法

学堂设置

到 1897 年艺圃分设之后，共有八所学堂，即造船学堂、绘画学堂、艺徒学堂、匠首学堂、驾驶学堂、练船学堂、管轮学堂、电报学堂。前四所学法文，用法语教学；后四所学英文，用英文教学。

办学体制

1. 工学紧密结合。船政是厂校一体，既不是厂办学校，也不是校办工厂，也不是厂校联合或合作；而是规划统筹，难解难分。这种厂校一体化的办学体制，有明显的优点：一是更能体现教育与生产劳动的紧密结合。教师既是老师，又是工程师；既能上堂课，又能上厂课。而学生既是学员，又是学徒；既学习，又参加劳动，承担生产任务。二是更能体现理论与实践的紧密结合。由于厂校合一，实践性教学和实习、实训有充分的保障。由于现场教学形象直观，学生易学易懂，学用紧密结合，教出来的学生动手能力强。三是便于统筹兼顾，协调管理。

2. 灵活配套、形式多样。按现在的说法，是熔普教、职教、成教于一炉，高级、中级、低级相结合。前后学堂从专业设置、课程组织、教学水平和留学状况看，可以说船政学堂实行的是普通高等教育，但从重视实践和动手能力和学生毕业后的技术水平看，也可以归入高等职业技术教育范畴。绘事院（绘画学堂）从培养目标和课程设置看，实行的是中等职业技术教育。艺圃（学徒学堂和匠首学堂）培养技工和监工，重点是对船厂工人实行半工半读的技工教育。这更多的是一种针对成人的非全日制教育。船政的系列学校还承担了许多在职培训任务。

3. 与留学深造相结合。（下面详讲）

管理体制

1. 配备高规格、强有力的领导班子。钦定的领导班子，船政大臣是正一品，知府、知县只能当局员、委员，其规模之大，规格之高，前所未有。

2. 中西结合的管理制度（契约形式与等级制度相结合）。纳入衙门官僚管理体系的赐衔制度；通过清廷授权明确船政大臣和洋监督的管理权限；建立论功行赏的褒奖制度。

3. 分工分权的管理办法。教学、训导、行政分开；中、外管理分开；洋监督与导师责任制；实行洋监督包教包会的责任制度；责任到人的导师责任制度。

4. 有效的经费投入。船政经费在闽海关税内酌量提用；学堂经费列入船政衙门预算。

专业设置

符合近代高等教育分系科、分专业培训专门人才的特点。

造船学堂 设造船和造机两个专业，培养造船工程师和造机工程师

驾驶学堂 设航海驾驶专业，培养具有近海和远洋航行理论知识的驾驶人才

管轮学堂 设航海管轮专业，培养舰船轮机管理专业人才

练船学堂 设实际航海专业，培养具有近海和远洋实际航行能力的驾驶人才

电报学堂 设电报专业，培养电报技术人员

绘图学堂（绘事院）设船体测绘和机器测绘专业，培养测绘技术人才

艺徒学堂（艺圃）设船身、船机、木匠、铁匠 4 个专业，培养技术工人

匠首学堂 设船身、船机、木匠、铁匠 4 个专业，培养技术监工

课程体系

各个专业，都有其较完整的课程体系和教学计划，包括公共课、专业基础课、专业课和实习实训，基本配套。前后学堂各专业教学计划分为堂课（理论课）、舰课或厂课（实践课）。堂课又分为内课、外课（军训、体育等）和中文三部分，其中以内课为重点，内课包含外语课、专业基础课和专业课。

学制时间

最长 8 年 4 个月，每年 355 天（相当 1.8 学年，8 年 4 个月相当于 15 年）。

教学管理

教学计划、教材以引进为主、高度重视实习与实训、学籍管理不完善。

实践性教学（实验课程国内首创、厂课实习与跟班劳动结合、航行实

训严定课程稽核日记）

学业考核（严格规范的平时考核、高度认真的毕业考试、独特的练船毕业考核、讲求实效的厂课考核）

教学设备（高投入的实验设施＼以厂为依托的实习设施＼昂贵的练船设施，前后安排"福星"号、"建威"号、"扬武"号、"平远"号、"靖远"号、"通济"号、"元凯"号七艘舰船作为练船）

教学方法（填鸭式的注入式教学＼联系实际的现场教学＼因材施教、分班教学）

师资队伍

初创时以洋教习为主，后期以自己的教师为主。坚持外籍教师以私人身份受聘的原则，与日意格签订了外籍教师"五年内包教包会"的协议，达到了既"权操诸我"，又引进科学技术的目的。船政学堂的教习前后选聘四次：

第一次由日意格代聘，原计划是 37 人，实际聘用 52 人，最多达 75 人。第二次在 1874～1895 年间聘洋教习 10 人。第三次于 1896 年聘用杜业尔等 6 人。第四次于 1903 年聘用柏奥镗等 16 人。前后四次共聘用洋教习、洋匠 107 人，都是英法的工程师、技师、海军技术军官，有皇家海军学院等毕业文凭。经有关部门或著名人士推荐，双方外交部门认可确定的。条件：人品端正、学问俱足、才具开展、堪任教职。

船政学堂中国教师有罗丰禄、魏　才、方伯谦、陈兆翱、刘步蟾、林泰曾、陈季同、林永升、严　复、黄建勋、蒋超英、詹天佑、吕　翰、郑清濂、魏　瀚、王寿昌等。

学生管理

坚持权操诸我的训导模式。日常管理整肃。艺童入学从船政衙门开印日（正月初四日）开始，到封印日（农历十二月二十四）回家，即春节放假 10 天外，均要上学。艺童统一作息时间。艺童免费食宿，患病的医药费用，均由学堂发给。艺童每月给银四两，俾赡其家，以昭体恤。艺局内宜拣派明干正绅，常川住局。

船政学堂实际上是一所军事院校。日意格称其为"兵工厂"，英国外交部称其为"水师学院"。

船政学堂的军事管理主要体现在军事教育与训练，以及军队供给制方面，军事训练以后学堂为主。学生堂课毕业后派往福建水师实习舰课，接受军事教育与作战训练。

日常思想政治教育；学生兼习策论，以明义理；校园文化的熏陶。

留学教育

船政实行与留学深造相结合的培养模式，开创了中国近代学生留学教育的先河，奠定了中国留学生的留学方式和基本制度。

1872 年派遣幼童留美，是中国政府正式派遣的第一批留学生。但幼童留美，实际上并不成功。第一，幼童留美，学制 15 年，时间长，成效慢；船政留学生是成年人，任务是深造，时间短，见效快。第二，留美幼童出国留学计划欠周密，学习目标不明确；船政学堂留学计划周密，学习目标明确，针对性强。第三，留美幼童学习差距大，监督不善，问题较多，提前撤回；船政留学管理严格，学习期满通过最后考试，学成回国。第四，留美幼童可塑性强，模仿西方生活方式引起清廷的不安。

船政留学生"深知自强之针"，富有爱国心和强烈的使命感，都能刻苦学习。留学首批派遣 38 名，1877 年 3 月 31 日出发，5 月 7 日抵达法国马赛。华监督李凤苞、洋监督日意格。第二批派遣 10 名，1881 年 12 月出发，1882 年 1 月抵英、法两国。华监督许景降、洋监督日意格。第三批派遣 29 名，1886 年 4 月 6 日出发，1886 年 5 月到达。华监督为原提调周懋琦、洋监督斯恭塞格。第四批派遣 7 名，1897 年 6 月 2 日出发，1897 年 7 月到达法国。监督吴德章，因经费困难，于 1900 年 11 月提前回国。留学零星派遣 25 名。船政学堂毕业自光绪元年（1875 年）遣赴欧洲游历起，至民国五年（1916 年）最后 2 名学生学成回国止，在 41 年间，陆续派遣出国留学生计 111 名，其中有多人留学 2 个国家以上。

培养效果

从毕业生水准看，船政毕业生可当舰长、大副、轮机长、大管轮、工程师、翻译等。从留学情况看，都可信任，都跟得上。从发挥的作用看，效果明显，许多人成为国家的栋梁之才。在近代教育史上的地位是空前的。

船政学堂毕业生从 1866 年至 1911 年前后办学 45 年，有文字记载的毕业她引进西方教育模式，建立了与工业化和海军建设相适应的教育模式和留学制度，成为各地纷纷效仿的样板，成为科技和海军人才的摇篮，被李鸿章誉为"开山之祖"。

船政学堂培养了一批精英，形成一个具有爱国思想、能奋斗自强、眼光敏锐、思维方式开放、容易接受新生事物一代新型知识分子群。他们走在时代的前列，成为有突出贡献的思想家、外交家、教育家、科技专家和学者。典型的代表有启蒙思想家严复，"铁路之父"詹天佑，外交家陈季同、罗丰禄，造船专家魏瀚、郑清濂，矿务专家林应升、林日章，轮机专家陈兆翱、杨廉臣，天文学家高鲁、王绥瑄，等等。《清史稿》记载"船政学堂成就之人才，实为中国海军人才之嚆矢。"福建船政培养了海军军官和军事技术人才1100多名，占中国近代海军同类人员的60%。清末和民国时期的多数海军高级将领，如萨镇冰、叶祖珪、蓝建枢、刘冠雄、李鼎新、程璧光、黄钟瑛等，都是船政学堂的毕业生。还有在中法马江海战英烈吕翰、许寿山，中日甲午海战英烈邓世昌、林永升等一大批铸造出爱国魂的杰出精英。

高等教育史权威专家评价

潘懋元"福建船政堂堂在建立高等教育体制、为国家培养高级专门人才、促进中西文化交流上，比之清末许多高等学校，影响更深，作用更大。"

第二讲　船政学堂——近代教育的先驱与样板

这是《船政学堂》，赵启正先生在序中写道："说起严复、詹天佑、邓世昌，大家都耳熟能详；但说起他们的母校，可能有很多人不甚明了。""说起北京大学，清华大学，大家都会翘起拇指——它们确是中国一流的高等学府；但是第一个真正符合近代教育制度的高等学校是哪一个呢？"

船政学堂开创了近代教育的先河。

船政学堂以全新的教学体制和内容取代了中国传统的封建教育体制和内容，走出了近代教育的新路子，成为中国近代教育的滥觞。船政学堂引进西方教育模式，先后设立八所学堂，设有造船、造机、驾驶、管轮、电报、测绘等专业。各个专业都有比较完整的教学课程体系。它打破了封建教育的传统模式，开创了近代教育的先河，为中国近代教育体系的形成奠定了坚实的基础。此后，继之而起的其他学校都直接或间接地采取船政教育模式，从而直接推动中国政府逐步建立起适应社会潮流发展的近代教育制度。

创立了近代教育模式，成为各地纷纷效仿的样板。

船政学堂引进西方教育模式，创立了与传统教育完全不同的教育制度。它的办学成功，使洋务运动的领袖们看到了希望，纷纷在各地办起了新式学校，也都纷纷以船政学堂为重要蓝本。天津水师学堂创办时，李鸿章就说："略仿闽前后学堂规式。"① 张之洞于 1887 年创办的广东水陆师学堂时也说："其规制、课程略仿津、闽成法。"② 其他学校，如昆明湖水师学堂、威海水师学堂、江南水师学堂实际上也是参照船政学堂的模式。这些新式学校在创办过程中，还聘请船政学堂的员绅、师生来担任要职。1880 年，天津水师学堂设立，李鸿章先调曾任船政大臣的吴赞诚筹办，后派久任船政提调的吴仲翔为总办，聘船政留学生严复为总教习（后任会办、总办）。船政首届留学生萨镇冰亦在此任教。1887 年，广东水师学堂成立，吴仲翔又赴任总办。1890 年设立江南水师学堂，调蒋超英为总教习。1903 年设立烟台海军学堂，调谢葆璋（谢冰心之父）为监督。1904 年设立广东水师鱼雷学堂，魏瀚为总办。1904 年设立南洋水师学堂，叶祖珪为督办。船政学堂为各地办学提供了榜样，输送了人才，被誉为"开山之祖。"③

建立了近代留学制度，促进了中国青年对西方文明的了解。

船政学堂派遣留学生对当时社会产生了巨大影响。从中西文化交流的实质性成效看，从高等学府选派和建立留学生教育制度看，真正建立起中国留学生教育制度的基本模式并沿袭下来的是船政学堂。李鸿章曾把船政学堂的培养模式归纳为"入堂、上船、出洋"六个字④。把"出洋"即出国留学作为培养人才的重要组成部分，这对于封闭的、科学技术大大落后于发达国家的中国来说，是很有远见的。正是由于建立了留学制度，促成了一批又一批的青年到国外去，使出国留学的青年开阔了眼界，增长了知

---

① 《清末海军史料》，第 605、606 页。

② 《清末海军史料》，第 399 页。

③ 《清末海军史料》，第 605、606 页。

④ 李鸿章：《请设海部兼筹海军》（光绪十年二月十三日），《李文忠公全书》译署函稿第 15
　　卷第 30 页。

识，改变了思维，学到了先进的科学技术和管理知识，为加快中国的近代化进程贡献了力量。也正因为有了出国留学，使他们感受到中西方文化的异同。通过对比，了解到差距，促使他们去追求真理，探寻救国良方。纵观近代的风云人物，他们中的许多人是有留学背景的。

船政办学经验至今仍然有借鉴意义。

船政学堂引进西方先进的教育模式为我所用的办学原则，以契约形式合作和独立自主的组织原则，突破传统、高位嫁接和改革创新、土法上马的办学理念，厂校一体化和工学紧密结合的办学形式，熔普教、职教、成教于一炉和高中低结合的办学体系，科技与人文结合、培养爱国情操的教育形式，人才为本、精益求精、因材施教的教学理念，针对性和实用性强的专业设置与课程体系，权操诸我的学生管理模式，引进外教、外文教学与留学深造的培养模式等，都有许多可借鉴的地方。而根本在船政的海权意识，根本在学堂的人才战略，她的勇为天下先的开拓精神，德育为先、能力为重的育人思想，工学结合、学以致用的教学理念，求是、求实、求精的科学精神，引进消化的开放改革原则，权操诸我的独立自主原则都是值得弘扬的。船政学堂的办学理念和教育模式是一笔宝贵的精神财富和文化遗产，值得我们继续发掘整理和认真研究，值得我们进一步继承和发扬光大。

第三讲　海西建设与船政文化*

各位嘉宾、各位领导、朋友们：大家好！

今天很高兴和大家一起探讨一下"海西建设与船政文化"的问题。这

---

* 2009年6月27日福州新闻网讯：今天早上9点半，沈岩应邀来到由市委宣传部主办的"闽都大讲坛"。为听众们在于山九日台音乐厅做了一场题为《海西建设与船政文化》的讲座。讲座中，沈老师重点阐述了海西建设与船政文化的密切关系，说明了为什么加快海西建设必须大力弘扬船政文化的原因。认为海西建设是船政事业在新的历史条件下的延续，船政文化所凝结的爱国、开放、科学、海权和敢为天下先的精神是海西建设所必需的。并对海西七大文化（船政文化、闽南文化、妈祖文化、畲族文化、朱子文化、红土地文化、客家文化）的来历、习俗和文化内涵都做了详细的解读。最后，沈老师就加快福州船政文化建设提出打特色的品牌的建议。在一个半小时的演讲中，沈老师深入浅出、旁征博引的演讲风格征服了大家。全场听众聚精会神，不少人还认真做着笔记。沈老师的讲座为大家理清了海西建设与船政文化关系的脉络，也让我们从中读出了船政文化精神、内涵的现实意义。

是很新的一个重要课题，是国务院 24 号文件下达后才明晰的一个重要问题（过去不是没有，而是说现在更明晰、更重要）。

首先大家会问的是：海西建设与船政文化二者之间又必然联系吗？回答当然是肯定的。

从字面上看，一个有海，一个有船，属于密切正相关，虽然是断章取义，表面、片面的，但其中也蕴含相关的信息：

地理：上古时期的《山海经》第十卷《海内南经》讲"闽在海中，其西北有山"。说明什么？福建环山面海，一八山一水一分田。海岸线长，北起福鼎沙埕，南至诏安宫口，直线长度 535 公里，曲线长度 3324 公里，居全国第二位；弯曲率为 6.2，居全国首位。全省有自然港湾 125 个，沿海岛屿 1400 多个。过去有一句古话，称"闽地瘠民贫，生计半资于海，漳泉尤甚"。"天下僧田之多，福建之最，而福建又以泉州为最，多者数千亩，少者不下数百"。可见，自古以来福建的先民以海为生，以海为家，长年奋斗不息。

历史：春秋战国时期，福建先民"以舟为车，以楫为马"。武夷山船棺，1975 年在闽江下游连江县出土西汉早期的独木舟，可以说明问题。隋唐宋元时期，福建是重要的造船基地，《太平寰宇记》将"海舶"列为泉州、漳州土产，也能说明问题。元代，泉州仍然是全国的造船中心。至元二十八年（1291 年）意大利旅行家马可波罗护送阔阔真公主出嫁波斯，就是乘坐泉州建造的四桅船，从泉州起航。明代，郑和下西洋，浩浩荡荡的船队，很多是福建制造的福船。明代册封琉球的封舟也是福船。明末清初，郑芝龙、郑成功的船队活跃于台湾海峡。

从实质上看，海西建设和船政事业是一脉相承的。海西建设是船政事业在新时期的继续与发展，海西近代化建设的起点可以追溯到船政；船政文化所凝结的爱国、开放、科学、海权和敢为天下先的精神是海西建设所必需的，加快海西建设必须大力弘扬船政文化。

为什么这么说呢？我分三个问题来讲：

第一个问题　为什么船政文化能被国务院写入《若干意见》　（国发〔2009〕24 号）

《若干意见》全称《关于支持福建省加快建设海峡西岸经济区的若干意见》，第 25 条"整合文化资源，打造一批地域特色明显、展现海峡西岸风貌、在国内外具有影响力的文化品牌，重点保护发展闽南文化、客家文化、妈祖文化、红土地文化、船政文化、畲族文化、朱子文化等特色文化。"

解读一下：

船政文化与闽南文化、客家文化、妈祖文化等文化一样都是特色文化，地域特色明显；

她能展现海峡西岸风貌；

在国内外具有影响力；

是难得的文化品牌；

要重点给与保护和发展；

其重要性显而易见。

黑格尔的《历史哲学》把世界文化类型划分为大陆文化和海洋文化，认为海洋文化作是人类文明的最高发展，贬低游牧文化和农耕文化，认为欧洲才是"世界的中央和终极"。黑格尔的世界体系明显地带有欧洲中心主义的历史偏见。但地理环境及其生态条件对民族性格、民族精神、民族文化的形成是有其重要作用的，尤其在交通不便、信息闭塞的时代。

下面我们来了解一下海西七大文化。

船政文化

1. 船政的含义

"船"是水上运输工具。"政"，辞海的解释主要有三，一曰政治；二曰事务，如校政、家政；三曰主其事者，如学政、盐政。"船政"的一般含义，从字面上理解：一是有关船舶方面（主要是造船、航运、港务、监督）管理事务的统称。从左宗棠"设局监造轮船"的初始意图看，可理解为主要是造船方面的事务；二是主其事者，船政也可理解为和学政、盐政一样的主其事者。但从船政的实际情况看，它主要指的是主理船舶事务的行政机构。从遗留的文物中可以看到，船政衙门上方竖匾写的是"船政"二字，刻的公章是"总理船政关防"，船政石制界碑刻的是"船政官界"。第一任总理船政大臣是官居一品的沈葆桢。船政大臣有权直接向皇帝具奏。这些都说明，船政是当时清廷的官署，是一个高规格的专门主理船舶事务的行政管理机构。

但光这样理解船政是不够的。①缔造者本来用意就不光是造船，左宗棠的奏折就包括整顿水师和开设求是堂艺局的要求，所以，船政一开办就有造船、办学和整理水师三重任务。在外人看来，造的主要是兵船，培养训练的主要是水师，更像是海军军事基地，所以，当年的洋监督日意格就称其为"The Foochow Arsenal"，即福州兵工厂。②从船政创办的情况看，一是地域性很强，就在马尾，而且船政衙门有一定的处置权，更像个官办特区；二是造船、办学、水师三位一体，船政衙门只是其最高管理机构，整个船政是个实体，是个由造船系列工厂、船政前后学堂等办学机构和福建水师构成的一个系统。③从船政实践的结果看，其社会影响已远远超过了造船和办学，在政治、经济、军事、外交、文化等方面对中国近代化进程都产生了不可估量的影响。因此，船政的内涵是深刻而丰富的，不能望文生义，把它当成船厂、船务局来理解，也不能按外文翻译的那样，只简单地直译为"兵工厂"。我们所说的船政是特指近代在马尾办的船政，这个船政是个专门的行政管理机构，是个有一定独立处置权的政治经济实体，是个军事工业和培养海军的基地，也是中国第一所近代意义的大学。它是特定历史时期形成的特殊产物。现在我们说起"船政"时，只能把它作为一个专有名词来使用。。

2. 船政文化的内涵

什么是船政文化，这是仁者见仁、智者见智的问题。现在什么都可以冠上文化，如企业文化、校园文化，三星堆文化、昙石山文化，酒文化、茶文化……文化概念虽然很宽泛，但还是有边界的。船政文化当然也有边界，虽然它的内涵可以探讨。

文化是相对造化而言的。造化即自然，文化即人化、社会化，是被改造的自然。在科技十分发达的今天，几乎没有纯粹的自然。太空是人类活动的太空，原始森林也受人类活动的干扰，地心也会受到人类发射的各种波和场的影响。几乎所有东西都包含着文化，所以很泛。人化的自然属于第二自然，包括：物质层面的（改造过的山河、城市建设、人文景观、各类商品和产品、社会人及其衣食住行等）；精神层面的（思想、宗教、道德、科学技术、文学艺术、虚拟世界等）；政治层面的（体系、制度、机制、组织结构、管理模式等）。这三者相辅相成、辩证统一。物质层面的文化是基础，政治层面的文化是统帅，精神层面的文化是灵魂，而核心是世界观、人生观、价值观、审美观。

文化还有中概念、小概念。我们讲建设有中国特色的社会主义经济、政治、文化，三者并重。这里的文化概念即是中概念。小概念就是文化部门管的那些内容，如文学艺术、文体活动、文化产业、文化市场管理等。

如何界定船政文化的内涵？

如果用中、小概念来理解，我们研究的对象就显得很窄。因此用大概念就比较合适。那么应包括那些内容呢？我认为：①物质层面的成果，如船政的各项成就、船政遗迹、与船政有关的各种文物等；②政治层面的成果，如船政组织体系、运行机制、管理模式、教育模式及其成效等；③精神层面的成果，如船政组织者、参与者的思想观念、道德风范、宗教信仰、学术成果和社会影响等。

概括起来，船政文化是船政历史人物在社会实践活动中，创造的物化成就和政治精神文明成果。

（二）闽南文化

闽南文化是在闽南地区形成并向台湾和东南亚扩散的带着中原文化基因的海洋文化。1. 中原文化的历史渊源。①中原汉人三次南迁。第一次在西晋末年，由于晋惠帝年间"八王之乱"，"晋人南渡，衣冠避地者多沿江而居，故名晋江"（《福建通志》）。第二次大举南迁是在唐末年间，当时的战乱再一次使中原汉族移民大量入闽。第三次大举南迁大约在宋高宗年间，由于宋高宗南渡及元人南侵。②闽南方言是史学界认证的"华夏中古音"，古汉语专家提出，要学习古汉语，必须到福建，要重演唐、宋时期诗人朗诵诗词的情景，必须使用闽南方言，才能做到朗朗上口、音韵铿锵。南音（南曲）被国内外专家誉为"中原古乐活化石"。2. 海洋文化的特性。①自古以来以海为生，以海为家。②融合本地土族和外来民族的文化，形成独特的人文精神。开拓、冒险、反抗、拼搏。出现了李贽那样富于叛逆性格的思想家（1527～1602年明代后期思想家）。惠安女的服饰（封建头，民主肚，节约衫，浪费裤）也是融合了中原文化、海洋文化的特点。

（三）客家文化

客家文化是中原汉文化与南方的土著文化融合的产物。客家文化保持着汉文化的基本特征，但在不少方面也受到土著文化的影响。客家精神的内涵是很丰富的，其核心在于团结和奋进。他们的居住地大多在偏僻，边远的山区，为了防备盗匪的骚扰和当地人的排挤，便建造了营垒式的土楼。客家先民崇尚圆形，认为圆是吉祥，幸福和安宁的象征。

（四）妈祖文化

妈祖文化从内涵来说，谈不上有什么思想体系，但她热爱人民、扶危济困的高尚情操和英雄事迹，却体现了中华民族的传统美德。后人把她塑造成为一位慈悲博爱、护国庇民、可敬可亲的女神，其目的是教化子孙后代，弘扬民族精神。从外延上说，妈祖信仰的历史文献资料，内容丰富，史料价值高，涉及经济、政治、军事、外交、文学、艺术、教育、科技、宗教等领域，形成许多值得我们深入研讨的文化课题。妈祖信仰的社会力量也是十分强大的。

（五）红土地文化

红土地文化是革命斗争的产物，是中国共产党领导下产生、发展起来的革命文化。闽西有独特的资源，龙岩市有610个革命基点村，这些地方都有许多可歌可泣的革命事迹和革命史料。龙岩市还建有10个博物馆和纪念馆，是开展革命传统教育和爱国主义教育的重要场所。红土地文化，是开展革命传统教育和爱国主义教育的重要内容。利用红土地文化进行爱国主义教育，弘扬民族精神，是构建和谐社会的一项重要任务。

（六）畲族文化

畲族没有文字，长期以来靠歌记述历史，教育后代。宁德是全国畲族人口最多、分布最广、历史最悠久的畲族聚居地。畲族小说歌、畲族民歌、屏南四平戏、寿宁北路戏、霍童线狮已是我国第一批非物质文化遗产。这些都是畲族文化的重要组成部分。

（七）朱子文化

朱子，就是朱熹。朱熹（1130～1200），字元晦，号晦庵，南宋教育家、哲学家、诗人，宋代理学的集大成者。朱熹的学说，系统宏大，著述甚丰。他所编译的《四书集注》，是元明清三朝开科取士的必读书。他的思想影响深远，至今还广泛传播。朱熹厚人伦、美教化，通过经常性的礼仪训导与实践，将道德伦理融入家教和社会之中。他所提倡的博学慎思、明义返本、开源节流、以农为本、贫富合礼等思想，对于现今社会仍然有着深远的意义。朱子文化就是朱熹的思想所形成的文化。朱熹热爱自然，亲近山水，他的足迹遍布武夷山。他在武夷山题字、赋诗、办学、建书院，为当地的山水注入了深厚的人文底蕴。泰宁的上清溪、将乐玉华洞、福州的鼓山也留下他的足迹。朱子文化也包含这方面的内容。

七大文化是海西的主要文化，但各有特色，区域分布也很明显。闽南文化，显然是闽南地区的主打文化。客家文化、红土地文化是闽西的特色文化。妈祖文化是莆田的主要特色。畲族文化主要在宁德。朱子文化是闽北的特色。船政文化是福州的特色。说是某个地区的主要特色，并不否认该地区的其他特色；说是该地区的主打文化，并不排除弘扬其他文化。这七大文化也不是某个地区所特有，所占有，其他地区也有同样的文化内容，照样可以宣传。七大文化有不同的特色，但也有其联系。

七大文化是海西的，也是全国的，中华民族的。正因为七大文化凝结着传统文化和民族精神，地域特色明显，在国内外具有影响力，能展现海峡西岸的风貌、因此，被列入规划，受到重点保护。同样，船政文化是中华民族爱国自强的产物，是中国近代史上影响深远的辉煌篇章，也是两岸人民共同奋斗取得历史性双赢的宝贵结晶。她凝结的爱国自强精神和强烈的海权意识，是中国传统文化和民族精神的深刻体现，是宝贵的精神财富。大力弘扬船政文化，对推进改革开放和海洋建设，对推动两岸关系的和平发展有着不可估量的意义。

❖第二个问题　加快海西建设必须大力弘扬船政文化

一　海西建设是船政事业在新时期的继续与发展

翻开中国近代史，民族灾难深重。帝国主义以坚船利炮敲开了清廷闭关自守的大门，迫使其签订了一系列丧权辱国的不平等条约。海权日衰，国将不国，有识之士纷纷奋起图强。

林则徐是开眼看世界的第一人。他主持编译了《四洲志》，让世人了解了世界。他主张"师敌之长技而制敌"。

魏源受林则徐委托编撰的《海国图志》进一步阐述了"师夷长技以制夷"的主张，并提出了置造船械、聘请夷人、设水师科等设想。

闽浙总督左宗棠深受他们的影响，决心实践"师夷制夷"以自强。决心整理水师，在马尾设局办学造船。7 月 14 日，同治皇帝准奏，以"实系当今应办急务"令其办理。10 月，他奏请江西巡抚沈葆桢总理船政。11 月又奏请开设求是堂艺局。12 月，船政工程动工兴建，并对外招生 105 名。从此，船政诞生了。我门所说的船政就是特指这个在马尾创办的船政。

船政在中国近代海军史、工业史、教育史、思想文化史等方面都留下深深的印迹。其历史地位是不可磨灭或替代的。

第一，船政是中国近代海军的发祥地。

左宗棠的初衷之一，就是要整顿水师。船政造船，主要造的是军舰，武装海军；同时制炮，生产鱼雷，也是为了武装海军。船政培养的人才，主要是造船和驾驶人才，也都是为造舰和海军服务。因此，船政被誉为"中国海防设军之始，亦即海军铸才之基"。其影响是十分深远的，它培养了许许多多的海军军官和军事技术人才，据不完全统计达 1100 多名，占中国近代海军同类人员的 60%，晚清和民国时期的多数海军高级将领，如叶祖珪、萨镇冰、程璧光、黄钟瑛、刘冠雄等，都是船政的毕业生。还有中法马江海战英烈吕翰、许寿山，中日甲午海战英烈邓世昌、林永升等一大批铸造出爱国魂的杰出英才。今天海军建设史无前例，到索马里护航、南沙群岛巡航，到美国日本停靠供参观（扬武号曾惊动日本）。泊靠在日本东京湾晴海码头的中国海军"深圳"号导弹驱逐舰舰 2007 年 11 月 30 日。日本海上自卫队官兵、东京市民、华侨华人络绎不绝地前来参观。

第二，船政是中国近代最大的船舶工业中心。

它是当时在中国乃至远东规模最大、设备最为齐全、影响最为深远的船舶工业基地，从 1868 年开始制造"万年青"号，到 1907 年止，共造船 44 艘，总吨位 57550 吨，占全国总产量的 82%。造船技术也不断更新，从木壳船到铁胁船，又到铁甲船。造船工业是当时科技水平的综合体现，它的建造带动了上下游工业的发展，也造就了一大批科技人员和产业工人。

正因为有了船政这个工业基地，才有了日后破天荒地采用国产材料成功地制成了我国第一架水上飞机，从而开创了中国人自己的飞机制造工业新纪元。马尾厂的今天，通过一系列技术改造已具备设计，建造和修理 35000 吨级以下各类船舶的生产能力，成为中国南方重要的船舶生产基地。

第三，船政是中国近代第一所高等院校。

它引进先进的教育模式，采用法国体制，把船舶工程学校与海军学校合二为一，办成一所按技术分设专业的近代高等院校。前学堂学制造，采用法国军港士官学校的科目训练；后学堂学驾驶，采用英国海军的培养方法训练。而且结合中国实际，实行"权操诸我"的准则，形成特色鲜明的中国化办学模式，如厂校一体、工学结合；严格管理、精益求精；引进人才、契约合作；留学深造、因材施教等。实践证明，这种办学模式是成功的。短时间内就取得了明显成效，成为各地纷纷效仿的样板。被李鸿章誉为"开山之祖"。学校的今天跨越式发展。

晚清 40 多年，船政学堂共毕业学生 510 名（连同民国初期毕业的共 629 名），选送出国留学生四批及另星派出共 111 人。他们分赴法、英、德、美、比、西、日等国。学习的专业主要有造船、航海、飞机、潜艇、枪炮、鱼雷、矿冶、机械、无线电、天文等。学成回国，成为我国科技力量的主要骨干。而且影响深远，至今，福州的科技人才仍然是一道亮丽的景观，仅中科院院士就达 40 多名。船政学堂建立了与工业化和海军建设相适应的教育模式，培养了大量人才，成为中国近代科技和海军队伍的摇篮。

第四，船政是近代中西文化交流的一面旗帜。

船政学堂通过学生留学，在中西文化交流上做出了杰出的贡献：

一是引进了西方的应用技术，也就是所谓"西艺"，高起点嫁接，迅速地提高了造船、航海、飞机、潜艇、枪炮、鱼雷、矿冶、机械、无线电、天文等科技和工艺水平。

二是引进西方的政治、经济、法律思想，突破了"中学西用"的框框，引进了触动"中学"的"西政"观念。在这方面，严复是一个典型。他透视西学，提出了西方国家"以自由为体，民主为用"的精辟论断；抨击时局，破天荒地揭露专制君主是窃国大盗；传播西方进化论、社会学理论、经济学理论等，影响了梁启超、康有为、谭嗣同等维新派人物，成为维新变法的精神领袖；提出了强国富民的救国方略，鼓吹"开民智"、"鼓民力"、"新民德"，成为中国近代杰出的启蒙思想家，推动了中国近代社会向科学与民主方向发展。

在传播西学方面有所作为的还很多。例如留法归来的王寿昌帮助林纾翻译法国小仲马《茶花女遗事》，震撼中国文坛，促使不懂外文的林纾与许多人合作翻译出 184 部外文名著。林纾与严复、辜鸿铭成为中国近代三大翻译家。陈寿彭翻译《格致正轨》、罗丰禄翻译《海外名贤事略》、《贝斯福游华笔记》等都有一定影响。还有马建忠，在欧洲从事外交工作多年，精通英文、法文、希腊文、拉丁文，得以根据外文文法，研究古汉语文法书《马氏文通》，开拓了近代汉语文法研究领域。

三是将中国文化介绍到国外去，陈季同就是杰出的一位。他在法德等国使馆工作多年，熟悉欧洲社会与文化生活，时常出入巴黎文艺沙龙，写了许多介绍中国现状和中国文学的法文作品，如《中国人自画像》、《中国戏剧》、《中国人的快乐》、《黄衫客传奇》、《中国人笔下的巴黎》、《中国故事集》、《吾国》等，还用法文写了一本以中国问题为题材的喜剧《英雄的爱》，在法国文坛上享有盛名，成为近代中学西传的第一人。

二　船政文化所凝结的爱国、开放、科学、海权和敢为天下先的精神是海西建设所必需的

（一）《意见》所提的几方面，爱国自强精神、开放的胸怀、开拓的精神、科学致用精神、教育为本的精神、文风炙热的传承等与船政精神是吻合的。

（二）林则徐—沈葆桢—严复以及当代 40 多名福州籍院士都是民族的骄傲、福建的骄傲、福州的骄傲。

船政文化是船政历史人物创造的物化成就和政治精神文明成果。它包括物质层面的成果，如船政的各项成就、船政遗迹、与船政有关的各种文物等；政治层面的成果，如船政组织体系、运行机制、管理模式、教育模式及其成效等；精神层面的成果，如船政组织者、参与者的思想观念、道德风范、宗教信仰、学术成果和社会影响等。其灵魂、其精神实质有爱国自强、改革创新、科教人文和海权意识等几个方面，但其核心就是强烈的

爱国自强精神和强烈的海权意识。这种精神是在特定的历史时期形成的，它是以其丰富的内涵来体现的。它有别于其他时期、其他地区形成的文化。但它是中国传统文化和民族精神的深刻体现，是宝贵的精神财富。大力弘扬船政文化，培育强烈的爱国自强精神和强烈的海权意识，对推进改革开放和海洋战略，对加快海西建设和中华民族的伟大复兴，有着不可估量的意义。

一是爱国自强精神。在列强瓜分中国的当时，船政奏响了中国人觉醒图强的进行曲，是民族自尊、爱国自强的典范。特别是甲申马江海战、甲午黄海海战，船政的学生正气凛然，奋勇杀敌，视死如归，伟大的爱国主义精神得到了充分的体现和升华。在海西建设和民族振兴的今天，爱国图强仍然是我们的旗帜。我们的近代化建设还有艰巨的道路要走，必须继续奋斗，坚持走新型工业化道路，加快转变经济发展方式，提升产业发展水平。

二是改革创新精神。船政吹响了中国从传统农业文明向工业文明进军的号角。它进行了一系列的改革开放实验，许多都是开风气之先的。创新是民族的灵魂。船政人开创了数拾个第一，正是民族精神的充分体现。尤其是思想领先，更是难能可贵。今天我们进行先行先试，就要有船政当时开风气之先的精神，勇于改革，勇于创新。

三是重视科教、重视人文。船政"师夷长技"，引进来，走出去，紧追世界科技前沿。同时引进近代教育模式，把培养人才作为根本，从而使船政成为近代科技队伍的摇篮，成为中国近代教育的"开山之祖"。船政引进西学，但不忘把它与人文精神结合起来。创办船政本身就是为了师夷以制夷的。创办者、组织者有着强烈的爱国心，他们为了师夷御侮，奋发图强，有着强烈的事业心和责任感。而船政的学生们是带着强烈的使命感来学习的。"该生徒等深知自强之计，舍此无他可求，各怀奋发有为，期于穷求洋人奥秘，冀备国家将来驱策。"船政历史的激励作用和船政人物的榜样作用非常明显。先贤先烈们的人格力量无时无刻不在激励着学生们的爱国主义热情。

四是重视海权。1890年，美国海军学院院长马汉发表了海权理论，震动了世界。马汉的海权理论，是将控制海洋提高到国家兴衰的高度。在这之前，当时国人的认识虽然没有这么深刻和系统，但也有一定的高度。

1866 年 6 月，左宗棠在上奏清廷的《试造轮船先陈大概情形折》中，就提出了"惟东南大利，在水而不在陆"的精辟观点。他认为"欲防海之害而收其利，非整理水师不可，欲整理水师，非设局监造轮船不可"，而要克服自海上用兵以来的被动局面，就必须"尽洋技之奇，尽驾驶之法"，在军事上"夺其所恃"，在经济上"分洋商之利"。1870 年船政第三艘兵轮"福星"号下水后，清廷批准沈葆桢的奏请，成立轮船水师。随后，船政建造的舰船调往各港口执行海防任务。船政创办本身就是迈向海权的第一步。造船制炮、整顿水师、培养海军人才都围绕着海权上做文章。可以说"船政就是谋海权之政"，而且取得了世人公认的成就，成为中国近代海军的发祥地。孙中山先生视察船政时也称赞船政"足为海军根基"。今天，台海局势是海西建设绕不过的话题，南海主权、中美关系、中日关系、海军护航、钓鱼岛等问题也都与海权有关。中国的崛起不会像德国一样引起世界性冲突，也不必要去与美国争夺海上霸权。我们建立强大的海军，目的就是维护领海和主权，维护世界和平。

弘扬船政文化，主要的就是弘扬船政精神，服务海西建设。船政文化所凝结的爱国自强、改革创新、重视科教和人文、提升海权意识和开风气之先的精神都是海西建设所必需的。加强文化基础设施建设和发展文化产业也是弘扬船政文化的题中之意。船政文化积淀深厚，是一笔巨大的无形资产。打响船政品牌，有利于提高知名度和文化品味。船政文化又有其独特性，是其他文化不可替代的。船政文化是海西的特色文化，必须整合文化资源，加以大力弘扬，形成特色更加明显、更具影响力、更能展现海峡西岸风貌的文化品牌。

❖ 第三个问题　弘扬船政文化的几点想法

中央支持海西经济区建设，给福建，也给省会福州带来了难得的历史机遇。作为船政文化的研究人员，大家对此也都感到十分振奋。这一重大举措，顺应历史潮流，符合两岸人民的根本利益，对推动两岸关系的和平发展有着十分深远的战略意义和现实意义，同时对两岸文化交流和弘扬船政文化建设，也会带来难以估量的深刻影响。

福州是船政文化的诞生地、发源地。把船政文化作为福州的重大文化之一是明智的，有战略眼光的。船政文化积淀深厚，是一笔巨大的无形资产。打响船政品牌，有利于提高知名度和文化品味。船政文化又有其独特性，是其他文化不可替代的。尤其在两岸关系上更显得重要。

福州历史悠久，人文积定深厚。闽江两岸风光秀丽，曾被誉为中国的"莱茵河"。马尾是中国沿海唯一的优良河口港。目前，闽江口和闽江两岸还没有大规模开发，建议打造闽江口先行先试的试验区，打破原来的行政界线，进行总体规划，功能分工，统一部署。凸显文化、旅游功能，建成闽台合作的文化平台、旅游平台。前人的战略布局值得研究和借鉴。

把马尾打造成船政文化城，船政教育城，船政旅游城。三城合一，把文物保护开发利用、高等教育职业教育、旅游观光融合在一起，建成为独特的、有浓厚人文气息的、先行先试的文化区和高附加值的经济区。

马尾港的功能今后以客运为主。5 月 11 日台湾的"台马轮"已从基隆开到马尾，我们也要开辟直达的航线。我建议第一艘船定名"湄云"号。因为它是船政造的第二艘船，1869 年下水，1870 年就首航台湾运米，用她命名有纪念意义。

船政学堂是中国第一所高等学府。这个宝贵的资源不要浪费掉。我建议把马尾建成一座开放式的船政大学城，吸引台湾的高校携手共建，要有大手笔，划出一大片土地来。当前最紧迫的是把福建交通职业技术学院更名为福建船政学院。职业技术学院是 1999 年扩招以后才有的名称，和 142 年的历史很不相称。在马尾办学，学生天天接受船政文化的熏陶和仁人志士的潜移默化，这比课堂教育不知要好多少倍。

马尾有大量的旅游资源，要尽快保护和开发利用，闽安镇的巡检司、亭江两岸古炮台、船政建筑群、壶江海上丝路，还有长乐的郑和广场、福州的三坊七巷名人故居等，多可以整合利用。建议在闽江沿岸选点建立历史长廊，树立历史名人、船政精英、福州籍院士的系列雕塑，包括台湾的。建议结合闽江的疏浚，把海战的沉船打捞出来。这是历史，打败战并不可怕，可怕的是不敢正视历史，回避历史。磨溪，近代曾被开发为休闲区，建议加以开发利用。

设立船政文化节，可定每年 12 月 23 日开始到两马闹元宵为止。

充分利用船政历史人物的名人效应，做好做足文章。三坊七巷的名人故居，沈葆桢故居、严复故居等要开辟为博物馆、纪念馆。同时建议对沈葆桢祠给与必要的重视，抓紧修缮，向民众和台湾开放。

马尾街道，建议用船政精英的名字命名。

船政文化的研究方面，建议：

设立船政文化论坛，单独设立或在海峡论坛中增设，最好是在海峡论坛中增设。

加强对船政文化研究队伍的建设，尽快改变目前以业余为主、以老年研究者为主的现状。建议成立船政文化研究院，给事业编制，给经费，建立专门研究队伍，同时加强对中青年研究人员的培养和扶持。

要舍得在船政文化研究上加大投资。

福建省老年大学船政文化讲座[*]

第一讲 船政学堂的成就与贡献

船政学堂办学模式特色鲜明，人才培养成效卓著，培养了像"启蒙思想家"严复，"铁路之父"詹天佑，外交家罗丰禄、陈季同，造船专家魏瀚、郑清濂，矿务专家林庆升、林日章，轮机专家陈兆翱、杨廉臣，海军高级将领萨镇冰、黄钟瑛，中法马江海战英烈吕翰、许寿山，中日甲午海战英烈邓世昌、林永升等一大批杰出的人才，成为中国近代海军和科技队伍的摇篮。

一 近代海军人才之嚆矢

从同治五年（1866 年）开办至宣统三年（1911 年）底，前后办学 45年，已查明的前后学堂毕业生计有 650 名。毕业生中除了选派一部分赴外国留学深造外，基本上在船政衙门、船政学堂和海军军舰上工作。留学回来的学生也都在海军就职，初步实现了左宗棠所说"此项学成制造、驾驶之人，为将来水师将材所自出，拟请凡学成船主及能按图监造者，准授水

---

* 2010 年 5 月 18 日讲座题目《船政学堂的成就与贡献》；6 月 8 日讲座题目《船政精英与台湾近代化》。6 月 8 日上午，作者开讲时，发现省老年大学学员和省里老领导游德馨、黄瑞霖在底下听讲。讲完后，游德馨拉着作者说讲得好，现在船政文化宣传不够，只讲闽南文化、妈祖文化、客家文化与台湾的关系。不讲船政与台湾的关系是不全面的。郑成功收复台湾，施琅统一台湾，沈葆桢保卫台湾和建设台湾。船政与台湾的关系重大。到游德馨办公室后，他又讲：船政文化从林则徐开始，师夷长技以制夷，又推荐左宗棠，是从思想上、组织上做了准备。沈葆桢是实施的。你要在这方面多写些文章。谢谢你讲得这么好。

师官职，如系文职、文生入局学习者，仍准保举文职官阶，用之本营，以昭奖劝，庶登进广而人才自奋矣"① 的目标，形成了一批中国近代海军的骨干力量，也使船政学堂成为后人乐于称道的海军摇篮。清史稿明确记载"船政学堂成就之人才，实为中国海军人才之嚆矢"②。中日战争之后，英国专栏作家干得利（R. S. Gundry）撰写了《中国的今昔》一书。在书中，他也充分肯定船政学堂的先驱作用。他写道："在名城福州开办兵工厂与造船所之事。这些事例很快就为各地所仿效。……这就是中国海军的发端。"③

（一）为中国近代海军的建设造就了一批急需的人才

1. 培养了近代的驾船、驾舰人才。

在沈葆桢"可破格栽成，去滥竽而登俊良"思想的指导下，同治十二年（1873 年），船政就破格提拔吕翰和张成两人当任舰船管带。随后又委派驾驶 1 届 10 多名学生在福建水师中任驾驶官，并逐渐晋升为舰长或大副。同年，管轮 1 届也有 14 人被派往福建水师各舰船任管事。魏才、罗丰禄、陈兆翱、刘步蟾、林泰曾、陈季同等人先后留学堂任教。1879 年，福建巡抚、船政大臣丁日昌从整顿水师出发，认为旧式人员仅长于陆战，不熟习轮船事务，"海战则另择出洋学生之拔优胆壮而又忠爱笃实者为统颂，似更有裨实际"④。次年一月，李鸿章认为"目下带船将才固少"，然而船政学子"可堪造就"，"可备将来统带快船、铁甲之选"⑤。此后，船政后学堂学生，特别是留洋归来学生，很快成为各地水师骨干和重要将领，如福建水师的张成、吕翰、许寿山、梁梓芳、沈有恒、李田、陈毓松、叶琛、陈英、林森林、谢润德、丁兆中、梁祖勋；广东水师的林国祥、李和、黄伦苏；南洋水师的蒋超英、何心川；北洋水师的刘步蟾、林永升、叶祖珪、邱宝仁、邓世昌等人，都是船政后学堂学生和出国留学生。至光绪十五年（1889 年），仅驾驶 1 届毕业生在各地水师任管带的就有何心川、

① 左宗棠：《详议创设船政章程折》，同治五年十一月初五日，《船政奏议汇编》卷二，第 5 页。
② 《清史稿·学校》，中华书局 1977 年版，第 3123 页。（《清史稿》卷 107）
③ 干得利，中国进步的标记 [Z]，洋务运动（八），上海人民出版社，1961，440
④ 《洋务运动》（二），第 413 页。
⑤ 《李文忠公全书·奏稿》，卷 35，第 30 页。

蒋超英、刘步蟾、叶伯鋆、方伯谦、林泰曾、沈有恒、邱宝仁、陈毓淞、林永升、叶祖珪、许寿山、林承谟、郑溥泉、张成、林国祥、叶富、吕翰、黎家本、邓世昌、李田、李和、梁梓芳等 24 人。难怪李鸿章感叹，"观南、北洋管驾兵船者，闽厂学生居多"①。

2. 提供了海军主力舰队的骨干力量。

北洋水师是李鸿章精心培育的中国近代海军主力。从培养学生开始，都模仿船政的模式和借助船政的力量。

1879 年，天津设水师营务处，李鸿章即派船政首届留学生随员，在法国留学归来的马建忠在营务处办理海军事务。另一船政留学生翻译罗丰禄在营务处任委员，并当翻译。天津水师学堂创办时，李鸿章就说："此间学堂（指天津北洋水师学堂）略仿闽前后学堂规式。"② 并先调曾任船政大臣的吴赞诚筹办，后派久任船政提调的吴仲翔为总办，聘船政留学生严复为总教习（后任会办、总办）。船政首届留学生萨镇冰亦在此任教。

北洋水师的许多主要将领和主力舰管带也都出自船政学堂。1885 年 11 月，李鸿章就说，北洋水师"均以闽局学成回华学生充当管驾，尚为得力"③。1888 年，海军设官阶建制时，北洋水师设提督一人、总兵二人、副将五人、参将五人，以及游击、都司、守备、千总、把总等职。李鸿章在《海军要缺拣员补署折》中说，原有管驾、管轮、大、二副等官阶皆小，按例难以补授副、参、游击等职，但他们"多由水师学堂学生出身"，"久历艰苦，实属资深劳多，自应按照奏定新章。即无合例应补人员，即以官小者通融升署"④，从而先后分别任命刘步蟾、林泰曾、沈寿堃、郑汝成、萨镇冰、刘冠雄等人要职。1892 年 4 月，北洋水师补授叶祖珪等 64 人要职中，船政学堂学生就占 23 名，而且多居高职。到 1894 年，北洋舰队在提督以下要职和主力舰管带（舰长）如下：

左翼总兵	林泰曾	镇远、铁甲旗舰	后学堂驾驶一届毕业生、首届留学生
右翼总兵	刘步蟾	定远、铁甲督舰	后学堂驾驶一届毕业生、首届留学生
中军中营副将	邓世昌	致远、钢甲快舰	后学堂驾驶一届毕业生

---

① 《李文忠公全书·海军函稿》，卷1，第25页。
② 《清末海军史料》，第605、606页。
③ 《李文忠公全书·奏稿》，卷55，第14页。
④ 《清末海军史料》，第560页。

中军右营副将	叶祖珪	靖远、钢甲快舰	后学堂驾驶一届毕业生、首届留学生
中军左营副将	方伯谦	济远、钢甲快舰	后学堂驾驶一届毕业生、首届留学生
左翼右营副将	林永升	经远、钢甲快舰	后学堂驾驶一届毕业生、首届留学生
左翼左营副将	邱宝仁	来远、钢甲快舰	后学堂驾驶一届毕业生
左翼右营参将	黄建勋	超勇、巡洋舰	后学堂驾驶一届毕业生、首届留学生
右翼右营参将	林履中	扬威、巡洋舰	后学堂驾驶三届毕业生
后军参将	林颖启	威远、练船	后学堂驾驶二届毕业生、首届留学生
后军参将	萨镇冰	康济、练船	后学堂驾驶二届毕业生、首届留学生
都　司	李　和	平远、钢甲快舰	后学堂驾驶一届毕业生

表中所列 12 人，任提督以下总兵、副将、参将等 11 个要职和主要舰船管带的全是船政后学堂驾驶一、二、三届毕业生，其中 9 人是首届出国留学生。

3. 诞生了一批中国近代海军的高级将领。

1899 年 4 月，清政府派提督衔、补用总兵叶祖珪统领北洋水师，总兵衔、补用参将萨镇冰为帮办统领。1903 年，袁世凯以萨镇冰"贤能卓著，实为海军中杰出将才"，奏请破格录用，"以水师总兵记名简放"[①]。光绪三十年（1904 年），船政后学堂留学生叶祖珪奉旨总理南北洋海军。随后由萨镇冰继任。1910 年，海军部成立，按暂行官制受职的 39 人中，除萨镇冰为海军副都统并加海军正都统衔外，计有巡洋舰统领程璧光、长江舰队统领沈寿堃、署理巡洋舰统领吴应科、海军部一等参谋官严复、郑汝成，顾问魏瀚，军枢司长伍光建、军法司长李鼎新、军政司长郑清濂，驻英船厂监造员李和、林葆怿，"筹海"巡洋舰管带黄钟瑛等，都授予重要官阶和要职。这些都来自船政学堂毕业生或留学生。

辛亥革命时，一部分海军将领响应武昌起义、程璧光为总司令。南京临时政府时，黄钟瑛为海军总长。袁世凯掌权后，刘冠雄任海军总长。袁世凯死后，萨镇冰一度任海军总长。

曾任海军总长的船政毕业生：

（1）叶祖珪（驾驶第一届）1904 年总理南北洋水师，清廷授振威

---

① 《李文忠公全书·奏稿》，卷 55，第 14 页。

将军。

（2）萨镇冰（驾驶第二届）1909 年为筹备海军大臣、1917、1919、1920 年三次任海军总长，1920 年 5 月兼代理国务总理，1922 年 5 月授肃威将军（上将）。

（3）蓝建枢（驾驶第三届）1918 年 3 月任海军总长，1921 年 8 月授澄威将军。

（4）刘冠雄（驾驶第四届）1912 年 3 月、1917 年二次任海军总长兼总司令，1912 年 11 月授海军上将。

（5）李鼎新（驾驶第四届）1921 年 5 月任海军总长，1922 年继任，1917 年 1 月授曜威将军（上将）。

（6）程璧光（驾驶第五届）1917 年 6 月任海军总长（未到职），同年任广州护法政府海军总长。

（7）林葆怿（驾驶第九届）1917 年任海军总长。

（8）黄钟瑛（驾驶第十一届）1912 年 4 月任海军总长兼总司令，1912 年 11 月授海军上将衔。

（二）为增强海军技术装备力量奠定了人才基础

19 世纪 50～60 年代，世界海军的发展正由风帆轮机木质前装滑膛炮战舰向风帆轮机装甲后装线膛炮战舰过渡，左宗棠酝酿提出建立船政创办近代海军，恰逢其会，刚好契入世界海军发展的这个历史性的转折点。当时的起点应该是高的，加上沈葆桢的卓越运筹，在短短的八年时间里就建起中国第一支海军舰队。如果按照这种发展速度发展下去，中国海军与世界海军的差距将显著缩小。虽然清廷的腐败和当时中国社会发展的落后状况决定了不可能园这个梦想，但中国近代海军的基础毕竟打造起来了。

从舰艇的制造技术看，我们已经是实现了造船技术的三步跳。由初期依样仿造木壳兵轮到按图自造铁胁兵轮，进而自行设计制造铁胁巡海快船，再进而自行设计制造铁甲兵舰，从而缩短了与西方先进国家造船工业的差距。这不能不说是派赴欧洲学成归国的留学生起了重要作用。"他们独运精思、汇集新法，绘算图式，并能本外洋最新最上最捷之法而损益之。"制造专业留学生魏瀚、陈兆翱毕业时，被认为："可与德国水师制造监工并驾齐驱，他们和留欧同学合作，在十九世纪八十年代设计和监造中国第一艘巡海快艇"开济"号，中国第一艘钢甲巡洋舰'平远'号及大型钢甲钢壳鱼雷快船等十多艘新式军舰。陈兆翱在留法期间即悉得法人制机之秘，在法时曾创制新式锅炉，法人奇之"。并以陈兆翱名其器。

中国水师还购置了一些外国的舰船。购置外国舰船就必须派员建造和把船开回来。当时，购买船舰的监造、驾船任务就落在船政学生的身上。如1875年，北洋向英国购买"龙骧"、"虎威"等船时，就是由船政大臣吴赞诚选派张成，邱宝仁等任管驾，开回来的。1880年，北洋水师向英订购"超勇"、"扬威"两船，由船政学生邓世昌等人驾驶回国；向德国订购"定远"、"镇远"时，船政留学生刘步蟾、魏瀚、陈兆翱、郑清濂等前去德国监造。1886年，北洋水师向英国订购"致远"、"靖远"和向德国订购"经远"、"来远"时，派船政留学生林鸣埙、张启正和曾宗瀛、裘国安等分别前往监造，派邓世昌、邱宝仁、叶祖珪、林永升等前往接收，驾驶回国。到1894年止，北洋舰队的33艘船舰中，除船政自己制造的"平远"号钢甲舰等7艘外，向英、德等国购买的26艘船舰，几乎全是船政学堂学生前去监造和驾驶回来的。

（三）在抵御外侮中发挥了主力军的重要作用

1. 中国海军舰队第一次抗御外国侵略势力的是船政。1874年2月，日本政府以"牡丹社事件"为借口，公然无视中国主权，由内阁会议通过《台湾番地处分要略》，决定派遣陆军中将西乡从道为"台湾番地事务都督"，率兵"征台"。清政府派船政大臣沈葆桢以钦差大臣去台湾办理台务。同年6月17日，沈葆桢率领自己的舰队赴台。同治五年起沈葆桢主其事至十三年六月沈葆桢调往台湾钦差止为"初办时期"，八年中共造船十五艘①，拨给外省3艘，留下12艘，加上向国外购买的6艘，共18艘，组成了中国第一支海军舰队。各舰的管带都是船政学堂的毕业生。日本见台湾防务强大，自己羽毛未丰，"不得大逞于台，遂罢兵归"②。这是近代中

---

① 船政初期所造15艘轮船是："镇海"驻天津；"湄云"归牛庄；"海镜"划给上海招商局；"扬武"、"飞云"、"安澜"、"靖远"、"振威"、"伏波"6艘兵船常驻澎湖；"福星"停台北；"万年青"泊厦门；"永保"、"琛航"、"大雅"三商轮南北载运淮军、军火等。

② 张荫麟：《甲午战前中国之海军》，《中国近现代史论集》，卷8，第121页。

国海军舰队第一次抗御外国侵略势力入侵台湾的军事行动。它遏制了日本的侵略野心，迫使侵台日军同清政府进行谈判，最后达成了从台湾撤军的协议——《中日台事专条》。日本被迫撤军，腐败的清政府却承认日本"保民义举"，偿付给白银50万两。

甲戌巡台（1874年是农历甲戌年），是中国近代海军自创建以来第一次大规模出航巡逻台湾海域，它在相当程度上遏制了日军对台湾的侵略程度，显示了中国近代海军抗御外来侵略的决心和力量，是中国近代海军保卫海疆、保卫台湾的壮举，也显示了船政的成就和功绩。连横先生高度评价沈葆桢巡台，说"析疆增吏，开山抚番，以立富强之基，沈葆桢缔造之功，顾不伟欤？"①

2. 在中法马江海战中英勇抗敌的是船政。中法战争虽因清政府的妥协退让而惨败，但不能因此否认船政学堂师生的历史作用。当时的福建水师21艘舰船中的有14艘是船政建造的，占了2/3。舰船的全部管驾人员也都是船政学堂的毕业生。船政各厂工匠也"均著力于办防，赶制水雷、炮弹、炮架等事"②，以支持抗法战争。当时，布防在马尾的福建水师有11艘兵轮在质量和数量上都不如法军。但是，船政学堂培养的水师官兵却能奋起抵抗。

"福星"号着火，管带陈英毫无惧色，力战不退，声称"男儿食禄，当以死报，今日之时，有进无退"，带头跳入火海。"英美观者均称叹不已！"③ 旗舰"扬武"号中弹被焚时，士兵在船身迅速下沉的危险时刻，还用尾炮"坏其坚船，伤其大将"④。吕翰、许寿山、叶琛、林森林、梁梓芳等管带也都英勇奋战，表现了爱国主义精神和大无畏的英雄气概。

由于清朝的腐败无能，福建水师在这次作战中全军覆没，死亡近千人，列入名册的736人，写下了中国近代海军史上最为惨烈的一页。但马江海战也有它积极的一面，一是海战的结果，法军并没有实现法国政府让"法将据守福州为质"⑤ 的侵略计划，就是毁坏船政，"欲图占据"⑥ 的图

① 连横：《台湾通史》下册，商务印书馆，1982，第638页。
② 《船政奏议汇编》，卷30，第6页。
③ 《涧于集·奏议》，卷4，第39~40页。
④ 《船政奏议汇编》，卷25，第18页。
⑤ 《中法交涉史料》，电报档，卷18，第30页。
⑥ 《中法战争》（三），第133页。

谋也没有得逞，一周后就退出闽江口外。二是中法战争与前两次鸦片战争比较，它改变了以往侵略者的疯狂气焰。马江海战后，法军被阻于浙江石浦，无力北上，这种重大变化，也反映了船政对建立近代海军以御外侮的历史作用。

3. 在中日甲午海战中英勇抗敌的主力也还是来自船政。在中日甲午海战中，北洋水师的主力船舰，虽然多数购自英德，只有"平远"号是船政制造的。但是，支援北洋舰队的船舰，多数是船政制造的，如南洋水师派去的6艘舰船中，有"开济"、"镜清"、"寰泰"和"福靖"四船，广东派去的"广甲"，"广乙""广丙"等船，都是船政制造的。最引人注目的是北洋水师舰船的管带和多数副管带是由船政学堂培养的。而且，在中日甲午海战中，船政学堂培养的海军将领英勇抗敌，不怕牺牲，表现了大无畏的英勇气概和强烈的爱国主义精神。北洋舰队在黄海之战中，勇搏强敌，自午至酉，力战五小时，迫使日舰先狼狈逃遁，日本未能实现聚歼北洋的侵略计划，船政学生中军中营副将"致远"管带邓世昌命舰开足马力冲撞日舰"吉野"时，中雷舰沉，"犹直立水中，奋掷詈敌"①。李鸿章赞他"忠勇性成，一时称叹，殊功奇烈"。船政学生右翼总兵"定远"管带刘步蟾，在提督丁汝昌受重伤后，督阵指挥，变换进退，发炮伤敌督船，"以寡敌众，转败为攻"②。他在威海因船中弹沉没时，本着"遂仰药以殉"③，以死抗议日本的残暴侵略。在这次海战中，船政学生壮烈牺牲的还有："经远"管带副将林永升，"超勇"管带副将黄建勋，"扬威"管带参将林履中等人。船政制造的"平远"号在都司、船政学生李和管带下，与主力舰"并驾齐驱，屡受巨弹，船身并无损裂"④。

---

① 池仲祐，"邓壮节公事略"，《海军实纪》。

② 《李文忠公全书·奏稿》，卷79，第9页。

③ 池仲祐："刘军门子香事略"，《海军实纪》

④ 陈璧：《望嵩堂奏稿》，卷2，台湾近代中国史料丛刊，第19页。船政建造的舰船40艘是：万年青、湄云、福星、伏波、安澜、镇海、杨武、飞云、靖远、振威、济安、永保、海镜、琛航、大雅、元凯、艺新、登瀛洲、泰安、威远、超武、康济、澄庆、开济、横海、镜清、寰泰、广甲、平远、广乙、广庚、广丙、广丁、通济、福安、吉云、建威、建安、建翼、宁绍。详见林庆元《马尾船政局史稿》（增订本），福建人民出版社，1999，第488～500页。

二　近代科技队伍的摇篮

船政学堂引进西方教育模式，建立了现代教育制度，培养了大批的科技人才，同时派遣留学生出国深造，顺应了国家对科技人才的迫切需要。船政留学生为了窥视西方"精微之奥"，于"庄岳之间"如饥似渴学习西方先进文化，表现出惊人的毅力和顽强刻苦的学习精神。学成归国后成为中国近代化过程中不可多得的第一批最急需的多学科的优秀科技人才，推动着中国科学技术的进步和社会发展。

（一）在船舶制造方面

船政衙门是厂校一体的体制，船政大臣既是学堂的最高行政指挥官，也是工厂的最高行政指挥官；监督既是学堂的监督，也是工厂的监督；教习既是学堂的教习，也是工厂的教习；学生既是学堂的艺童、艺徒，也是工厂的工人。虽然学堂的艺童、艺徒只是船政衙门中的一小部分，但他们却是船政衙门中的精英和骨干。

从同治七年（1868 年）起至光绪三十三年（1907 年），船政共计建造大小兵船、商船四十艘。当时全国造 50 吨以上的轮船仅 48 艘，总吨位57350 吨，船政占 40 艘，47350 吨，分别占 83.33％ 和 82.56％。1890 年，中国有北洋、南洋、广东、福建四支水师，有舰艇 86 艘，其中向国外购买的有 44 艘，自制 42 艘，船政制造的就有 30 艘，占全部的 34.88％，占自制的 71.43％。

船政制造的船只类型，不断改进。如开始为木壳，光绪三年（1877年）以后改用铁胁木壳，或铁胁双重木壳；至光绪十四年（1888 年）以后，就进一步改用铁胁铁壳或钢胁钢壳了。机式的装备也有改进，初用常式立机或卧机，后改用康邦省煤卧机，更进一步改进为新式省煤立机或卧机。船式方面由常式改为快船，进而改为钢甲船。

船政学堂办了五年之后，制造专业的学生，已有独立制作、管理车间、指挥施工等能力。1875 年开工建造的十七号"艺新"轮船，就是由第一届毕业生吴德章、汪乔年等设计监造的。光绪二年四月初十日（1876 年4 月 27 日）船政大臣丁日昌在《第十七号"艺新"轮船下水片》中指出：

"前学堂艺童吴德章、罗臻禄、游学诗、汪乔年等献所自绘五十匹马力船身、机器各图，禀请试造，于五月初一日安上龙骨，取名'艺新'"，"臣查闽厂自经始迄今共成一十七艘，'海镜'以下等船虽系工匠放手自造，皆仿西人成式，唯艺童吴德章等独出心裁，克著成效，实中华发轫之始，该艺童等果能勇猛用功精进，当未可量"①。这是中华发轫之始，此后，船政建造的船舶大多数由毕业留校学生自行设计监造，据统计，自己设计监造的舰船共有 18 艘之多。

除造船外，船政还"更添机器，触类旁通，凡制造枪炮、炸弹、铸钱、治水，有适民生日用者，均可次第为之"。"轮车机器、造铁机器，皆从造船生出。如能造船，则由此推广制作，无所不可"②。如制造"开济"轮时，所有铁中和铁后汽鼓并铁套筒、铁汽汽瓶杆头、铁汽瓶转轮轴毂、铁盖轮机铁座、铁滑轨等部件，大小千余件，"均由铸铁厂、拉铁厂制造"③。据资料统计，在 1883～1893 年间，船政的船厂、铸铁厂、拉铁厂、轮机厂、水缸厂等，自制烘炉、转炉、锅炉、水缸、旋机、钻机、起重机、压汽机、钻孔机和各种碾轮达 66 件，价值四万多两④，提高了机器的自给率。

船政毕业生还到其他船厂或机器局任要职，推动当地的造船业和机器制造业的发展。如罗丰禄于 1880 年 4 月任李鸿章奏请开办的大沽船坞总办。魏瀚于 1890 年主管广东船坞。1889 年，广东船坞试造"广金"兵轮时，张之洞请调船政留学归来学生郑诚前往，"常川测量较定，以臻精密"⑤。首届留学生陈林璋，除任船政监工外，还调往浙江、山东两省，办理机器局事务。船政三届留学生刘冠雄于 1884 年任刘公岛机器厂帮办。江南制造总局船坞，于 1905 年由南洋大臣周馥奏请仿照商坞办法改为江南船坞时，系由船政后学堂毕业生、首届留学生、当时任广东水师提督总理南北洋海军的叶祖珪审查批准，并督率留美学生船政后学堂驾驶八届毕业生吴应科总办船坞事宜。辛亥革命后，江南船坞由任海军总长的刘冠雄派海

① 《船政奏议汇编》，卷十三，第 31～32 页。
② 《左宗棠全集·奏稿》，卷 3，第 61、69 页。
③ 《船政奏议汇编》，卷 19 页，第 17 页。
④ 林庆元：《马尾船政局史稿》，福建人民出版社，1986，第 197～198 页。
⑤ 《洋务运动》（五），第 401 页。

军轮机少将、船政后学堂轮二届毕业生陈兆锵前往接收，改名江南造船所。可见，在造船历史上，船政学堂的毕业生和留学生发挥了重要的作用。

（二）在矿业开采冶炼方面

为了解决原材料和燃料问题，就必须发展煤、铁等矿产的开采与冶炼工业，在这方面，船政学子同样发挥了重要的作用。

同治五年十一月初五日（1866年12月11日）左宗棠上奏《详议创设船政章程折》时提出："宜讲求采铁之法也。轮机、水缸需铁甚多，据日意格云：中国所产之铁与外国同，但开矿之时，熔炼不得法，故不合用。现拟于所雇师匠中择一兼明采铁之人，就煤、铁兼产之处开炉提炼，庶期省费适用。"① 台湾基隆产煤，船政于1868年派监工去台湾，调查煤的储藏和开采情况，提出用近代机器生产和运输的采煤报告。1875年，沈葆桢又派英人翟萨赴台查勘，设厂兴工开采，并派船政监工叶文澜为首任矿务督办。基隆煤矿虽是官办，但所产的煤，除以商品形式供应船政外，还可就地出售。1885年裁撤外国煤师，派学矿务的留学生张金生为基隆煤矿煤师。船政在80年代计划自行炼钢开采附近煤矿，船政首届留学生林庆升、池贞铨、林日章等发现了福州穆源煤矿。1898年，船政学生到古田、穆源一带再次勘探，计划开采。1897年，船政三届留学生杨济成参加厦门湖头勘探活动。福州竹石山锡矿，亦由船政学堂学生任矿师，于1885年禀请试办。

此外，船政毕业生还分赴全国各地主办或协办矿务。在北方，1880年10月，林日章参加著名的开滦煤矿的勘探工作。1882年5月，池贞铨、林日章随盛宣怀赴山东烟台查勘铅矿，在登州府属宁海、霞县、招远等处查勘铝矿。林日章提出开采、淘洗、锻炼、提银四点计划，被任为监工，"督令妥筹试办"②。1882年，吉林拟调船政留学生游学诗"督办宁古塔等处"的矿务事宜③，后因整顿台湾基隆煤矿需人未成行。在南方，罗臻禄赴广东，任矿务委员，主持矿务工作。在华中，湖北汉阳铁厂是我国最早

---

① 《船政奏议汇编》，卷一，第1~8页。
② 《申报》报道，光绪九年六月初十日。
③ 《船政奏议汇编》，卷20，第22页。

建立的最大钢铁企业，张之洞调任湖广总督办汉阳铁厂在两湖各地勘探矿源时，派徐建寅带领船政留学生张金生、池贞铨、游学诗等人，到湖南永州、衡州和湖北马鞍山等地勘探煤矿，提出多处可供开采。张金生到兴国大冶之百泉湾探勘铝矿，池贞铨到湖北兴山千家坪勘探铜矿。张之洞在谈到此事时说，经过上年勘探后，"复拣调委员暨闽厂学生，分赴衡州、宝庆、辰州、永州等府，暨毗连鄂境之四川夔州、陕西之兴安、汉中等府，毗连湘境之江西萍乡、贵州青溪等县，查勘煤铁，并委赴素产煤铁之山西省泽、潞、平、孟等处采取煤铁各式样，以资比较考证"①。船政留学生为建设汉阳铁厂也付出了辛勤劳动。此外，池贞铨与沈瑜庆还于1907创办了有资本20.8万元的赣州铜矿。

（三）在近代交通事业中

1. 在船舶民用方面

船政成立前后，不少商人欲购船设公司兴办近代航运业。船政创建后，在制造兵轮时，亦间造商轮8艘，为商雇提供了可能。1872年6月，李鸿章提出"闽厂似亦可间造商船，以资华商领雇"，是为寻找养船经费来源和商轮出路。12月，他在《试办招商轮船折》中说"将来间造商船，招领华商领雇"一事得到总理衙门允准，并让其"妥筹办理"②，乃奏请试办轮船招商局。船政不仅促使轮船招商局的诞生，而且让招商局承领"福星"轮，免租价用商轮"永保"、"海镜"、"琛航"三船为招商局采办米石北运天津外，还将船政制造的最大商轮"康济"号，由轮船招商局"承领揽运"③，行走于上海与香港一线，有利于招商局航运业务的发展。此外，船政制造的"琛航"、"永保"等船，定期往来于福州和台湾之间，名为渡送官兵，可"既准搭客，且准运货"，"俨然与商船无异"，海关因此按商船要其纳税。同样，"海镜"轮往来烟台等地时，"附搭客货，亦授'永保'、'琛航'成案，照章稽查完税"④。这些都起到了民用航运业的作用。

---

① 《张文襄公全集·奏稿》，卷97，第1页。
② 《李文忠公全书·奏稿》，卷19，第49页；卷20，第32页。
③ 《福州船厂》下，海防档，第852页。
④ 《邮传部奏议类编·续编》，卷1，总务，第10~11、86~87页

2. 在铁路建设方面

船政学生到铁路部门任职，推动了铁路建设，1907 年，邮传部尚书岑春煊说，邮传部"创设伊始，百端待理。举凡轮、路、邮、电诸务"，"若无提纲挈领之员，以资佐理"。他称魏瀚"于轮、路诸学、极为讲求"，将其调部，"在左丞、参上行走"；调丁平澜到部"差妥，以备任使"。次年，除调陈寿彭到部，"以主事补用"，调郑守钦"归臣调遣"，还调林怡游去任重要工作。1885 年，李大受到京汉路长期工作，于 1906 年任养路副总管，卢守孟任京汉路行车总管，"行车有年，洵为在路得力之员"①。1908年，魏瀚去广九路任总理外，李大受和曾毓隽、关赓麟等船政学生被派去勘测川汉路。

在铁路建设上建奇功的尤推郑清濂和詹天佑。京汉路是沟通南北大动脉的主要干线，亦是外国觊觎争夺的主要铁路。1908 年，邮传部以京汉路事繁重，又专筹议赎路，急需娴习外交，熟习路务人员，乃调于 1907 年任汴洛路总办的郑清濂为京汉路总办，为顶替任总监督的高而谦，另调任广九路提调的丁平澜接充。邮传部称郑清濂"品端守洁，不染习气，熟谙路政，兼精工程艺学"，让其任总办，"以节制汉洋各员，督饬修养诸工"。詹天佑更为出色。他承建的京张铁路于 1909 年 10 月在南口举行通车典礼时，有中外来宾万余人前来观看，邮传部尚书徐世昌在通车典礼大会上说，"本路之成，非徒增长吾华工程师之荣誉，而后此从事工程者，亦得以益坚其自信力，而勇于图成。将来自办之铁路，继兴未艾，必以京张为先河"②，创我国铁路史上奇绩，成为举世闻名的铁路工程专家。

3. 在电信事业方面

台湾于 1877 年敷设电线时，福建巡抚丁日昌就派船政前学堂制造专业毕业生苏汝约、陈平国"专习其事"。1874 年，日本借故派兵入侵台湾。清廷急派船政大臣沈葆桢赴台处理台湾事务。沈葆桢赴台后，深感军务紧急，电信重要，于是奏请清廷，自设闽台海底电缆。随后又提出自己培养电信人才。于是继任的船政大臣丁日昌在船政学堂附设电报学堂，到 1882年，学堂共培养电信人员 140 人，为闽台海底电缆的铺设奠定了人才基础。

① 《邮传部奏议类编·续编》，卷 3，路政，第 278 页。
② 徐泰来：《中国近代史论》（中），第 195 页。

1887 年，在闽台各方和船政电报学堂毕业生的努力下，川石岛淡水的海底电缆终于铺设成功。同年 10 月 11 日投入对外营运。这就是福州马尾川石岛——台湾淡水的海底电缆，全线长 117 海里。是船政电报学堂毕业生作为技术人员使用自己的"飞策"号船进行海底铺设的。这是中国铺设的第一条海底电缆。它的铺设成功，标志着近代中国的电信技术已发展到一个新的阶段，也说明船政学堂培养人才是卓有成效的。

三　近代教育的先驱与样榜

（一）船政学堂开创了近代教育的先河，她以全新的教学体制和内容取代了中国传统的封建教育体制和内容，为中国近代教育体系的形成奠定了坚实的基础。此后，继之而起的其他学校都直接或间接地受到了船政学堂的影响，船政学堂的办学方针、教育规模和教育体系成为当时中国创办近代教育的重要蓝本。天津水师学堂创办时，李鸿章就说："此间学堂（指天津北洋水师学堂）略仿闽前后学堂规式。"① 张之洞于 1887 年创办的广东水陆师学堂时也说"其规制、课程略仿津、闽成法，复斟酌粤省情形，稍有变通。"② 其他学校，虽多参照天津水师学堂的章程，如昆明湖水师学堂"各种章制均援照天津水师学堂"③，威海水师学堂"所有章制，除内外堂课略有变更外，其余援照天津水师学堂驾驶班"④，江南水师学堂也是"援照天津水师学堂章程"⑤，实际上就是"略仿闽前后学堂规式"。正如沈翊清所言，"船政制造、驾驶两学堂，自左宗棠、沈葆桢创设以来，规模皆备，人才辈出，为中国南省开学风气所最先"⑥。

船政学堂不单成为各地纷纷效仿的样板，而且其教师和毕业生，很多被派到各地担任要职，1879 年，天津设水师营务处，李鸿章即派船政首届留学生随员，在法国留学归来的马建忠在营务处办理海军事务。另一船政留学生翻译罗丰禄在营务处任委员，并当翻译。次年，天津水师学堂设

---

①　《清末海军史料》，第 605、606 页。

②　《清末海军史料》，第 399 页。

③　《福建文史资料》第 8 辑，第 104 页。

④　《清末海军史料》，第 491 页。

⑤　《福建文史资料》第 8 辑，第 107 页。

⑥　《中国近代学制史料》，第 351 页。

立，李鸿章先调曾任船政大臣的吴赞诚筹办，后派久任船政提调的吴仲翔为总办，聘船政留学生严复为总教习（后任会办、总办）。船政首届留学生萨镇冰亦在此任教。1887 年，广东水师学堂成立，吴仲翔又被任总办。1890 年设立江南水师学堂，调蒋超英为总教习。1903 年设立烟台海军学堂，调谢葆璋（谢冰心之父）为监督。1904 年设立广东水师鱼雷学堂，魏瀚为总办。1904 年设立南洋水师学堂，叶祖珪为督办。船政学堂为各地办学提供了榜样，输送了人才，难怪李鸿章会说"闽堂是开山之祖"①。

（二）诞生了许多近代教育家。沈葆桢本身就是一个非常了不起的教育家。他的教育理论是深刻的，教育实践是成功的。他主持船政的 8 年，是船政学堂最有成效的 8 年。他的"船政根本在于学堂""精益求精，密益求密""去苟且自便之私，乃臻神""能否成材，必亲试之风涛""兼习策论，以明义理"以及"窥其精微之奥，宜置之庄岳之间"等教育指导思想，都是顺应历史潮流的，有着深刻的意义。因此，他的教育实践能取得成功，对中国近代海军、近代工业和科技的发展做出了重要的贡献。

严复，1879 年归国，任船政后堂教官。次年调任天津水师学堂总教官，曾先后 4 次参加科举考失败。1889 年升任天津水师学堂会办（副校长）；翌年，升任总办（校长），前后任教达 20 年。光绪二十八年（1902）受聘为京师大学堂编译局总纂；三十一年参与创办复旦公学，并于次年任校长；三十二年赴任安徽省师范学堂监督；1912 年又任京师大学堂总监督，兼文科学长。他在《与外文报主人论教育书》（1902）中，提出一个比较详细的学校教育制度蓝图，并对各级学校教学内容和教学方法提出自己的主张和要求，为中国发展新式教育做出了贡献。

在《教育大辞典》上名列近代教育家的除严复外，还有马建忠、陈季同、詹天佑②。

马建忠，在欧洲从事外交工作多年，精通英文、法文、希腊文、拉丁文，得以根据外文文法，研究古汉语文法，撰写了《马氏文通》，开辟了近代汉语文法研究的新领域③。陈季同于 1897 年，与上海电报局局长经元善、变法领袖梁启超等八君子倡议女学，成立女学会、女学堂，出版女学

---

① 闽堂是开山之祖。
② 潘懋元：《中国当代教育家文存潘懋元卷》，上海：华东师范大学出版社，2006. 277.
③ 马建忠：《马氏文通》，北京：商务印书馆，2002. 1~2.

报，其法国妻子赖妈懿任女学堂洋提调。詹天佑系留美幼童，1881年归国后在船政后学堂学习驾驶，1884年2月留校任教。同年底，调广州任博学馆（后改称水师学堂）教官。

第二讲　船政与台湾近代化

办船政是同治新政的重大创举。面对"三千年未有之大变局"（李鸿章语），马尾船政的创办在思想观念、经营方式、教育模式以及中外文化交流等方面都是史无前例的。

一　船政的创办是同治新政的重大创举，也为台湾的近代化带来了契机

船政是思想观念大变革的产物。"师夷制夷"的爱国自强意识、"穷则变，变则通"的变革思想、"东南大利在水而不在陆"的海权意识、"船政根本在于学堂"的人才观、"引进西学，为我所用"和"求是、求实、求精"的教育观、"窥其精微之奥"的留学观等，都是前所未有的思想变革，它让世人为之惊叹，为之振奋。李鸿章说它是"开山之祖"，《清史稿》也称赞船政学堂成就之人才，"实为中国海军人才之嚆矢"。1881年，英国军官寿尔参观船政后也感到震惊，他说："我们记得，五十年前，中国是完全和西方的国家隔绝的，仿佛它是属于另外一个行星。因此，当我们看到，由于与外国的世界接触的结果，它的一部分高级官员的思想与思维的习惯已发生了令人惊羡的革命，我们不能不觉到骇愕。"

船政是中国近代化先驱性的创举。船政吹响了中国从传统农业文明向工业文明进军的号角。它进行了一系列的革新开放实验，许多都是开风气之先的。一边造船制炮，一边培养造舰驾驶人才，这本身就是破天荒的创举。在造船方面，它开创了近代的造船工业，使之成为当时在中国乃至远东规模最大、设备最为齐全、影响最为深远的船舶工业基地，从1868年开始制造"万年清"号，到1907年止，共造船40艘，总吨位57550吨，占全国总产量的82%。造船技术也不断更新，从木壳船到铁胁船，又到铁甲船。造船工业是当时科技水平的综合体现，它的建造带动了上下游工业和

科技的发展，也造就了一大批科技人才和产业工人，成为中国近代化的发祥地和科技的摇篮，从而使中国近代的生产关系和生产力发生了微妙的变化。

船政推动了中外文化交流，培养了向西方追求真理的一批先行者。在中西文化交流的舞台上，历史给船政学子提供了极好的机遇。引进西学，特别是赴欧留学使他们处于中西文化交流的风口浪尖上，也造就了他们的才干，使他们能够站在更高的层面上来审视中国，寻找救国良方。最典型的代表就是严复。他是船政精英的杰出代表。他透视西学，提出了西方国家"以自由为体，民主为用"的精辟论断；抨击时局，破天荒地揭露专制君主是窃国大盗；传播西方进化论、社会学理论经济学理论等，影响了梁启超、康有为、谭嗣同等维新派人物；提出了强国富民的救国方略，鼓吹"开民智"、"鼓民力"、"新民德"，成为中国近代最杰出的启蒙思想家。在这一点上，英国军官寿尔高度评价船政的留学，他说："这事（指船政学生留洋）已经办了，我们不久就要看到结果，因为一个巨大的变化已在目前，当这些青年带着旷达的眼光和丰富的西方学问回到中国时，一掬酵母将在中国广大的群众之中发生作用，这对于整个人类将不能没有影响。"

船政的创办标志着福州开始向近代化迈进，也为台湾的近代化带来了契机。同治五年五月十三日（1866年6月25日），左宗棠上奏清廷《试造轮船先陈大概情形折》，主张整理水师，设局造船，选址在福州马尾。为什么选在福州马尾呢？首先是福州面对台澎，是台海重镇，要取东南之利，加强海防建设，省会福州无疑是首选之地。为什么会选在马尾呢？又有以下几点具体考虑：（1）马尾港是闽江的河口港。汉时，即以东冶港著称。闽江，是福建省第一大河，发源于闽赣边界的武夷山脉东侧，上游有沙溪、富屯溪和建溪三大支流。全长541公里，流经30多个县市，流域面积约60992平方公里，占全省面积的一半。上游三大支流至南平汇合，南平至古田溪口，称中游，以下至马江东流入海则称下游。从马尾港到闽江入海处"五虎门"，称为闽江口，乌龙江、白龙江、琴江三江于此交汇。马尾港，是内河港，离闽江口约30公里。马尾港四周群山环绕，东有龙腰山，西南有五虎山，大象山屏其南，鼓山障其北。闽江口外又有琅岐岛、马祖列岛等岛屿，为天然屏障，是避风条件好、淡水供应充足、不冻不淤的天然良港。拥有可以容纳吃水15.6天到16.3尺船舰的泊地，可以容纳该厂设计、制造的船只，也十分适合兴建沿码头展开的工厂沿岸设施。
（2）马尾港内涵三江，外通四海，港汊纵横，地势险要，易于防守，内部
水域宽阔，适于船舰驻泊操练，历史上群雄逐鹿，是兵家必争之地，具有
重要的军事战略地位。（3）福建历史上造船业发达。自远古以来，闽越人
即以"习水便舟"、"船车楫马"著称于世。福建又是林产丰富的地方，能
就近给船厂提供所需的木材，而台湾产煤炭，离此不远。所以有其造船材
料多、工匠技术优秀、工人工资低廉以及所造船型适于远航等得天独厚的
条件。唐代福建可造千石以上大船。宋代，福建造船的数量与质量，皆居
全国首位。（4）靠近福州，便于高级官员特别是闽浙总督的管理和监督。
当时左宗棠任闽浙总督。提出设局造船，当然首选在自己管辖的地盘上，
便于他监督照顾。（5）罗星塔对面的营前便是闽海关。船政经费由清政府
核准在闽海关关税、厘税等项下拨付，靠近闽海关也有其便利之处。

　　选址在福州，为福州，也为闽台的近代化建设提供了难得的发展机
遇。从此船政风云人物相继登场，在台海地区，在中国的近代化建设进程
中扮演了重要角色，表演了一幕又一幕精彩的富有民族精神的创业自强的
悲喜剧。在这船政历史舞台上，有左宗棠、沈葆桢、丁日昌、吴赞诚、黎
兆棠、岑毓英、刘铭传等，他们都是与闽台关系最为密切的重要人物，都
是值得后人追忆的、缅怀的。

二　在船政历史舞台上与闽台关系密切的几位重要人物，

（一）左宗棠几度主政东南，关注台湾保卫台湾

　　左宗棠（1812～1885），字季高，湖南湘阴人。道光十二年（1831
年）中举人。1852～1863年，编练"楚军"，参与镇压太平天国运动，
屡建奇功，升为闽浙总督。同治五年（1866年）创办船政，同年授陕甘
总督，破西捻军和回民起义军，稳定了清朝北部疆土。光绪元年（1875
年），力主收复新疆，以固塞防。清政府授钦差大臣，组建西征军。二
年，西征军誓师出关，抵肃州。1876年8月，西征军一举收复北疆重镇
乌鲁木齐，平定新疆北路。三年，克达坂城、托克逊、吐鲁番分裂，头
目阿古柏战败自杀。年底，收复喀什、和田。1878年1月，西征军全部

收复南疆，取得了西征大捷，脱离祖国十余年的新疆再度回到祖国怀抱。同时，他条陈新疆建省方案，并请与俄国交涉收复伊犁。1881 年，授军机大臣，调任两江总督兼南洋通商大臣。在中法战争中，他多次请命前往滇、桂前线督师与法军决战。1884 年，马江海战后，左宗棠不顾 72 高龄，以钦差大臣身份，奔赴抗法前线福州督师，处理善后。1885 年病卒福州，追谥文襄。有《左襄公全集》行世。为纪念左宗棠和沈葆桢，马尾曾建有"左沈二公祠"。

在治台方面，左宗棠在加强东南沿海防务的同时，致力于保卫宝岛台湾。1863～1866 年，任闽浙总督期间，整饬台湾防务，恢复班兵制。整顿台湾吏治，选调得力官员。同治五年五月十三日（1866 年 6 月 25 日）左宗棠上奏清廷，创办船政。正是由于有了这一非常之举，才诞生了中国近代第一个造船基地，中国近代第一所高等学府，中国近代第一支海军舰队。正是有了船政，1874 年，日本侵台事件发生，船政大臣沈葆桢率自制的舰船加紧布防于台北、澎湖、厦门等地，使侵台日军感到"抵台南之船非中国新船之敌"，未敢再有下一步侵略行动。兴办船政之举，极大地加强了台海防务，充分显示了左宗棠的远见卓识。左宗棠还注意到"台湾物产丰饶"，是"产米之乡"，主张"立仓储积"。1866 年 12 月，左宗棠调任陕甘总督，但仍然牵挂着台海的安危。要求马尾船政学造水雷，"如其有成，则海防固而费亦可节也"。

19 世纪 70 年代初期，由于俄国出兵伊犁和日本侵台事件相继发生，中国的西北边塞和东南沿海同时面临着严重的危机，朝廷上下展开了塞防与海防的论战。左宗棠虽是陕甘总督，但不会偏袒塞防，轻视海防，而是强调"东则海防，西则塞防，二者并重"。1881 年 10 月，清政府任命左宗棠为两江总督兼南洋通商大臣。为了应付法国的侵略行动，保卫国家利益，左宗棠一方面抵制投降外交政策，另一方面加紧在两江辖区整军备战。中法马江海战后，清政府重新启用已被"移置散地"的左宗棠为钦差大臣，督办福建军务，挽救东南危局。时已 72 岁高龄的左宗棠扶病赴任。面对严峻的战场形势，果断采取一系列保台措施。左宗棠到福州后两天，就详察了台湾情形，密令刘铭传快速进兵援台，并调兵分扎马祖澳芭蕉山等处，以图首尾牵制，从而冲破法军对台湾海峡的封锁控制。12 月底，又派王诗正率军分批渡过了台湾海峡。刘铭传、王诗正督率各军奋勇拼杀，终于打退了法军的多次进攻，保卫了台湾。

为了防止法军的再次侵犯，左宗棠分拨兵勇驻守长门、连江、东岱等各闽江要隘。在要隘口构筑阻塞工事，树立铁桩，横以铁绠，没入水中，并在险要处建筑炮台，派兵驻守，沿江布设水雷。同时还在福州、福宁、兴化、泉州四府各海口，设立团局，以御外侮。

台湾物产丰富，当时的农民多种蔗熬糖，但由于工艺落后，质差价低，熬出来的红糖，只能充当外国商家加工白糖的原料。左宗棠为发展台湾的制糖业，亲赴美国产糖地区，参观考察，并强调可以由商人合股兴办，官办不可能长久。左宗棠还主张兴办近代工矿业，"以官办承其先，而商办承其后"。

1885 年 6 月，左宗棠身体病重，奏请告退，但仍然惦记着台海局势。他连上两折，认为"今日之事势，以海防为要地，而闽省之筹防，以台湾为重地"，"台湾孤峙大洋，为七省门户，关系全局"，并提出移福建巡抚驻台湾和专设海防大臣统筹全国海防大业的建议。

左宗棠几度主政东南，为保卫台湾和开发台湾做出了卓越的贡献。

（二）沈葆桢甲戌巡台与创始性治台

沈葆桢（1820 ~ 1879）字翰宇号幼丹，侯官人。清道光二十七年（1847 年）进士，选翰林院庶吉士。道光三十年（1850 年），授编修。咸丰四年（1854 年），改江南道监察御史；翌年，任江西九江知府；咸丰六年（1856 年），调署广信知府。同治元年（1862 年），升任江西巡抚。同治五年（1866 年），授总理船政大臣。同治十三年（1874 年）奉命办理台湾等处海防兼理各国事务大臣。次年调任两江总督兼督办南洋海军事宜。光绪五年十一月初六日（1879 年 12 月 18 日）病逝，终年 60 岁，追赠太子太保衔，谥文肃。

在沈葆桢的任上都有可圈可点的地方，但主要政绩集中在江西巡抚、两江总督、船政大臣、海防大臣和南洋大臣任上。他治理江西三年，改变了"万分吃紧"的局面，结束了长达 14 年的战争，换来了较长期的和平环境；同时整饬了吏治，稳定了政局，恢复了封建的统治格局；他还不顾情面，据理力争，争来了银饷，缓和了财政紧张，使江西有了一定休养生息的机会。

在两江总督期间，针对民不聊生、灾害频繁、土地大量抛荒、经济一片凋敝、社会动荡不安的状况，一边镇压会党，严明吏治，妥善处理教案，坚持风规整肃，稳定社会秩序；一边灭蝗救灾，减免税收，以利休养生息，积极恢复农业生产。同时改革盐政，整顿盐田，改革漕运，发展海运，支持轮船招商局，支持官督商办大型企业的发展，使两江即安徽、江西、江苏、上海等地的面貌有了一定改观。总理船政，他建立起当时规模最大的工业基地，创办船政学堂，引进西方教育模式为我所用，开创了近代教育的先河，成为中国近代教育的滥觞。他亲自督造舰船，主政期间造出新式舰船 15 艘，建立起中国第一支海军舰队，并培养了一大批海军军官和军事技术人才。船政派遣留学生，促进了中国青年对西方文明的了解，翻开了中西文化交流碰撞的崭新一页。出国留学，使青年开阔了眼界，增长了知识，改变了思维，学到了先进的科学技术和管理知识，为加快中国的近代化进程贡献了力量。也正因为有了出国留学，使他们感受到中西方文化的异同。通过对比，了解到差距，促使他们去追求真理，探寻救国良方。纵观近代的风云人物，他们中的许多人都是有留学背景的。他的学生严复就是船政精英的杰出代表。他率领舰队开赴台湾，整顿防务，遏制了日本侵略，保卫了台湾。

沈葆桢甲戌巡台是实现台湾社会转型的里程碑式事件。而随后的治台是"创始性"治理，并取得了明显的成效。巡台治台解放和发展了生产力，促进了经济繁荣，开启了台湾的近代化建设；顺民心开民智，增进民族团结，促进了社会和谐；加强行政管理，巩固中央统治，稳定了台海局势。从治台理念、治台力度、治台成果看，沈葆桢甲戌巡台与治台都是创始性的，奠基式的，前所未有的，里程碑式的。因此被誉为中国近代开发台湾的奠基人，是"立富强之基"、"缔造之功顾不伟钦"的杰出政治家。他为维护祖国领土的统一和完整，为保卫台湾和建设开发台湾，对国家和民族做出了重大贡献。

（三）丁日昌推进台湾的近代化建设

丁日昌（1823～1882），字禹生，又作雨生，号持静。广东丰顺人。20 岁中秀才。初任江西万安、庐陵知县。1861 年为曾国藩幕僚，1862 年 5 月被派往广东督办厘务和火器，1864 年夏任苏淞太兵备道，次年秋调任两准盐运使。1867 年春升为江苏布政使。1868 年任江苏巡抚，1875 年 9 月任马尾船政大臣，次年署理福建巡抚。1882 年 2 月 27 日，逝世于广东丰顺家中。

丁日昌是沈葆桢选中的继任者。在任上积极推行左沈的路线。光绪元年（1875）8 月，他将新旧打铁、拉铁厂合并，改造为铁胁厂，准备发展铁协船。光绪二年（1876）创办电报学堂，拨出船政学堂部分房屋，办电信专业班。先后招两班，学生每班 70 人。

光绪元年（1875），沈葆桢利用日意格到欧洲采购的机会，挑选魏瀚等五名船政学堂的学生随其出国参观学习。沈葆桢调任两江总督后，接任船政大臣的丁日昌积极支持船政学生出洋留学，终于在光绪三年（1877）3 月，使第一批船政留学生成行，开创了近代学生留欧的先河。

丁日昌的"海洋水师章程六条"，是海防筹议的重要内容，关于建立三洋海军建设方案，促成中国海军的三洋建设。海防筹议的结果是清廷于光绪元年（1875 年）5 月 30 日发出上谕："著派李鸿章督办北洋海防事宜，派沈葆桢督办南洋海防事宜"，即通常所说的，李任北洋大臣，沈任南洋大臣。从此开始了海军的三洋建设。

同年 12 月丁日昌被任命为福建巡抚。他上任后，于 1875 年冬天和1877 年春天，先后两次渡海，视察台湾，精心筹划台防。丁日昌认为"铁甲舰为目前第一破敌利器"，主张依托南北洋海军，对台湾实施海上防卫，并将船政的轮船水师练成一军。光绪五年（1879）5 月，朝廷令丁日昌会办南洋海防，并将轮船水师划归南洋大臣节制。此时的丁日昌因在台湾受瘴过重，双足痿痹，但仍向朝廷呈上《海防应办事宜十六条》的建议。

丁日昌认为电报可以通军情，积极主张自设电报，与丹麦大北公司交涉，收买福州至罗星塔电线，成为中国自营第一条电报专线。他亲自主持架设台湾府城（今台南）至安平电线，饬令游击沈国光率领船政毕业生苏汝灼、陈国平、林钟玑等架设台南府城至凤山旗后电缆。光绪三年（1877）建成台湾府城至安平、旗后的陆上电线，并设立了 3 个电报局，对外营业。这是中国人自己修建、自己管理的电报线。

光绪二年（1876），丁日昌奏准将拆毁的吴淞铁路铁轨运来台湾，拟修筑旗后、凤山到台湾府城的铁路。虽未修成，却成为后来修筑铁路的先声。丁日昌还派遣船政总监工叶文澜赴台负责勘察台地矿产，并用机器开采基隆煤矿，成为中国最早投产的现代煤矿。

治台期间，丁日昌发扬了沈葆桢"欲固险地在得民心，欲得民心，先修吏治"的思想，认真整顿台湾吏治，革职查办了一批贪官污吏。同时认真做好"抚番"工作，对于杀害兵民者予以严惩，对于安分守纪者加以安抚。光绪三年（1877）初，丁日昌厘订了"抚番开山善后章程二十一条"，先后创建义学一百余所。在主持台湾童子试时，他发现童生丘逢甲这个难得的人才，录取为第一名并给予奖励。他还鼓励在台湾在北部试种茶叶，在南部山地试种咖啡，发展香蕉、菠萝、柑橘等经济作物。

丁日昌不辞劳瘁，苦心治理，加强台防，积极推动台湾的近代化建设，是具有时代眼光和革新精神的实干家。

（四）吴赞诚穿瘴区、越湿地、察民情

吴赞诚（1823～1884），字存甫，号春帆，安徽省庐江县人。清道光二十九年（1849）拔贡，咸丰元年（1851）以拔贡朝考知县，后补德庆州、顺德、虎门同知，升署惠潮嘉道。同治（1862）调天津制造局，补天津道，擢顺天府尹。光绪二年（1876）任马尾船政大臣，光绪四年（1878）以光禄寺卿署福建巡抚兼理船政和台湾海防。光绪五年（1879）因病辞船政事务、巡抚开缺。光绪六年（1880）督办天津水师学堂。光绪十年（1884）五月二十四日病逝。

在船政大臣任上，亲赴台湾视察民情，加强防务，组织农耕和修路，改善少数民族生活。其间曾取道恒春，过红土嵌山，攀越悬崖，渡过大溪，忍受饥渴，行程达三百里，到达卑南。他的行动感化了当地的少数民族。他还带病率部穿过瘴区，越过湿地，平定了土著人的叛乱。赴台期间，因积劳成疾，患上中风，卧病三年后病逝。吴赞诚精通经史数理，思虑缜密，办事坚韧，务实耐劳，是位实干苦干的经学家。

（五）黎兆棠法办来台争利者

黎兆棠（1827～1894）字召民，广东顺德人。其出身贫寒，早年丧父，少有壮志，勤奋苦学。清咸丰三年（1853）中进士，历任礼部主事、总理衙门章京、江西粮台、台湾道台、天津海关道台、直隶按察使、布政使、福建船政大臣、光禄寺卿。其人性格廉悍，治事干练。同治八年

（1869 年）、同治十三年（1874 年）两度入台主政，大力整饬吏治，惩办恶霸，同时严厉打击法国不法商人的大规模走私行为。黎兆棠为官多年，深得当朝皇帝同治、光绪的器重，慈禧太后还将干女儿许配予他。"时西人来台争利，驶大舶至，威协安平，致副将自戕，兆棠绳争利者以法，卒潜引去"。1882 年，因病辞官回家乡调养。辞官归家时，慈禧太后特赐牌匾"忠孝堂"，光绪皇帝赐匾"御书亭"。

（六）岑毓英深化抚番工作，疏浚大甲溪

岑毓英（1829 ~ 1889），字颜卿，号匡国，广西西林人。咸丰六年（1856 年）云南回民起义时，率团练到迤西助攻起义军。1859 年占领宜良，得以署理知县，次年署澄江府知府。同治元年（1862 年）被云南巡抚徐之铭派往与围困昆明的马复初、马如龙回民军谈判，达成协议，二马投降，以功迁云南布政使。1863 年出兵进攻杜文秀起义军。1866 年率军至贵州威宁州，击败苗民军陶新春和陶三春部。1868 年继续与杜文秀的起义军作战，授云南巡抚。1873 年兼署云贵总督。光绪五年（1879 年）为贵州巡抚。后调补福建巡抚，1883 年任云贵总督。次年参加中法战争。1886 年从越南撤军回国，曾会勘边界。

1881 年 5 月，岑毓英调补福建巡抚。9 月东渡台湾，从基隆登陆，查勘沪尾、鹿港，再到台北、淡水、新竹、彰化、嘉义等地视察。每到一地，接见士绅，体察民情，了解疾苦。年底，第二次渡台，督修大甲溪。他两次渡台，深化了开山抚番的工作，并组织对大甲溪的疏浚，对宝岛台湾的开发做出了一定贡献。

（七）刘铭传进一步推进台湾近代化

刘铭传（1836 ~ 1895），字省三，安徽合肥人。出生于一个世代耕织的农家，生活窘困，但为人侠义耿介，喜欢耍枪习艺，曾因杀劫富户遭官府追捕。清咸丰四年（1854），接受官府招安，在乡兴办团练。1859 年率团勇攻陷六安，驰援寿州，功升千总。1862 年编为淮军铭字营。因善战屡立战功，很快提升为记名总兵、直隶总督，并获得清廷三等轻车都尉世职及一等男爵的封赏。中法战争爆发，刘铭传重赴沙场，被任命为督办台湾事务大臣，为台湾第一任巡抚，不久又授福建巡抚，加兵部尚书衔。1891

年因基隆煤矿弊案告病辞官。1896 年在家病逝，追封为太子太保，谥壮肃。

刘铭传作为首任台湾巡抚，在其任上做了许多有益的事情。在这之前，战功卓著。甲申马江海战，法国企图"踞地为质"作为讨价筹码。刘铭传奉命督办台防，提出十项整顿海防建议，并周密部署，严阵以待，基隆初战即告捷。沪尾一战，先发制人，诱敌深入，使法军三面受敌，被击毙三百多人，沪尾战役又取得重大胜利。

光绪十一年（1885 年），台湾建立行省。在他任职巡抚的六年（1885～1890）中，对台湾的政治、经济、国防、交通、教育等进行大胆改革，推进了台湾的近代化进程。继任台湾巡抚邵友濂则因财政困难与理念不同而放弃改革，使台湾的近代化建设中断。

刘铭传作为我国历史上首任台湾巡抚，为加强台湾防务和建设，呕心沥血，殚精竭智，不仅增强了台湾的海防力量，加快了台湾的近代化建设进程，而且加强了台湾与大陆的联系。刘铭传是一位杰出的爱国将领和政治家。

三　深识大局，不辱使命

从左宗棠到刘铭传，在近代与台海的关系极为密切，有一定代表性。虽然他们的政绩各不相同，对闽台的贡献程度不一，但都有共同的特点，都是福建、台湾和船政建设的中心人物，都有爱国自强的船政精神和强烈的海权意识。他们都致力于船政的建设和闽台的治理，都为台湾的防卫与近代化建设做出了突出贡献。

综合起来，在治理台湾方面，他们大体上有这么几点是相通的：

1. 都能深刻地认识到台湾的战略地位和台防的重要性、紧迫性，都有强烈的驱倭保台意识，都能致力于维护海疆安全和领海主权。左宗棠提出"惟东南大利，在水而不在陆"，认为台湾是南洋七省的门户，具有相当重要的战略位置。沈葆桢认为："台地一向饶沃，久为他族所垂涎，……台湾海外孤悬，七省以为门户，其关系非轻。"并说移驻巡抚是"地属封疆，事关更制……为台民计，为闽省计，为沿海筹防计"。丁日昌认为："台湾虽属海外一隅，而地居险安，物产丰饶，敌之所必欲争，亦我之所必不可弃。"裴荫森也指出："台湾孤悬海外，基隆产煤，本为法人垂涎之地。"

2. 都能以务实的作风，全身心地对台湾进行治理，并取得成效。沈葆桢认为："台地善后，势当渐图；番境开荒，事关创始。"他相继提出并实施了一系列治台政策和改革措施，开创了台湾的近代化建设。随后几位有成就的继任者都不同程度地在更制改革上下功夫。从沈葆桢开山到刘铭传修铁路，从沈葆桢开禁到历任的改革深化，从沈葆桢开始抚番教化到刘铭传番社全部就抚和创设番学堂，从沈葆桢析疆增吏到刘铭传设置三府一直隶州，从沈葆桢驱倭退敌到刘铭传驱法大捷，无不浸透着这些政治家们的心血。他们恪尽职守，不畏艰劳，为台湾的防卫，为台湾的治理和开发振兴，做出了贡献。

3. 都认识到加强行政管理的重要，从巡抚移驻到独立建省，致力于体制创新。闽台分省而治，乾隆朝即有人提出。同治十三年（1874）沈葆桢巡台后，奏请将福建巡抚分驻台湾获得批准。于是从 1875 年 11 月起到 1886 年台湾建省止，历时 11 年，福建巡抚冬春驻台，夏秋驻福州。福建巡抚虽有半年时间驻台，但交通不便，通讯迟缓，仍存在事权不一、指挥不力、过于依赖福建等问题。因此为加强台湾的防务和开发治理，建立行省势在必行。1886 年 7 月，闽浙总督杨昌浚和福建巡抚刘铭传联衔上奏《遵议台湾建省事宜折》，经清政府批准，台湾建省。随后任命刘铭传为首任台湾巡抚。独立建省的台湾从此进入了一个新的发展阶段。

五

福建省外办船政文化专题讲座[*]

在福州马尾创办的船政有一段辉煌的历史，现越来越受到人们的关注。

2009 年，国务院下达了关于福建省加快建设海峡西岸经济区的若干意见，把船政文化列为特色明显、能展现海峡西岸风貌、在国内外具有影响力的文化品牌，要求重点保护和弘扬。

一 船政的创办与沿革

船政是非常之举，是三千年大变革的历史产物。

近代史：鸦片战争是中国历史的转折点，中国沦为半殖民地半封建社会，标志着中国旧民主主义革命时期的开始。

列强炮敲开了清廷大门，也使国人开眼看世界，向西方学习开始形成思潮。

林则徐（1785～1850），字少穆，为近代中国"开眼看世界的第一人"。他在总结鸦片战争的教训时，认为"器不良"、"技不熟"是重要原因，"剿夷而不谋船炮水军，是自取败也"。"师夷长技"的思想应运而生。

"以师夷长技为原则"，"师敌之长技以制敌"，是林则徐开眼看世界的远见与卓识！

把林则徐这一思想做进一步阐述和发挥的，是魏源。魏源（1794～1857），名远达，字默深，是林则徐的好友。《海国图志》开宗明义地说，是书何以作？曰："为以夷攻夷而作，为师夷长技以制夷而作"。

魏源认为"夷之长技三：一战舰，而火箭，三养兵"。因此，他提出

---

* 2011 年 11 月 29 日，应邀赴福建省外事办作船政文化专题讲座。

置造船械、聘请夷人、设水师科等设想，在百卷本的《海国图志》中，魏源还介绍了西方近代资本主义民主政体，如美国的联邦制度、选举制度、议会制度等。这大大地丰富了"师夷制夷"的思想内涵，从而使那个时代的思想高度上了一个台阶。

这就是船政兴办的前奏。从林则徐开眼看世界开始，"师夷制夷"逐渐形成有识之士的共识。这也可视为船政创办的思想准备。接下来的事就是组织准备、选定方案、付诸实施。

"师夷长技以制夷"的思想，催生了19世纪60年代发展起来的洋务运动。

第二次鸦片战争的失败，使更多的中国人觉醒了。不同出身、不同地位的人物，在学习西方先进科学技术和思想文化的共识下聚集起来，形成了一股强大的政治势力——洋务派。在中央以恭亲王奕䜣、大学士桂良、户部左侍郎文祥等权贵为代表，在地方有曾国藩、左宗棠、李鸿章、沈葆桢等封疆大吏，洋务派还拥有一大批为革新著书立说、大造舆论的知识分子，以及一批渴望采用先进生产技术的民间工商人士为他们摇旗呐喊。他们适时地登上政治舞台，在19世纪60~90年代掀起了一场蓬勃的洋务运动，推进了中国的近代化进程。

咸丰十年十二月初十日（1861年1月20日）清廷批准设立"总理各国事务衙门"，标志着洋务运动的开始。奕䜣为首席总理大臣。从此，奕䜣成了洋务派的首领，坐镇中央。

历史给洋务派以机会，正所谓"洋务运动适逢其会"。1861年8月22日，咸丰帝病死热河。权力欲极强的慈禧，趁机联合恭亲王奕䜣于11月2日发动了祥祺政变，消灭了肃顺集团，夺取了朝政大权。奕䜣集团和后党势力紧密配合，从此，洋务运动蓬勃兴起。

当时，太平天国运动已经趋于平息，第二次鸦片战争也告结束。洋务派利用国内外环境暂时和平这一有利时机，大规模引进西方先进的科学技术，兴办近代化军事工业，培养新型人才，建设新式海军、陆军，引发了一场长达三十年的洋务运动。

洋务派代表人物左宗棠深受林则徐、魏源的影响，决心实践"师夷制夷"，设局造船。

左宗棠（1812~1885），字季高，湖南湘阴人。道光十二年（1831

年）中举人。三次会试不中，遂潜心专研舆地、兵法。1852～1863 年，编练"楚军"，参与镇压太平天国运动，屡建奇功，升为闽浙总督。

左宗棠与新疆还有一个小小的机缘：道光二十九年（1849）发配新疆的林则徐因病开缺回乡，路过湖南，派人约左宗棠一见。两人年纪相差 27 岁，却一见如故，结为忘年之交！两人畅谈治国方略，通宵达旦。林则徐将在发配新疆期间的材料、战守计划以及沙俄在中国边疆的政治、军事动态，悉数托付给左宗棠。

日意格，即普罗斯佩·日意格（Prosper Marie Giouel，1835～1886），咸丰十一年（1861）任宁波中国海关税务司，组织"常捷军"，帮助清政府镇压太平军，受左宗棠指挥。同治五年（1866）任江汉关税务司。同年应左宗棠之邀，参与筹设马尾船政，延聘法国造船师匠和船政学堂教习。翌年，任船政监督。同治十三年（1874）因工作著有成效，先后赏加一品衔，授提督衔花翎，穿黄马褂，一等男爵，一等宝星（嵌有宝石金质奖章）。同年，随沈葆桢率福建水师防卫台湾，挫败日本侵略企图。光绪元年正月（1875 年 3 月）回法国采办造船器械，随带 5 名学生赴法游历。光绪三年（1877 年）任船政学堂第 1 届留学生监督，光绪七年（1881 年）续任第 2 届留学生监督，光绪十二年正月十六日（1886 年 2 月 9 日）在法国任上病故。

同治五年五月十三日（1866 年 6 月 25 日）左宗棠上奏清廷《试造轮船先陈大概情形折》。在折中他首先提出了"惟东南大利，在水而不在陆"的精辟观点，主张在闽设局造船。他认为"泰西巧，而中国不必安于拙也；泰西有，而中国不能傲以无也"。无论从军事或是从经济方面说，他都认为"非设局监造轮船不可"。法国作家巴斯蒂在《清末留欧学生》一文中也谈到，左宗棠萌发了一个顽强的念头，即中国人要有自己造船的能力，而且采用求是堂艺局这种学校教育的独特形态来完成。

开眼看世界和主张"师夷制夷"是船政创办的思想准备，而林则徐对左宗棠的托付和畅谈也可视为船政创办的组织酝酿。正是有思想上和组织上的准备，船政才瓜熟蒂落，应运而生。但正当左宗棠踌躇满志，欲践行"师夷制夷"时，新疆西捻军和回民起义，形势吃紧。为了收复失地，稳定新疆，清廷于同治五年九月初六日（1866 年 10 月 14 日）调任左宗棠为陕甘总督。船政的非常之举面临半途而废的危险。

办船政是非常之举，问题多多，困难重重。针对船厂择地、机器购觅、聘请洋匠、筹集巨款等一系列困难，首先要认真剖析，分析利弊，按今天的说法，就是可行性研究。

第一，船厂设在哪里？也就是选址问题。

左宗棠认为"如虑船厂择地之难，则福建海口罗星塔一带，开槽浚渠，水清土实，为粤、浙、江苏所无"。他说在浙江就听到洋人这么讲。来到福州也听到相同的议论。中国海岸线那么长，为什么说广东、浙江、江苏的海口不行，偏偏要选择在马尾？这有客观条件和主观原因。

首先，马尾港是闽江的河口港，有其他沿海省份所没有的资源优势。闽江是福建省第一大河，水量充沛。马尾是乌龙江、白龙江、琴江三江交汇的地方。马尾港距离闽江入海口还有30公里。马尾港四周群山环绕，闽江口外又有琅岐岛、马祖列岛等岛屿，为天然屏障，是避风条件好、淡水供应充足、不冻不淤的天然良港。拥有的泊地可以容纳吃水5米左右船舰。

其次，马尾港内涵三江，外通四海，港汊纵横，地势险要，易于防守，内部水域宽阔，适于船舰驻泊操练，历史上群雄逐鹿，是兵家必争之地，具有重要的军事战略地位。

再次，福建历史上造船业发达。自远古以来，闽越人即以"习水便舟"、"船车楫马"著称于世。福建又是林产丰富的地方，可以通过闽江顺流而来就近给船厂提供所需的木材，而台湾产煤炭，离此不远。所以有其造船材料多、工匠技术优秀、工人工资低廉以及所造船型适于远航等得天独厚的条件。唐代福建可造千石以上大船。宋代，福建造船的数量与质量，皆居全国首位。

左宗棠认为马尾水清土实，为粤、浙、江苏所无，确实是有根据的。除了水清土实，当然还有其他考虑。从主观上来说，马尾靠近福州，便于高级官员特别是督抚的管理和监督。当时左宗棠任闽浙总督。提出设局造船，选在自己管辖的地盘上，便于监督照顾，应在情理之中。而罗星塔对面的营前便是闽海关。船政经费由清政府核准在闽海关关税、厘税等项下拨付，靠近闽海关也有其便利之处。所以，左宗棠把马尾列为设立船厂的首选。

第二，机器哪里买？

第三，洋匠如何请？

第四，巨额经费如何筹集？

左宗棠认为"如虑筹集巨款之难，就闽而论，海关结款既完，则此款应可划项支应，不足则提取厘税益之。又，臣曾函商浙江抚臣马新贻、新授广东抚臣蒋益澧，均以此为必不容缓，愿凑集巨款，以观其成"。他匡算一下，造船厂、购机器、募师匠，须费30余万两；开工集料，中、外技匠薪金，每月需5万~6万两，以一年计算，需费60余万两。创始两年，成船少而费用极多。第三、四、五年，则技术熟练成船快速，成船多而成本也就降低，通计五年所费，不过300余万两。他认为，五年之中，国家拿出300万两来并不是太难的事。

第五，船成后谁来开？

第六，船成后怎么养？

左宗棠最为担心的是"非常之举，谤议易兴"，反对的人多，"始则忧其无成，继则议其多费，或更讥其失体，皆意中必有之事"，只有下定决心，力排众议才能成功。对此，他慷慨陈词：防海必用海船，海船不敌轮船之灵捷。西洋各国与俄罗斯、美利坚，数十年来，讲求轮船之制，互相师法，制作日精。东洋日本，开始购买轮船，拆解后仿造未成，派人赴英国学习，不数年后，日本自己建造的轮船也会成功。唯独中国"因频年军务繁兴，未暇议及"。虽然有代造之举，现在又奉谕购雇轮船，然而都不是好办法。

左宗棠以为，各国都在大海争利，彼有所挟，我独无之。就像渡河，人家是"操舟"而我"结筏"；就像人家是骑骏马，而我骑驴。他批评预虑难成而自阻者，就像治河的人考虑合龙无期而放弃施工，治军的人考虑战役不知道什么时候能开打而罢兵一样。他认为"天下事始有所损者终必有所益。轮船成，则漕政兴，军政举，商民之困纾，海关之税旺，一时之费，数世之利也"。兴办船政虽然一时花费巨大，但建成轮船成，则漕政兴，军政举，对国家的长远利益有利。

这份"可行性研究报告"分析详尽，颇有说服力。同治五年五月十三日（1866年6月25日）左宗棠以《试造轮船先陈大概情形折》上奏清廷，首先得到奕䜣的支持。奕䜣，道光帝第六子，咸丰帝异母弟，封恭亲王。因生母封号一事触怒咸丰，于咸丰五年（1855年）被罢黜军机。咸丰十年八月（1860年9月）奉命办理抚局后，亲手签订了屈辱的中英、中法《北京条约》。在签约过程中备受英国公使额尔金的凌辱，自尊心深受伤害，发誓自强。咸丰帝驾崩后，联合慈禧，一起夺取了朝政大权。同治五年六月初三日（1866 年 7 月 14 日），在不到 20 天的时间内，就形成上谕，作了批复，曰"中国自强之道，全在振奋精神，破除耳目近习，讲求利用实际。……左宗棠务当拣派妥员认真讲求，必尽悉洋人制造、驾驶之法"。

左宗棠得到设厂建校授权后，即抓紧筹备。左宗棠的思路就是聘洋人包教包会，按现在的说法就是船政项目的中外合作。

同治五年七月初十日（1866 年 8 月 9 日），日意格来闽后，左宗棠即与他详商一切事宜，"议程期、议经费、议制造、议驾驶、议设厂、议设局，冀由粗而精，由暂而久，尽轮船之长，并通制器之利"。

当时，左宗棠邀日意格同赴罗星塔，择定马尾山下地址，并与日意格签订合同，立约画押。合同内容主要有：（1）洋监督的权限。规定："中国大宪饬委监督制造，倘有尔等正副监工及各工匠等办理不妥，系归本监督等两人自问。"明确规定了监督日意格是在船政大臣领导下管理外国人员的。（2）期限。规定自铁厂开工至五年为限，"五年限满无事，该正副监工及各工匠等概不留用"。（3）义务与纪律。合同规定，在五年内，成船一十六号，估价银三百万两；正、副监督及技术员工三十八人，月薪银八千九百七十八两。规定各监工及工人要"认真办事"，"安分守法，不得懒惰滋事"，"不准私自擅揽工作"，"不准私自越躐干预，并无故琐谒中国官长"，"该正副监工及各工匠等或不受节制，或不守规矩，或教习办事不力，或工作取巧草率，或打骂中国官匠，或滋事不法，本监督等随即撤令回国"；（4）权利。五年限满无事，"中国员匠果能自行按图监造轮船，学成船主，并能仿造铁厂家伙伴，中国大宪另有加奖银六万两"，"或因工作伤重身死，或因受伤成废，均当转请赏给辛工六个月，并另给回费银三百七十八两"。按这个合同，不但权力掌握在船政大臣手里，而且义务与权利对双方也是公平的。左宗棠坚持"能用洋人而不为洋人所用"的原则。以日意格、德克碑为例。他们都以个人身份受雇于船局，不受法国政府指令。船政衙门与日意格、德克碑所订合同，有效地限制他们权势扩大的，保证了权自我操而不为洋人所操。

由于德克碑还没到，日意格到上海找法国总领事白来尼画押担保。同治五年八月二十七日（1866 年 10 月 5 日）德克碑自安南来闽，也签订了合同。左宗棠聘请日意格和德克碑为船政正、副监督，约定以 5 年为期完成一批造船和育才任务。采用高薪雇佣外国技术人员进行包教包会并通过合同方式明确中方和外方在建设期间的职、权、利的做法，在当时还是一种新的尝试，属非常之举，容易受外国势力的染指。在左宗棠与法人日意格签订合同前，英、法各方听到消息，都想出面予以干涉，借故制造事端，均为左宗棠所排除，而日意格也真心实意地予以配合，得以顺利选址马尾，并与日意格、德克碑签订保约、条议、合同规约等一系列文件，明确规定洋监督是在船政大臣领导下管理船厂内工作的外国人员，且规定自船厂开之日起以5年为限，即清同治八年正月二日到同治十二年十二月三十日（1869年2月12日至1874年2月16日），"五年限满无事，该正、副监督及各工匠等概不留用"。日意格还立有"保约"："自铁厂开工之日起，扣至五年，保令外国员匠教导中国员匠，按照现成图式造船法度，一律精熟，均各自能制造轮船，并就铁厂家伙教会添造一切造船家伙，并开设学堂教习法国语言文字，俾通算法，均能按图自造。"后来左宗棠离开福州前，还明确要求："条约外勿说一字，条约内勿取一文"。

正当左宗棠踌躇满志时，新疆西捻军和回民起义，形势吃紧。同治五年九月初六日（1866年10月14日）紧急调任左宗棠为陕甘总督。但船政是左宗棠提议的，刚刚获得批准。总不能让这个非常之举半途而废。

左宗棠接到谕旨后，一面令德克碑到沪约日意格及参与商订合同的福建补用道胡光墉等同来定约，一面想亲自物色大臣人选。这时候，沈葆桢正好在籍守制，在福州为母丧丁忧。沈的为人为政皆有很好的口碑。左宗棠也了解到沈葆桢"在官在籍，久负清望"，和英桂、徐宗幹等商量，也认为沈是好人选，因此便把目标锁定在沈的身上，亲自三次造庐商请。虽然沈葆桢都婉言谢绝，但左宗棠还是坚挺沈葆桢主持船政。

同治五年九月二十三日（1866年10月31日）左宗棠上奏《派重臣总理船政折》，写道："再四思维，惟丁忧在籍前江西抚臣沈葆桢，在官在籍，久负清望，为中外所仰，其虑事详审精密，早在圣明洞鉴之中。现在里居侍养，爱日方长，非若宦辙靡常，时有量移更替之事，又乡评素重，更可坚乐事赴功之心，若令主持此事，必能就绪。商之英桂、徐宗幹，亦以为然。臣曾三次造庐商请，沈葆桢始终逊谢不遑。可否仰恳皇上天恩，俯念事关至要，局在垂成，温谕沈葆桢勉以大义，特命总理船政，由部颁发关防，凡事涉船政，由其专奏请旨，以防牵制"。当时，沈葆桢认为

"丁忧人员不应与问政事",经左宗棠劝说后,才最后表示"如果奉旨饬令办理,亦必请俟明年六月服阕后始敢任事,其未释服以前,遇有咨奏事件,可由署藩司周开锡(1826－1871,字寿珊、受三、受山,湖南益阳人)、道员胡光墉详请抚臣代为咨奏"。左宗棠只好于同治五年十月初八日(1866年11月14日)复"请旨饬下沈葆桢于服阕后总理船政,未任事之先,所有船局事宜,仍由沈葆桢一力主持"。清政府接到左宗棠前一奏折后,于十月十三日(11月19日)由军机大臣传谕沈葆桢对所有船政事务,着其总司其事,专折奏闻。接到十月初八日(11月14日)第二个奏折后,于十月廿七日(12月3日)又由军机大臣下达旨意,谓"制造轮船一节,关系中外,事更重于金革,岂得以引避为辞……着仍遵前旨,总司其事,其未释服以前,遇有应行陈奏事件,由沈葆桢知会该督抚代为具奏"。十月十七日(11月23日),左宗棠交卸闽浙总督公章,闽浙总督由福州将军英桂兼署,左氏遂驻营福州城外东教场,专待洋员之至。十月二十三日(11月29日),胡光墉、日意格、德克碑同来福州,带来白来尼签字的保约。连日复由胡光墉、黄维煊与日意格、德克碑往返具体商订,至十一月初三日(12月9日)才具眉目。待交接完毕,左宗棠遂于同治五年十一月初十日(1866年12月16日)离开福州。

沈葆桢(1820～1879)是林则徐的女婿,也是外甥,榜名振宗,字幼丹、翰宇,侯官县(今福州市区)人。清道光二十七年(1847)进士,选翰林院庶吉士。道光三十年(1850),授编修。咸丰四年(1854),改江南道监察御史;翌年,任江西九江知府;咸丰六年(1856),调署广信(今上饶市)知府,与太平军作战,升任广饶九南兵备道和吉南赣宁兵备道。咸丰十一年(1861),调赴曾国藩安庆大营办理军务。同治元年(1862),由曾国藩保奏,升江西巡抚,兼办广信粮台。妥善处理南昌法国教堂被拆毁案件,当地绅民感其恩德。同治三年(1864)九月,急行军五昼夜,俘洪仁玕、洪仁政、黄文金等,并在石城荒谷搜获洪天贵(洪秀全之子),受到清廷重赏。同治五年(1866),经闽浙总督左宗棠推荐,授总理船政大臣。主政期间,马尾船政制造"万年清"等15艘船舰,并为国家造就一大批科技人才和海军骨干。同治十三年(1874)奉命办理台湾等处海防兼理各国事务大臣。次年调任两江总督兼督办南洋海军事宜。光绪五年十一月初六日(1879年12月18日)病逝,终年60岁,追赠太子太保衔,予谥文肃。

沈葆桢在守制之中就参与船政创办的筹议。船政提调等官员，左宗棠就与沈葆桢会商过。沈葆桢在《船政创始需才折》中就提到："左宗棠与臣会商派周开锡、胡光埔为提调，又奏请广东补用道叶文澜等一并交臣差遣得旨允行。"同治五年十一月十七日，即左宗棠离开福州后7天，沈葆桢就主其事。6天后，日意格、德克碑便被派往香港。

接事后，一方面让日意格、德克碑回国购买设备，并聘请洋师、洋匠。当时法国造船工业发达，长于制造，所以引进法国的先进技术和设备；英国长于航海，所以聘请英人教授驾驶，各取英法两国之长；另一方面在马尾中岐征购土地、建设工厂、船坞、学堂、宿舍等。左宗棠原订合同设工厂5所、学堂1所，用地200余亩。在沈葆桢主办期间大加发展：工厂增至13所，学堂增至6所，用地扩大到600亩。为了防潮涌，沿江厂地，用土填高5尺，"以钱购土，竟至10数里内无可购者"，可见工程之艰巨。

沈葆桢接手船政，深感助力重重，正应了"非常之举，谤议易兴"的预见。有人忧其无成，有人议其多费，有人讥其失体。

首先是洋人的阻挠。英国驻华公使威妥玛、总税务司赫德先后向清政府提出《新议略论》和《局外旁观论》，"扬言制造耗费，购雇省事，冀以阻挠成议"。英国驻福州领事也妄图把马尾船政扼杀于襁褓之中。马尾船政建立后，帝国主义在华势力也时加阻挠。同治六年（1867），福州税务司美理登百计钻营入局；总税务司赫德替他到北京总理衙门活动，要求准其会办。又如同治八年（1869），法国驻福州领事巴世栋搬弄是非，造成船政正监督日意格与副监督德克碑不睦。总监工达士博仗势欺人，时时居奇挟制，被沈葆桢撤职。同年英国驻福州副领事贾禄，要侵占马尾船政厂界建筑教堂。光绪二十一年（1895），法驻华公使竟要求马尾船政后学堂改读法文，均遭沈葆桢据理驳斥。这些事件的发生，充分暴露了他们对于中国内政的干预和主权的侵犯。

其次是国内顽固派的阻力。他们认为"雇买代造"，不必自己制造。他们提出一系列困难，如："船厂择地之难"，"机器购觅之难"，"外国师匠要约之难"，"筹集巨款之难"，"中国之人不习管驾之难"；"轮船既成，煤炭薪工，需费不资，月需支给，又时须修造之难"，等等。还有一些人认为"创议者一人，任事者一人，旁观者一人，事败垂成，公私均害"，所以还是不造船为好。1867 年秋，正当建厂工程紧张进行时，闽浙总督吴棠利用职权进行破坏。吴棠最初扬言："船政未必成，虽成亦何益？"初时沈葆桢尚希望"各行其是，彼此两不相妨"，坚不为动。后来，福州由于出现反对船政的匿名帖《竹枝词》刻本，吴棠立案调查。当时任船政提调的代理布政使周开锡，为匿名帖所牵涉。吴棠明知其诬，仍不令周开锡到局办事。船政局员、署藩司叶文澜亦受诬被控。吴棠又弹劾另一局员、延平知府李庆霖专事趋承，奏参革职。沈葆桢挺身而出，抗疏力争。在沈的辩护下，原被吴棠调离船政衙门的周开锡等人，终被清廷下谕留局差遣，而吴棠则于同年底被调离。

同治十年十二月十四日（1872 年 1 月 23 日）内阁学士宋晋挑起事端，上奏《船政虚耗折》谓：闽省连年制造轮船，闻经费已拨用至四五百万，未免糜费太重。此项轮船将谓用以制夷，则早经议和，不必为此猜嫌之举，且用之外洋交锋，断不能如各国轮船之利便，名为远谋，实同虚耗。并请旨要求停办。宋晋的上奏引起了轩然大波，朝廷内反对造船者与日俱增。首先是李鸿章对造船无信心，多次表示不赞成。同治十一年正月二十六日（1872 年 3 月 5 日）函曾国藩，慨叹闽、沪造船六载无成效，"前兴之而后毁之，此信之而彼疑之，及今吾师与左公尚存，异议已多，再数十年后更当何如？"同年二月初九日（1872 年 3 月 17 日），文煜等又上奏马尾船政"惟现在造成之各号轮船虽均灵捷，而与外洋兵船较之，尚多不及。以之御侮实未敢谓确有把握"，提出"查已成各船如租给殷商，殊属可惜"。建议拨往各地酌量调用，故有同治帝二月二十八日之谕令。至三月初一日，军机处亦主张："即将闽省轮船局暂行停止，以节帑金"，主张船政停办。在这强大压力下，总署通知广东、盛京（沈阳）、山东、南、北洋及沿海各省大臣，请讨论调用、分配闽厂所产轮船方案。而针对宋晋奏议及吴棠、英桂、文煜的反对意见，南洋大臣曾国荃于正月二十八日（1872 年 3 月 7 日）便致函总署不赞成停办船政。左宗棠也于三月二十五日（1872 年 5 月 2 日）力排众议奏船政有利无害，不可裁撤。这样，朝野上下便对船政可行与否展开一场大论战。四月二十一日（1872 年 5 月 27 日），沈葆桢致函总署，列举办厂好处，力驳宋晋主张，提出不能因为弟子不如师而"废书不读"，并称所谓"虚耗"，"勇猛精进则为远谋，因循苟且则为虚耗"，坚持"船政万难停止"。四月二十日（1872 年 5 月 26日），奕䜣信令中有"俟李鸿章奏到，再降谕旨"，仍倾向于继续造船。五月十五日 1872 年 6 月 20 日），李鸿章突然 180 度大转弯，态度由对船政不满意变为全力支持。他上奏提出："国家诸费皆可省，唯养兵设防，练习枪炮、制造兵船之费万不可省"，如裁撤船政则"前功尽弃，后效难图"，"不独贻笑外人，亦且浸长寇志"。这样，马尾船政终于柳暗花明又一村。

总理船政事务衙门成立后，第一件大事就是船政工程的动工兴建和船政学堂的对外招生。

船政工程于同治五年十一月十七日（1866 年 12 月 23 日）全面动工，求是堂艺局亦于同时开局招生。第一次招考的考题是《大孝终身慕父母论》，严复报名应试。当时他父亲初丧，见此命题，文情悲切，为沈葆桢所激赏，"置冠其曹"。严复以第一名被录取。

船政衙门既办厂，又办学；既造船、整理水师，又抓紧育人，在同治五年十二月初一日（1867 年 1 月 6 日）求是堂艺局正式开学。校址暂设在福州城内定光寺（又称白塔寺）、仙塔街。随后又招收造船专业的学生，暂借城外亚伯尔顺洋房开课。这一点足见创办者的战略眼光，从工程刚开始就借地办学，把"船政根本在于学堂"战略思想付诸实施。

船政的沿革

1912 年（民国元年）1 月，船政衙门划归"中华民国军政府闽都督府"节制，改称为福州船政局。

1913 年（民国二年）10 月，船政前后学堂划归中央海军部管理，前学堂更名为福州海军制造学校，后学堂更名为福州海军学校。艺圃改为福州海军艺术学校，仍归福州船政局建制。绘事院改为福州船政局图算所（1916 年因经费支绌而停办），仍归福州船政局建制。1926 年福州船政局改为海军马尾造船所，规格及级别又一次降低。

1917 年（民国六年）12 月，经国务会议通过批准福州船政局设立福州海军飞潜学校，由福州船政局局长陈兆锵兼任校长。由巴玉藻（曾任美国通用公司第一任总工程师）、王助（曾任美国波音公司第一任总工程师）、王孝丰、曾贻经、叶芳哲、陈藻藩等任教师。设飞机制造、潜艇制造、轮机制造三个专业，学生由海军艺术学校选送，编为甲乙班，另在福州公开招生 50 名编为丙班（1918 年 7 月又招丁戊两班各 50 名，不久即转入海军学校），于 1918 年春开学。随后又开办航空班，培养海军飞行员，学制 4 年。这就是中国最早的培养飞机、潜艇制造和飞行员、潜艇驾驶人才的高等学校。到 1925 年共毕业三届学生 56 名。

1924 年（民国十三年）1 月，福州海军飞潜学校、福州海军制造学校两校合并。

1926 年又与福州海军学校合并，改称为马尾海军学校。

飞机和潜艇在第一次世界大战中已充分显示出其威力，因此，国内许多有识之士积极倡导培养制造飞机和潜艇方面的人才。当时陈绍宽被派去欧洲参战。他看到欧美各国正在大力建造飞机潜艇，回国后积极倡议制造飞机潜艇。1909 年清海军大臣戴洵、萨镇冰赴欧洲考察时，随带 23 名留学生分别学习制造船炮。到 1915 年当时海军部特召部分留英学生转赴美国麻省理工学院学习航空工程，1917 年这批学生陆续归国，于是在马尾船政局附设飞机工程处，开始设计制造飞机，

1919 年 8 月造出了取名"甲型一号"的双桴双翼水上飞机（所谓水上飞机，就是利用水面滑行继而升空的飞机，美国波间飞机厂首制飞机即为此型），这就是我国国产的第一架飞机，是值得我们引以为豪的国产飞机。该机总重量 1055 千克，100 马力，最大时速 120 千米，配有双座双操纵系统，供飞行教练用。机成之后，无人试飞，延至 1920 年 2 月，由华侨飞行员蔡司度进行了首次飞行。

1920 年 5 月制成"甲型二号"飞机，试飞正常。1921 年 2 月"甲型三号"飞机竣工。1922 年开始生产乙型水上飞机。1924 年生产丙型飞机。

1930 年，蒋介石下令，马尾共造飞机厂搬迁往上海，并入江南造船所。至此，马尾共造飞机 17 架（后两架在江南厂组合成机）。在上海，飞机制造外造出飞机 6 架，第 3 架"宁海"号为舰载收飞机，第 5、6 架机改为地面滑行起飞的陆机。抗战爆发后，飞机厂几番搬迁至四川成都，归并到宋美龄为主任、陈纳德为顾问的航空委员会，改组为"第八修理厂"。从马尾跟随而来的我国第一代航空技术人员，以其精湛的飞机制作技艺，成为当时航空界很有名气的"马尾派"。

马尾成功地首制国产飞机，还培育出一大批技术人员和飞行员，成为

我国飞机制造业的先驱。

1930 年（民国十九年）1 月 20 日，海军部公布《海军学校规则》，校名定为"海军学校"，去掉"马尾"二字。

1931 年（民国二十年）7 月前海军总长杜锡珪上将任海军学校校长。

1937 年 9 月，因日军轰炸，海军学校迁往鼓山涌泉寺上课。1938 年 6 月，又迁往湖南湘潭。10 月海军学校自湘潭移迁贵州桐梓（史称桐梓海校）。

1945 年（民国三十四年）5 月 19 日上午，日军撤离马尾前，埋炸药炸毁海军学校、勤工学校等单位。1946 年（民国三十五年）1 月，海军学校自贵州桐梓迁往重庆山洞海军总部旧址待命。12 月海军学校奉令与在上海刚创办不久的中央海军军官学校（简称海军官校）合并，迁青岛办学。

1949 年南迁厦门，后迁台湾左营。现在左营海校，仍称"海军军官学校"。大学本科四年制。校史中仍以马尾海校为宗。

1935 年（民国二十四年）5 月海军艺术学校停办，在原址筹办"福建省马江私立勤工初级机械科职业学校"（简称勤工学校），正式成立前仍用艺术学校名义办学。8 月福建省教育厅批准海军艺术学校改为私立"勤工学校"，学校设董事会，萨镇冰任名誉董事长，陈绍宽任董事长，李世甲为常务董事。董事会聘马尾造船所工务长（总工程师）萨本忻为校长。

1937 年（民国二十六年）3 月，教育部准"勤工学校"改称"福建省私立马江初级工业职业学校"。翌年，校名去掉"初级"二字，改称为"福建省马江私立勤工工业职业学校"。

1938 年（民国二十七年）6 月，"勤工学校"内迁尤溪县朱子祠。

1941 年（民国三十年）6 月，"勤工学校"师生从尤溪出发，经沙县、南平在将乐县高滩设校。

1944 年（民国三十三年）2 月，勤工学校受福建省教育厅委托办"福建省立林森高级商船职业学校"（简称商船学校），一套班子，两面牌子办学。1946 年（民国三十五年）8 月，福建省教育厅令勤工、商校两校合并，改称"福建省立高级航空机械商船职业学校"（简称高航学校）。新中国成立后，于 1951 年 10 月，福建省文教厅根据全国院校调整方案决定"高航学校"停办。

二 船政的历史地位和影响

船政有着崇高的历史地位

船政在中国近代海军史、工业史、教育史、思想文化史等方面都留下深深的印迹。其历史地位是崇高的,不可磨灭或替代的。

船政是中国近代海军的发祥地。船政初衷之一,就是要整顿水师。船政造船,主要造的是军舰,武装海军;制炮,生产鱼雷,也是为了武装海军。培养人才,主要是造船和驾驶人才,也都是为造舰和海军服务。据不完全统计达 1100 多名,占中国近代海军同类人员的 60%,晚清和民国时期的多数海军高级将领,如叶祖珪、萨镇冰、蓝建枢、刘冠雄、李鼎新、程璧光、黄钟瑛等,都是船政的毕业生。因此,船政被誉为"中国海防设军之始,亦即海军铸才之基"。

船政是中国近代最大的船舶工业中心。船政是当时在中国乃至远东规模最大、设备最为齐全、影响最为深远的船舶工业基地,从 1868 年开始制造"万年清"号,到 1907 年止,共造船 44 艘,总吨位 57550 吨,占全国总产量的 82%。造船技术也不断更新,从木壳船到铁胁船,又到铁甲船。造船工业是当时科技水平的综合体现,它的建造带动了上下游工业的发展,也造就了一大批科技人员和产业工人。正因为有了船政这个工业基地,才有了日后破天荒地采用国产材料成功地制成了我国第一架水上飞机,从而开创了中国人自己的飞机制造工业新纪元。

船政是中国近代第一所高等院校。船政引进西方的教育模式,把船舶工程学校与海军学校合二为一,办成一所按技术分设专业的近代高等院校。前学堂学制造,采用法国军港士官学校的科目训练;后学堂学驾驶,采用英国海军的培养方法训练。而且结合中国实际,实行"权操诸我"的原则,形成特色鲜明的中国化办学模式,如厂校一体、工学结合;严格管理、精益求精;引进人才、契约合作;留学深造、因材施教等。晚清 40 多年,船政学堂共毕业学生 510 名(连同民国初期毕业的共 629 名),选送出国留学生四批及另星派出共 111 人。他们分赴法、英、德、美、比、西、日等国。学成回国,成为我国科技力量的主要骨干。

船政是近代中西文化交流的一面旗帜。她引进了西方的应用技术,也就是所谓"西艺",高起点嫁接,迅速地提高了造船、航海、飞机、潜艇、枪炮、鱼雷、矿冶、机械、无线电、天文等科技和工艺水平。还引进西方的政治、经济、法律思想,突破了"中学西用"的框框,引进了触动"中学"的"西政"观念,推动了中国近代社会向科学与民主方向发展。还有留法归来的王寿昌帮助林纾翻译法国小仲马《茶花女遗事》,震撼中国文坛,促使不懂外文的林纾与许多人合作翻译出 184 部外文名著。同时将中国文化介绍到国外去,陈季同就是杰出的一位。他在法德等国使馆工作多年,熟悉欧洲社会与文化生活,时常出入巴黎文艺沙龙,写了许多介绍中国现状和中国文学的法文作品,在法国文坛上享有盛名,成为近代中学西传的第一人。

船政的历史影响十分深远

船政对闽台关系的影响。福建与台湾具有特殊的渊源关系,而船政与台湾的关系也非同一般。1866 年船政创办,到 1895 年甲午海战后割让给日本共 30 年。30 年中,船政始终担任着繁重的台防、通航和支持经济建设的任务。船政第二艘兵船"湄云"号 1869 年下水,1870 年就首航台湾运粮食。随后,"琛航"、"永保"等船担任了闽台通航任务。轮船水师成立后,自制的舰船在澎湖台湾执行海防任务。船政还在探矿、地图测绘、电线架设、海底电缆敷设、台湾电报学堂教学等方面做出贡献。但最重要的是船政通过甲戌巡台和随后的治台,促进了台湾的近代化建设。李鸿章曾称盛赞沈葆桢:"我公在彼开此风气,善后始基,其功更逾于扫荡倭奴十万矣。"连横先生也高度评价说:"析疆增吏,开山抚番,以立富强之基,沈葆桢缔造之功,顾不伟欤?"

船政对海军建设的影响。船政成立轮船水师,建立了中国第一支近代意义的海军舰队,担负起万里海疆的防卫任务。船政学堂培养了一批海军英才,成为后人乐于称道的海军摇篮。《清史稿》记载"船政学堂成就之人才,实为中国海军人才之嚆矢"。船政几乎是独立地承当了甲戌巡台、遏制日军侵台的任务,成就了中国近代海军保卫海疆、保卫台湾的壮举。在中法马江和中日甲午两次近代海战中,中方的主要力量是船政,写下可歌可泣的英烈是船政学堂的毕业生。他们英勇抗敌,不怕牺牲,表现了大无畏的英勇气概和强烈的的爱国主义精神。晚清以来的海军主要将领,都来自船政,其影响十分深远,甚至形成了难以淡化的海军"闽派"。

　　船政对科技教育的影响。船政学堂引进西方教育模式，建立了现代教育制度，培养了大批的科技人才，同时派遣留学生出国深造，顺应了国家对科技人才的迫切需要。船政留学生为了窥视西方"精微之奥"，于"庄岳之间"如饥似渴学习西方先进文化，表现出惊人的毅力和顽强刻苦的学习精神。学成归国后成为中国近代化过程中不可多得的第一批最急需的多学科的优秀科技人才，培养了造船、航海、公路、飞机、潜艇、枪炮、鱼雷、矿冶、机械、无线电、天文等各类专家。推动着中国科学技术的进步和社会发展。船政开创了近代教育的先河，她以全新的教学体制和内容取代了中国传统的封建教育体制和内容，为中国近代教育体系的形成奠定了坚实的基础。此后，继之而起的其他学校都直接或间接地受到了船政学堂的影响，船政学堂的办学方针、教育规模和教育体系成为当时中国创办近代教育的重要蓝本。被李鸿章誉为"开山之祖"。

　　船政对思想文化的影响。船政采取引进来、走出去的办法，使学子们开阔了眼界，增长了知识，同时改变了思维，了解到差距，促使他们去追求真理，探寻救国良方。他们大量翻译西方的政治经济学说，大大影响了中国近代的思想界，最有代表性的就是严复。他运用西方进化论和天赋人权学说，宣传变法图强的思想主张，连续发表政论文章，翻译《天演论》等名著，振聋发聩，影响深远，成为中国近代杰出的启蒙思想家，深刻地影响着维新变法、辛亥革命、新民主主义革命的进程。陈季同是提倡世界文学的第一人。他译载贾雨的记实性长篇小说《卓舒及马格利小说》，翻译出版了雨果、莫里哀、左拉等名著，还将《聊斋志异》等译成法文本，用法文写了小说《黄衫客传奇》和法文轻喜剧《英雄的爱》，是著名文学家曾朴的导师。工寿昌与林纾翻译的《茶花女遗事》影响深远。马建忠的《马氏文通》，开拓了近代汉语文法研究新领域。严复的信达雅至今还是译界公认的原则。康有为曾写下"译才并世数严林"的诗句，盛赞译界巨子：思想界的严复与文学界的林纾。

三　船政文化有着不可估量的现实意义

　　船政文化是船政历史人物创造的物化成就和政治精神文明成果。其核心是强烈的爱国自强精神和强烈的海权意识。她是中华传统优秀文化的重要组成部分，是中国近代史上值得大书特书的重要篇章，也是福建历史和海西文化不可或缺的辉煌一页。船政文化所凝结的爱国自强、勇猛精进、改革创新、重视科教和人文、提升海权意识和开风气之先的精神都是近代化建设所必需的。大力弘扬船政文化，对推进改革开放和海洋战略，对加快海西建设和中华民族的伟大复兴，有着不可估量的意义。

第一，近代化意义。

社会学家认为，在人类历史长河中，有着三次伟大的革命性转变。第一次是人类的出现。第二次是人类从原始状态进入文明社会。第三次是从农业文明、游牧文明逐渐过渡到工业文明。社会学者、历史学者一般把人类历史上的第三次大转变理解为近代化。近代化是一场社会变革，是向近代文明的进化。它以科技为动力，以工业化为中心，以机器生产为标志，并引起经济结构、政治制度、生活方式、思想观念的全方位变化。

中国的近代化进程缓慢，从19世纪60年代才开始启动。一般认为洋务运动是标志性的起点。洋务运动力图通过采用西方先进的生产技术，摆脱内忧外患困境，达到自强求富的目的。洋务运动正是以科技为动力，发展机器大生产，从而促使经济、政治、思想的变化，促进社会的大变革。在这场运动中，福建船政表现突出，成就显著，影响广泛深远。从工业化的角度看，船舶工业是机械工业的集大成者，是机械生产水平的综合反映，也是当时近代工业文明的重要标志。

船政拉开了中国人放眼看世界的序幕，吹响了中国从传统农业文明向工业文明进军的号角。一百多年来，社会变革和工业化进程几经波折，现已进入快步发展和与信息化同步发展的阶段。认真总结历史经验教训，对加快工业化进程有着重要的现实意义。她大胆引进先进技术和管理经验，是最早进行改革开放、先行先试的实验区。她采取先引进，高位嫁接；后消化，研究创新；再留学跟踪，穷追不舍的做法，无疑是值得借鉴的。

回顾历史，我们会发现，当年的船政事业和现在的海西建设是一脉相承的。海西建设是船政事业在新时期的继续与发展，海西近代化建设的起点可以追溯到船政；船政文化所凝结的爱国自强、勇猛精进、改革创新、重视科教和人文、提升海权意识和开风气之先的精神是海西建设所必需的，加快海西建设必须大力弘扬船政文化。

第二，海权意义。

船政重视海防建设，建立军事基地，培养自己强大的海军，对海岸线长、海洋面积大、轮船这种流动国土大量航行于世界各地的大国来说，始终是不可忽视的要务，在恐怖主义向全球曼延的今天，尤为重要。她是近代中国迈向海权的先驱者，给后人留下许多重要启示。

1. 提高海权意识，东南之利在于水

历代封建统治者历来推崇儒家学说，主张和为贵，总体来说是以防为主。甲午战争前几年，美国海军学院院长马汉发表了海权理论，震动了世界。马汉的海权理论，是将控制海洋提高到国家兴衰的高度，海权的实质就是，国家通过运用优势的海上力量与正确的斗争艺术，实现在全局上对海洋上的控制权力。在这之前，当时的国人还没有认识到这样的高度，但船政的创办已初露端倪。

1866 年 6 月，左宗棠提出"惟东南大利，在水而不在陆"的精辟观点。他认为各国都在大海争利，彼有所挟，我独无之。中国自强"必应仿造轮船以夺彼族之所恃"。夺其所恃就是在军事上有效地制衡外敌，在经济上"分洋商之利"。首任船政大臣沈葆桢一再强调"船政为海防第一关键"。船政造船制炮、整顿水师、培养海军人才都围绕着海权上做文章。

船政创建表明，加强海防建设已由少数知识分子的议论，成为清政府的国防政策。这是近代中国海洋军事发展进程中一个具有重要意义的进步，也是开始迈向海权的第一步。

2. 加强门户建设，虎视眈眈不可忘

台湾为七省门户。七省及沿海各省有广东、福建、浙江、江南（江苏与江西）、山东、直隶、盛京等，台湾孤悬在外，为其门户，历来为兵家必争之地。日本更是虎视眈眈，觊觎已久，总想趁虚而入。因而，门户建设显得尤为重要。

1874 年 2 月，日本政府借口"牡丹社事件"侵台。清政府派船政大臣沈葆桢以钦差大臣率领自己的船政舰队赴台。迫使日本"不得大逞于台，遂罢兵归"。这是近代中国海军舰队第一次抗御外国侵略势力入侵台湾的军事行动，是中国近代海军保卫海疆、保卫台湾的壮举，也显示了船政实施海权的成就和功绩。

汉代，日本是"汉委倭奴国"，但不安分，后常侵朝、犯唐。明代，倭寇是日本海盗集团，14 世纪至 16 世纪活动猖獗，后被平定。但日本犯

唐之心不死，设立台湾都督府和牡丹社事件就是例证，更不要说以后的侵华。

沈葆桢深刻地认识到这一点。他认为"东洋终须一战"，临终遗嘱还念念不忘日本对台"虎视眈眈""铁甲船不可不办，倭人万不可轻视"。日本侵台刚结束，他就把善后工作当成创始性工作来抓，相继提出并实施了一系列治台政策和改革措施，为台湾的近代化奠定了基础。在李鸿章给他的信中说道："我公在彼开此风气，善后始基，其功更逾于扫荡倭奴十万矣。"连横先生高度评价沈葆桢的巡台治台，说"析疆增吏，开山抚番，以立富强之基，沈葆桢缔造之功，顾不伟欤？"目前，台海局势缓和，有利于和平发展，但统一大业仍要付出艰辛。门户建设仍然是个值得深思的沉重课题。

3. 落实科技战略，念念不忘铁甲船

实施制海权，除了提高海权意识、加强门户建设之外，重要的是制海实力。落后只能挨打，只有落实科技战略，发展高科技，武装海上实力，才能立于不败之地。

林则徐在总结鸦片战争的教训时，认为"器不良"、"技不熟"是重要原因，认为"剿夷而不谋船炮水军，是自取败也"。左宗棠、沈葆桢是把师夷制夷付诸实践，瞄准当时的高科技，取人之长补己之短，建立了中国最大的，也是远东最大的船舶工业基地；建立了中国最早的兵工厂；建立了中国第一支海军舰队。船政引进先进的技术和管理，进行消化吸收，使科技水平在当时处于领先地位。

沈葆桢始终认为铁甲船不可无。后任船政大臣裴阴森落实这一精神，造出了铁甲舰平远号，遂了沈葆桢生前建造铁甲之愿。建造铁甲舰和增加巡洋舰船，用它在海上与敌交锋，克服"不争大洋冲突"的消极防御思想，采取积极的高科技战略，海权意识得到了进一步提升。

总之，船政是近代中国迈向海权的先驱者、佼佼者。今天，台海局势、南海主权、中美关系、中日关系、海军护航等问题都与海权有关。如何总结历史的经验教训，从中获得启迪，是我们必须认认真真面对的。弘扬船政文化，有着更多的重要启示。

第三，培养人才与教育的意义。

创办船政，沈葆桢将把办学培养人才作为根本，一再强调"船政根本在于学堂"。1866年12月23日船政工程全面动工，求是堂艺局即船政学堂就同时开学招生。她引进先进的教育模式，结合中国实际，实行"权操诸我"的原则，形成特色鲜明的中国化办学模式，成为各地纷纷效仿的样板。被李鸿章誉为"开山之祖"。

沈葆桢认为洋人来华教习未必是"上上之技"，"以中国已成之技求外国益精之学"必然事半功倍。他认为"窥其精微之奥，宜置之庄岳之间"。"庄岳之间"即齐国。这是孟子的话，意思是要学好齐国话，就要到齐国去。正是这种指导思想，船政学堂建立了留学制度。留学使出国青年开阔了眼界，增长了知识，改变了思维，学到了西学西政，也促使他们去追求真理，探寻救国良方。

船政学堂建立了与工业化和海军建设相适应的教育模式，培养了大量人才，成为中国近代科技和海军队伍的摇篮。据不完全统计，船政培养海军军官和军事技术人才1100多名，占中国近代海军同类人员的60%。叶祖珪、萨镇冰、蓝建枢、刘冠雄、李鼎新、程璧光、林葆怿、黄钟瑛等都是船政毕业的海军高级将领。《清史稿》记述"船政学堂成就之人才，实为中国海军人才之嚆矢"。

船政当年一手抓制造，一手抓人才。沈葆桢说船政"创始之意，不重在造，而重在学"，"船政根本在于学堂"。这种高度重视教育的思想，以及工学紧密结合、科技与人文结合、求实求精、针对性强等特色至今仍然有十分重要的现实意义。船政学堂是影响深远、比北大清华还早的一所高校。它诞生在福建。作为诞生地有责任有义务把它恢复起来，重塑开山祖的形象。

第四，思想文化意义。

船政的一个重大收获是思想文化收获。杰出的代表是诞生了启蒙思想家严复。这是最了不起的收获。在整个近代化进程中，深刻了解西方的是严复，提出一整套救国治国方案的是严复。学术界认为："比较全面、比较深刻、比较透彻、比较准确地回答了要建设一个什么样的现代国家和怎样建设现代国家的问题。"他透视西学，提出了西方国家"以自由为体，民主为用"的精辟论断；抨击时局，破天荒地揭露专制君主是窃国大盗；传播西方进化论、社会学理论、经济学理论等，发出"物竞天择"和"不变法则必亡"的呐喊；认为"西人之强，不在坚船利炮，而在于宪政与民权"，提出"开民智"、"鼓民力"、"新民德"强国富民的救国主张，推动了中国近代社会向科学与民主方向发展。受严复的影响，梁启超写了《新民论》，认为新民是中国第一要务。智与力成就甚易，唯德最难。鲁迅先生弃医从文，也是看到医治灵魂比身体重要。近代化有两个层面，物质层面的近代化较容易，政治精神层面的较难，而人的现代化最难。改革开放以来，经济发展迅猛，我国一枝独秀，物质层面的现代化成效喜人，而政治层面尤其是人的现代化还任重道远。

第五，文化品牌意义。

船政文化积淀深厚，是一笔巨大的无形资产。打响船政品牌，有利于提高开发区的知名度和文化品位。福州历史悠久，人文品位很高，船政旅游资源丰富，开发旅游产业的前景十分广阔。在闽江沿岸建立历史长廊，用船政精英的名字命名福州和马尾的道路街区，设立中国船政文化节，都是提升船政品牌的重要内容。船政文化体现的民族精神，是难得的精神财富。大力弘扬船政文化，有利于培育这种民族精神，激励后人爱国自立、自强不息、求实求是、开拓创新。

船政虽然是洋务运动的产物，但其意义远远超过运动本身。她高标近代，也必将影响未来。

六

新知高校行福州大学专题讲座

我今天讲的题目是"船政学堂的历史地位"。

1866年（同治五年）12月23日，福建船政工程正式动工，求是堂艺局招生105名。从此，中国近代的一所高等学府诞生了。经过一百多历史沧桑，学堂已面目全非，但是，船政学堂的历史地位是无可挑剔的，她在人们心目中的影响也是抹不掉的。今天我们重温这段辉煌的历史，研究船政学堂及其教育模式，继承其优良的办学传统，揭示她的历史地位，仍然有着积极的现实意义和深远的历史意义。下面我谈谈船政学堂的历史地位：

一 中国近代引进西方教育模式的第一所高等院校

船政学堂引进西方教育模式，先后设立八所学堂，设有造船、造机、驾驶、管轮、电报、测绘等专业。前学堂采用法国军港士官学校的科目训练，修法语；后学堂采用英国海军的培养方法训练，修英语。学制 3~7 年。各个专业都有比较完整的教学课程体系，都设有堂课（理论课）、舰课或厂课（实践课）。堂课又分为内课、外课和中文三部分，内课又分文化课、专业基础课和专业课。这种课程体系打破了封建教育的传统模式，开创了近代教育的先河，是一所按技术分设专业的近代高等院校。

船政学堂是不是第一所高等院校，有不同的看法。一般认为：京师同文馆是中国近代最早设置的新式学校，也是中国近代第一所高等学校；天津中西学堂为中国第一所近代性质的高等学校；京师大学堂是中国第一所近代大学。

京师同文馆是1862年6月创办的，实际上是一所培养翻译人才的外语学校。招收年龄在14岁左右的八旗子弟入学。除学习中文外，还学习一门外语（最初是英语，后增设法语、俄语）。开办时即申明"查旧例"，就是按原先的俄罗斯文馆旧例办理。俄罗斯文馆建于乾隆年间，其前身可追溯到明代的"四译馆"。说是第一所"'新型'高等专科学校"显然缺乏根据。潘懋元教授分析得好，他认为京师同文馆"无论从学生水平或课程设置上看，它都不具备近代高等教育的基本特征"。即使是 1867 年京师同文馆增设的天文算学馆"也不是中国近代第一所高等学校"，当年招生 30 名，退学 20 名，只剩下 10 名学生，大多是有了孙儿的老头，只好并入旧馆。所以"无论从创办时间、分科设置专业以及专业课程体系，都应让位于船政学堂"。而天津中西学堂、京师大学堂都在船政学堂诞生 29 年和 32 年以后才成立的。显然船政学堂是中国近代第一所高等院校。潘懋元教授还认为"船政学堂在建立高等教育体制、为国家培养高级专门人才，促进中西文化交流上，比之清末许多高等学校，影响更深，作用更大。"①

二　中国近代第一所海军军事院校

首先，船政学堂创办的初衷之一，就是为了整顿水师。左宗棠上奏清廷设立船政衙门的奏折就讲道"欲防海之害而收其利，非整理水师不可"。船政衙门造船，主要造的是军舰，武装海军；同时制炮，生产鱼雷，也是为了武装水师。船政学堂培养的人才，主要是造船和驾驶人才，也都是为造舰和水师服务。求是堂艺局章程明确规定"各子弟学成后，准以水师员弁擢用"。中国近代第一支舰队正是从船政学堂开始的，她比南洋水师（1884 年创立）、北洋水师（1888 年创立）都早。因此，船政被誉为"中国海防设军之始，亦即海军铸才之基"。

其次，船政学堂实行的是供给制和军事化管理。"饮食及患病医药之费，均由局中给发"，"饮食既由艺局供给，月给银四两"；学生管理由稽察、管理委员负责，学堂"派明干正绅，常川住局，稽察师徒勤惰"。在外人看来，造的主要是兵船，培养训练的主要是水师，更像是海军军事基地，所以，当年的洋监督日意格就称其为"The Foochow Arsenal"，即福州

---

① 潘懋元：《中国当代教育家文存潘懋元卷》，华东师范大学出版社，2006，第 270～272 页。

兵工厂①。

再次，培养了一代又一代的海军人才。据不完全统计达 1100 多名，占中国近代海军同类人员的 60%，晚清和民国时期的多数海军高级将领，如总理南北洋海军兼广东水师提督的叶祖珪、曾一度代理北洋政府国务总理的海军大臣萨镇冰、领衔发表著名的《海军护法宣言》的海军总长程璧光、被孙中山任命为海军总长兼总司令的海军上将黄钟瑛、历任海军总长、交通总长、教育总长等职的刘冠雄等等，都是船政的毕业生。清史稿也记载"船政学堂成就之人才，实为中国海军人才之嚆矢"②。

从学校的沿革看，民国时期划归海军部管理，前学堂改名为海军制造学校，后学堂改名为海军学校，艺圃改名为海军艺术学校。1917 年增设海军飞潜学校，1924 年并入制造学校，1926 年又合并为马尾海军学校（1930 年改名为"海军学校"，去掉"马尾"二字）。一脉相承的沿革也清楚地说明船政学堂是中国近代第一所海军军事院校。她不单是培养海军军事人才的高等院校，而且也是海军军官的在职培训基地。

三 中国近代首创留学生教育制度的高等学府

1872 年，第一批幼童留美，这是中国政府正式派遣的第一批留学生③。但幼童留美，实际上并不成功。而船政学堂派遣留学生却对当时社会产生了巨大影响，其成功的经验就在于：

第一，留美幼童为 12～16 岁，没有学过基础课程和自然科学，去美国后要从语言学起，由小学、中学到大学，先打好基础再进入专业学习。学制 15 年。时间长，成效慢。而船政所派留学生均是 20 岁以上的成年人，并已经过外语和专业的系统学习，又有相当的实践经验，出国后主要任务是提高和深造，时间短，见效快。用沈葆桢的话说，是"以中国已成之技求外国益精之学，较之平地为山者又事半功倍矣"④。

第二，留美幼童出国留学计划欠周密，学习目标不明确，而船政学堂

---

① 左宗棠：《左宗棠全集》：书牍卷七，湖南：湖南岳麓书院，1987. 25
② 赵尔巽：《清史稿》，卷一百七十一，香港：中华书局，1977. 3123.
③ 钱钢、胡劲草：《大清留美幼童记》，香港：中华书局，2004. 54～55.
④ 同治十一年四月初一日（1872 年 5 月 7 日）船政大臣沈葆桢《船政不可停折》。

留学计划周密，学习目标明确，针对性强。采用对口学习的办法，在原有扎实的专业基础上深造提高。留学计划既有理论要求，又强调实践和专业调查，规定每生每年参观、考察 60 天，因此学生的动手能力强，知识面宽，效果更为明显。

第三，留美幼童学习时间长，经过一段时间学习后，学习差距拉开，学生学习的地方分散，加上监督不善，问题较多。被迫提前六年至九年于1881 年全部撤回，没有完成原计划。而船政留学，设立华、洋监督，管理严格，学生每 3 月一考试，3 年学习期满前 3 个月通过最后考试。前三届均学满三年回国，完成留学计划。只有第四届六学生因经费困难，少数未按计划学完而提前回国。

第四，留美幼童年纪小，可塑性强，赴美不久就出现了模仿西方生活方式的问题，引起清廷的不安（当然未必要大惊小怪）；而船政所派留学生均是品学兼优的精英。他们"深知自强之针，舍此无可他求，各怀奋发有为，期于穷求洋人秘奥，冀备国家将来驱策，虽七万里长途，均踊跃就道"，富有爱国心和强烈的使命感，都能刻苦学习。留学期间，留学监督还坚持"用中国之心思通外国之技巧"的原则，要求留学生"于闲暇时，宜兼习史鉴等有用之书，以期明体达用。所有考册，由两监督汇送船政大臣转咨通同大臣备核"①。因此学成回国，都能成为报效国家的有用之才。

因此，从中西文化交流的实质性成效看，从高等学府选派和建立留学生教育制度看，真正建立起中国留学生教育制度的基本模式并沿袭下来的是船政学堂。

四　中国近代第一个产学一体、多元结合的教育机构

首先是产学一体。船政学堂的体制既不是厂办学校，也不是校办工厂，更不是厂校联合或合作。而是规划统筹，难解难分。监督既管学堂，又管工厂；教习既是教师，又是工程师；学生要"手脑并用、技艺斯通"，既学习理论，又参加劳动，并承担生产任务。这种厂校一体化的办学体

---

① 《李文忠公全书》奏稿卷二十八。高时良：《中国近代教育史资料汇编》"洋务运动时期教育"，上海教育出版社，1992，第 919～920 页。

制，是产学研结合的高级形式，比现时所提倡推行的产学研联合体或厂校挂钩合作之类，更能体现教育与生产劳动紧密结合。由于是产学一体，各个专业都能根据各自的特点安排大量的实习。如制造专业，有蒸汽机制造实习课，船体建造实习课。每门实习课每天要进行数小时的体力劳动。设计专业，3 年学习期间，有 8 个月的工厂实习。管轮专业，先在岸上练习发动机装配，再到新建轮船上安装各种机器。驾驶专业的学生，先以 3 年时间，在学堂中学习基础课程和航海知识，然后上"练船"实习，用 2 年和更多的时间学习"一个船长所必须具备的理论与实际知识"以及海战、射击术和指挥。这种用 2 年和更多的时间上自备的"练船"实习和训练的做法，至今也是全国所有航海院校难以做到的。正由于教学与生产劳动紧密结合，船政学堂办了 5 年之后，制造专业的学生，已有独立制作、管理车间、指挥施工等能力。1875 年 6 月开工建造的十七号"艺新"轮船，7 月开工的十八号"登瀛洲"轮船就是由第一届毕业生吴德章、汪乔年等设计监造的。此为"船政学堂学生放手自制之始"，以后建造的船舶绝大多数由毕业留校学生自行设计监造，共有 18 艘之多①。驾驶专业学生，原定于 5 年之内，达到能在近海航行的要求，实际在"练船"实训期间，就远航南洋各国，扬威日本。

其次是多元结合。前后学堂引进西方教育模式，从专业设置、课程组织、教学水平和留学状况看，可以说船政学堂实行的是普通高等教育。但从重视实践和动手能力和学生毕业后的技术水平看，船政把当时社会急需的高等工程技术人才作为主要培养目标，是个实业学堂，也可以归入高等职业技术教育。船政学堂还设立绘事院，培养测绘技术人员。从培养目标和课程设置看，实行的是中等职业技术教育。艺圃，又称学徒学堂，实行的是半工半读的技工教育。艺圃改为海军艺术学校后，及以后改设为福建省马江私立勤工初级机械科职业学校（简称勤工学校）、福建省立林森高级商船职业学校（简称商船学校）、福建省立高级航空机械商船职业学校（简称高航学校），主要实行的是中等专业技术教育。船政学堂的系列学校还承担了许多在职培训任务。因此，按现在的说法，她应是熔普通教育、职业教育、成人教育于一炉，集多元教育于一体的院校。

---

① 林庆元：《马尾船政局史稿（增订本）》，福建人民出版社，1999，第 488～500 页。

五 近代中西方文化交流的一面旗帜

引进了西方的科学技术，也就是所谓"西艺"，高起点嫁接，迅速地提高了造船、航海、飞机、潜艇、枪炮、鱼雷、矿冶、机械、无线电、天文等科技和工艺水平。同时引进西方的政治、经济、法律思想，突破了"中学西用"的框框，引进了触动"中学"的"西政"观念。在这方面，严复是一个典型。他透视西学，提出了西方国家"以自由为体，民主为用"的精辟论断；抨击时局，破天荒地揭露专制君主是窃国大盗；传播西方进化论、社会学理论、经济学理论等，影响了梁启超、康有为、谭嗣同等维新派人物，成为维新变法的精神领袖；提出了强国富民的救国方略，鼓吹"开民智""鼓民力""新民德"，成为中国近代杰出的启蒙思想家，推动了中国近代社会向科学与民主方向发展。在传播西学方面有所作为的还很多。例如留法归来的王寿昌帮助林纾翻译法国小仲马《巴黎茶花女遗事》，震撼中国文坛，促使不懂外文的林纾与许多人合作翻译出184部外文名著。使林纾与严复、辜鸿铭成为中国近代三大翻译家。陈寿彭翻译《格致正轨》、《八十日环游记》，罗丰禄翻译《海外名贤事略》、《贝斯福游华笔记》等都有一定影响。还有马建忠，在欧洲从事外交工作多年，精通英文、法文、希腊文、拉丁文，得以根据外文文法，研究古汉语文法，撰写了《马氏文通》，开辟了近代汉语文法研究的新领域①。

将中国文化介绍到国外去，陈季同就是杰出的一位。他在法德等国使馆工作多年，熟悉欧洲社会与文化生活，时常出入巴黎文艺沙龙，写了许多介绍中国现状和中国文学的法文作品，如《中国人自画像》、《中国人的戏剧》、《中国娱乐》、《中国拾零》、《黄衫客传奇》、《一个中国人笔下的巴黎人》、《中国故事》、《吾国》等，还用法文写了一部以中国问题为题材的喜剧《英勇的爱》②，在法国文坛上享有盛名，成为近代中学西传的第一人。

---

① 马建忠：《马氏文通》，商务印书馆，2002，第1~2页。
② 陈季同：《学贾吟》，上海古籍出版社，2005，第162~163页。

六　近代西方先进教育模式中国化的典范

（一）船政学堂食洋能化，创造了自己的教育模式。她引进西方先进的教育模式，结合中国实际，实行"权操诸我"的原则，变成自己的东西，形成特色鲜明的中国化办学模式，很多都是开风气之先的。其教育模式，笔者认为至少有以下几方面：引进西方先进的教育模式、为我所用的办学原则；突破传统、高位嫁接、大胆改革创新的办学理念；引进洋教、契约合作与独立自主、土法上马结合的办学方式；厂校一体化、工学紧密结合的办学形式；熔普教、职教、成教于一炉，高中低结合的办学体系；科技与人文结合、培养爱国情操的教育形式；人才为本、精益求精、因材施教的教学理念；针对性和实用性强的专业设置与课程体系；"权操诸我"的学生管理模式；引进外教、外文教学与留学深造的培养模式。

（二）实践证明，船政学堂的办学模式是成功的。一是短时间内就取得了明显成效，培养的人才成为社会中坚力量，被誉为科技和海军的摇篮。近代很多第一都出自这里，如第一艘千吨级舰船"万年清"号、第一艘巡洋舰"扬武"号、第一艘铁协木壳船"威远"号、第一艘铁甲舰"龙威"号、第一艘水上飞艇等都是在马尾建造的。中国近代的第一支舰队也是在这里诞生的。1887 年 7 月敷设了中国的第一条海底电缆，即福州马尾川石岛——台湾淡水的海底电缆，全线长 117 海里。使用电灯、电报、电风扇、探照灯、生产鱼雷、机制铜钱等也都是师生们的首创。二是船政学堂成为各地纷纷效仿的样板。天津、广东、威海卫、昆明湖、江阴、湖北、吴淞、上海、青岛等各类学校相继开办，都采用船政学堂的办学模式。船政学堂的教师和毕业生，很多被派到各地担任要职，严复、蒋超英、谢葆璋（谢冰心之父）、魏瀚、叶祖珪、萨镇冰等均先后分别调往各地学堂担任总教习、督办、会办、总办等。

船政学堂的成功实践以及后来其他学校的相继举办，直接推动中国政府逐步建立起适应社会潮流发展的近代教育制度。

七

"船政与中国梦"专题讲座 *

习近平总书记说：从鸦片战争到五四运动，从辛亥革命到新中国成立，从一穷二白的半殖民地半封建主义国家到正欣欣向荣蓬勃发展在国际社会具有举足轻重的泱泱大国，中华民族走过了一段峥嵘岁月。在行走的岁月里，每一个人的梦想就是要实现国家的昌盛、民族的富强，这就是"中国梦"。

一　船政是中国梦开始的地方

（一）船政的实施是当年的文化自觉。林则徐—魏源—左宗棠—沈葆桢。强烈的自强精神。

（二）船政走的是中国自强道路。

1. 目标是自我强化：师夷长技以自强

船政的创办有其强烈的目的性。她是洋务运动的产物，是以林则徐为代表的一批知识分子向西方寻求真理、探索强国御侮之道的一种可贵探索。同治五年六月初三日（1866年7月14日），同治皇帝接到左宗棠上奏清廷《试造轮船先陈大概情形折》后，做了批示"中国自强之道，全在振奋精神，破除耳目近习，讲求利用实际"。同治五年十一月二十四日（1866年12月30日），同治皇帝批准左宗棠所奏的船政章程，钦命"沈葆桢总理船政"，并进一步指出"此次创立船政，实为自强之计"。

2. 项目是自主选择：自造舰船，自建海军

船政的创办完全是清朝政府的自我选择。19世纪50～60年代，世界海军的发展正由风帆轮机木质前装滑膛炮战舰向风帆轮机装甲后装线膛炮

＊　应邀在民办本科高校——福州外语外贸学院做题为《船政与中国梦》的报告

战舰过渡，左宗棠酝酿提出建立船政创办近代海军，刚好契入世界海军发展的这个历史性的转折点。当时的起点应该是高的，加上沈葆桢的卓越运筹，在短短的八年时间里就建起中国第一支海军舰队，初步达到整顿水师的目的。船政被誉为"中国海防设军之始，亦即海军铸才之基"，其影响十分深远。

3. 国际法是主动利用；在被动的外交中选择主动

船政运用国际通用的契约形式，与洋教习签订合约，采用高薪雇佣外国技术人员进行包教包会的办法明确中方和外方在建设期间的职、权、利，并认真执行合约，坚持"条约外勿说一字，条约内勿取一文"，好的延聘，违规的解聘，在被动的外交中争取了主动。始终坚持"能用洋人而不为洋人所用"的原则。

4. 管理上是独立自主：权操诸我与人文教育

船政坚持在体制和管理上"权操诸我"，独立自主地开展工作，其大权完全掌握在船政大臣手里，也就是中国人手里，并派员绅"常川住局"，和学生们住在一起，坚持人文方面的教育，培养出一批富有爱国情怀的学生，在马江海战、黄海海战中表现突出，像陈英、邓世昌等许多是民族英雄。先贤先烈们的人格力量也无时无刻不在激励着学生们的爱国主义热情。

5. 策略上是主动对外：引进来，走出去

引进来，走出去，是船政的技术发展策略和人才培养战略。她既请进来，引进技术、设备、管理、人才和教育模式，又走出去，让学生出国留学深造，造就了中国近代的一批科技骨干和高级海军将领；同时也使他们处于中西文化交流的风口浪尖上，让他们能够站在更高的层面上来审视中国，寻找救国良方。

二 船政文化所凝结的精神是中华民族的伟大精神

船政文化是船政历史人物创造的物化成就和政治精神文明成果，它包括物质、政治、精神三方面，而其精华和灵魂是精神文明成果。有几个层面：

一是爱国自强精神。在列强瓜分中国的当时，船政人表现得尤为突出。1. 师夷长技以制夷就是富国强兵、抵御外侮的思想。2. 权操诸我的独立自主的原则。3. 船政奏响了中国人觉醒图强的进行曲，是民族自尊、爱国自强的典范。特别是甲申马江海战、甲午黄海海战，船政的学生正气凛然，奋勇杀敌，视死如归，伟大的爱国主义精神得到了充分的体现和升华。

二是改革创新精神。船政吹响了中国从传统农业文明向工业文明进军的号角。它进行了一系列的改革开放实验，许多都是开风气之先的。窥其精微之奥，正是面向世界的一种强烈的时代精神。创新是民族的灵魂。船政人开创了数十个第一，正是民族精神的充分体现。尤其是思想领先，更是难能可贵。最典型的代表就是严复。他是船政精英的杰出代表。他的思想影响了几代人，是中国近代最杰出的启蒙思想家。

三是重视科教、人才为本。"师夷长技"，引进技术、引进设备、引进管理、引进人才，派出去考察、派出去留学，紧追世界科技前沿。同时引进近代教育模式，把培养人才作为根本，从而使船政成为近代科技队伍的摇篮，成为中国近代教育的"开山之祖"。

四是重视海权。左宗棠充分认识到"东南大利，在水而不在陆"。他创办船政，就是林则徐、魏源"师夷制夷"海权思想的具体实践。沈葆桢也一再强调"船政为海防第一关键"，"船政为海防水师根本"。船政设立本身就是重视海权的体现。造船制炮、整顿水师、培养人才都围绕着海权上做文章。可以说"船政就是谋海权之政"，而且取得了世人公认的成就。孙中山先生就称赞船政"足为海军根基"。

归结起来船政文化的精神实质有爱国自强、改革创新、重视科教和海权意识几方面，但其核心就是强烈的爱国自强精神和强烈的海权意识。

习近平讲"实现中国梦必须弘扬中国精神。这就是以爱国主义为核心的民族精神，以改革创新为核心的时代精神"。船政文化所揭示的正是这种精神。

三 船政文化所揭示的真理博大精深，至今还有现实意义和深远的意义

(一) 引进技术是近代化起步的捷径

近代化是一场社会变革，是向近代文明的转化。它以科技为动力，以

工业化为中心，以机器生产为标志，并引起经济结构、政治制度、生活方式、思想观念的全方位变化。中国的近代化进程缓慢，一般认为洋务运动是标志性的起点。洋务运动力图通过采用西方先进的生产技术，摆脱内忧外患的困境，达到自强求富的目的。在这场运动中，船政表现突出，成就显著，影响广泛深远。改革开放以来，我们的经济建设取得了巨大的成就。其中一个重要原因就是引进先进技术和管理，实施出口导向工业化政策，大力发展外向型经济，使我们的工业迅速走向世界，从而大大缩短了工业化的进程，但与发达国家相比，技术上还有不少差距，因此引进先进技术仍然是不可忽略的重要任务。

（二）培养人才是近代化建设的核心

科学技术的进步为工业化提供了强大的推动力，而知识结构的变革是近代化的核心。我们常说：经济要发展，关键在科技，基础在教育，核心是人才。当年的船政正是把人才培养作为根本的。为了培养适合近代化建设的人才，船政引进西方先进的教育模式，结合中国实际，实行"权操诸我"的原则，形成特色鲜明的中国化办学模式，从而打破了封建教育的传统模式，开创了近代教育的先河，成为改革旧教育制度和建立近代教育体系的先锋和典范。这种改革是革命性的，很多都是开风气之先的。她突破传统，大胆革新，采用契约合作、引进外教、留学深造的培养模式，采取厂校一体化、工学紧密结合的办学形式，形成熔普教、职教、成教于一炉的办学体系，实行科技与人文结合、培养爱国情操和人才为本、精益求精、因材施教的教学理念，专业设置与课程体系针对性和实用性强，特色鲜明，成效卓著。她建立了与工业化和海军建设相适应的人才培养模式和留学制度，成为各地纷纷效仿的样板，成为科技和海军人才的摇篮，被李鸿章誉为"开山之祖"。

百年大计，教育为本。教育是民族振兴、社会进步的基石，强国必先强教。当今世界多极化、经济全球化深入发展，科技进步日新月异，人才竞争更为激烈。我国正处在改革发展的关键阶段，经济发展方式加快转变，改革教育仍然是重要而紧迫的任务，培养人才仍然是近代化建设的核心。

（三）门户建设是维护主权的重要内容

台湾为七省门户。七省及沿海各省有广东、福建、浙江、江南（江苏与江西）、山东、直隶、盛京等，台湾孤悬在外，为其门户，历来为兵家必争之地。日本更是虎视眈眈，觊觎已久，总想趁虚而入。因而，门户建设显得尤为重要。福建与台湾具有特殊的渊源关系。而船政与台湾的关系也非同一般。1866 年船政创办，到 1895 年甲午海战后割让给日本共 30年。30 年中，船政始终担任着繁重的台防、通航和支持经济建设的任务。船政第二艘兵船"湄云"号 1869 年下水，1870 年就首航台湾运粮食。随后，"琛航"、"永保"等船担任了闽台通航任务。轮船水师成立后，自制的舰船在澎湖台湾执行海防任务。船政还在探矿、地图测绘、电线架设、海底电缆敷设、台湾电报学堂教学等方面做出贡献。但最重要的是船政通过巡台治台，促进了台湾的近代化建设。1874 年 2 月，日本政府以"牡丹社事件"为借口，公然无视中国主权，由内阁会议通过《台湾番地处分要略》，决定派遣陆军中将西乡从道为"台湾番地事务都督"，率兵侵台。清政府派船政大臣沈葆桢以钦差大臣去台湾办理台务。同年 6 月 17 日，沈葆桢率领自己的舰队赴台。沈葆桢到台后，一面向日本军事当局交涉撤军，一面积极着手布置全岛防务。日本见台湾防务强大，自己羽毛未丰，"不得大逞于台，遂罢兵归"。这是近代中国海军舰队第一次抗御外国侵略势力入侵台湾的军事行动，是中国近代海军保卫海疆、保卫台湾的壮举，也显示了船政维护主权的成就和功绩。

随后几任船政大臣都亲临台湾继续沈葆桢的治台政策。丁日昌是沈葆桢推荐的继任者。他上任后两次渡海，视察台湾，精心筹划台防，主持架设电线，并设立了电报局。他还派遣船政总监工叶文澜赴台用机器开采基隆煤矿，成为中国最早投产的现代煤矿。丁日昌认真整顿台湾吏治，做好"抚番"工作，厘订了"抚番开山善后章程二十一条"，先后创建义学一百余所。他还鼓励在台湾在北部试种茶叶，在南部山地试种咖啡，发展香蕉、菠萝、柑橘等经济作物。吴赞诚在船政大臣任上，亲赴台湾视察民情，加强防务，组织农耕和修路，改善少数民族生活。其间曾取道恒春，攀越悬崖，渡过大溪，忍受饥渴，行程达三百里。黎兆棠两度入台主政，大力整饬吏治，惩办恶霸，同时严厉打击法国不法商人的大规模走私行为。岑毓英两次渡台，深化了开山抚番的工作，并组织对大甲溪的疏浚。他们都对宝岛台湾的开发做出了一定贡献。

1895 年 4 月 17 日，清廷签订《马关条约》。割让台湾的消息传出，全国哗然。这种丧权辱国的行为，激起台湾民众的强烈抗议。他们"誓宁抗旨，死不事仇"。在这之前的 3 月，台湾巡抚唐景崧已急电朝廷派陈季同赴台，授予台湾布政使，以期通过陈季同的人脉和斡旋让法国出面进行干预。外交斡旋没有成效，陈季同运用他熟悉的《万国公法》内容，与台湾绅士邱逢甲等合议，策划设立"台湾民主国"，以"遥奉正朔"，拒绝割让，并"求各国承认"。当年 5 月 25 日，"台湾民主国"终于诞生，虽然终因寡不敌众而告失败，但作为一种地方性的临时抗日民主政权，有着重要的历史意义。

台湾被日本强占 50 年后回到祖国的怀抱。但随后的两岸分裂，又延续了 60 多年。解决台湾问题，加强门户建设，是实现统一大业，攸关中华民族的根本利益问题，是全体中国人民一项庄严而神圣的使命。在日趋激烈的竞争面前，两岸合则两利，分则两害。目前，台海局势缓和，有利于和平发展，但统一大业仍要付出艰辛。门户建设仍然是个值得深思的沉重课题。

（四）自主创新是近代化建设的关键

创新是民族进步的灵魂，是国家兴旺发达的不竭动力。一百多年来，社会转型在艰难曲折中前行，现已进入工业化与信息化同步发展的阶段。回顾历史，正是船政拉开了中国人放眼看世界的序幕，吹响了中国从传统农业文明向工业文明进军的号角。当年，创办船政就是二千年大变革的"非常之举"。在马尾设立总理船政事务衙门，这本身就是一大创新。船政瞄准当时的高科技，引进先进的技术和管理，进行消化吸收，使科技水平在当时处于领先地位。船政进行了一系列的革新开放实验，许多都是开风气之先的。她一边造船制炮，一边培养造舰驾驶人才，这本身也是破天荒的创举。她建造的第一艘蒸汽军舰、第一艘铁甲战舰、第一台蒸汽机、第一条电报线路，率先使用电灯、探照灯，创造了许许多多的全国第一。船政还重视自主创新能力的培养，1875 年开工建造的十七号轮船"艺新"号，已由船政培养的学生独立自主监造，"并无蓝本，独出心裁"，其中轮机、水缸图系由汪乔年测算绘制，船体图纸则由吴德章、罗臻禄、游学诗 3 人共同绘制。此后，船政建造的船舶大多数由毕业留校学生自行设计监造。据统计，自己设计监造的舰船达 18 艘之多。1870 年船政第三艘兵轮"福星"号下水后，清廷批准沈葆桢的奏请，成立轮船水师，由船政衙门统辖。这是近代中国第一支同旧式水师有着根本区别的新式水师，是中国近代海军建设的开端。随后，船政建造的舰船调往沿海各港口执行海防任务。这又是一个特殊时期的制度创新。船政大胆引进，是最早进行改革开放、先行先试的实验区。她采取先引进、高位嫁接，后消化、研究创新，再留学跟踪、穷追不舍的做法，是值得称道的。但我们也要看到，最先进的技术尤其是尖端技术是难以直接引进的，船政当年引进的技术也不可能是国际最先进的。中法马江海战的失败也很能说明问题。当时，法国参战有 5 艘巡洋舰，中方只有 1 艘巡洋舰。从吨位、动力、防护能力、火炮数量和威力等方面比较，法国舰队均占优势。而且乘退潮时对我军进行突然袭击，几个小时就基本结束海战。

历史教训告诉我们，要立于不败之地，就必须拥有自己的高科技，而只有自主创新，才能在世界高科技领域占有一席之地。唯有自己掌握核心技术，才能将祖国的发展与安全的命运牢牢掌握在自己手里。

（五）爱国自强是近代化建设的动力

船政的创办有其强烈的目的性，就是爱国自强。她是洋务运动的产物，是以林则徐为代表的一批知识分子向西方寻求真理、探索强国御侮之道的一种可贵探索。鸦片战争之后，关心社会的经世致用学者、思想家们开始抛弃夜郎自大的陈腐观点，关注世界，探索新知，关心时局，寻求强国御侮之道，掀起了向西方学习的新思潮。第二次鸦片战争的失败，使更多的中国人觉醒了。不同出身、不同地位的人物，在学习西方先进科学技术和思想文化的共识下聚集起来，形成了一股强大的政治势力——洋务派。他们适时地登上政治舞台，在 19 世纪 60 ~ 90 年代掀起了一场蓬勃的洋务运动，逐步形成中国近代早期的主动开放格局。奕䜣认为"治国的根本在于自强"。同治皇帝也指出"此次创立船政，实为自强之计"。左宗棠认为"惟东南大利，在水而不在陆"，"中国自强之策，除修明政事、精练兵勇外，必应仿造轮船以夺彼族之所恃"。沈葆桢一再强调"船政为海防第一关键","船政为海防水师根本"。在列强瓜分中国的当时,船政人表现得相当突出。

近代化是一场社会变革,充满着前进与倒退、革新与守旧的斗争。只有解放思想、更新观念、勇猛精进、自强不息才能推动近代化的发展。爱国自强是中华民族的优秀传统,林则徐一生以"苟利国家生死以,岂因祸福避趋之"为座右铭,为国为民、无私无畏、疾恶如仇、勤政清廉,尤其以虎门销烟而名垂青史。左宗棠受林则徐的人格感染,立志要继其未竟事业,其爱国情怀也十分感人。沈葆桢是林则徐的女婿、外甥,深受其影响,亦民族气节凛然,无私无畏、疾恶如仇和十分清正廉洁,被誉为"文忠垂范于前,文肃遵循于后"。这些先贤的人格力量无时无刻不在激励着船政学子的爱国热情。还有很多在甲申、甲午海战中牺牲的烈士,他们的英名也铭刻在学子们的心中。先贤风范、烈士精神,永远是激励青年自强爱国、努力向上的一种巨大的力量。

船政是中国近代化的一面旗帜,也是福建近代化的先驱。经过一百多年的奋斗,特别是改革开放以来,中国近代化建设步伐大大加快。回首往事,我们可以清醒地看到,爱国图强的斗争此起彼伏,持续不断,只是不同时期情况不同、强度不同、效果不同而已。从这一历史角度看,今天的民族振兴正是昨天爱国自强的延续,今天的改革开放正是昨天船政事业的继续与发展。中华民族的振兴要靠许多代人的自强不息,爱国自强仍然是今后近代化建设的动力。

(六)船政精英的思想至今还有积极意义,典型的是严复的思想

严复的译著问世,就时评不断,其思想曾被捧为清末民初的统治思想。以后评价不高,常说他晚年保守甚至反动。经百年反思,现已被誉为思想史上继孔子、朱子之后的第三里程碑。大浪淘沙后,大家认识到真正向西方寻找真理并能融会贯通的只有严复。信仰危机后,大家才理解有一个"与晚周诸子相上下"的严子。改革开放后,摆在国人面前的还是社会转型和如何走近代化道路的问题。严复说"制无美恶,期于适时;变无迟速,要在当可"。重温严复所设计的近代化道路有着现实和深远的意义。这条道路不仅是温和的、渐进的、可行的,而且是符合国情的、低成本的、深层次的。在民族独立、政权稳固、已有雄厚基础的今天是更好实

施的。

2008 年，在北京大学召开的严复思想与中国变革学术研讨会上，与会学者充分肯定严复思想的博大精深，把严复思想定位为中国思想文化发展史上继孔子、朱子之后又一座里程碑。学术界逐渐形成一种比较普遍的共识，认为严复"比较全面、比较深刻、比较透彻、比较准确地回答了要建设一个什么样的现代国家和怎样建设现代国家的问题，特别是在东西文化的关系、历史传统与时代要求的关系、民族主体与世界潮流的关系、国家权力与人民地位的关系、循序渐变与民族振兴的关系等诸多复杂深刻的问题上，严复较能自觉地、理性地、系统地、持久地予以思索和阐发，包括他的论著、译作、演讲、书信多种方式。因此，我们有理由可以说：严复是一位理论巨人，是现代中国立国之道的强有力的创立者、奠基者。"这是严复思想研究的最重要成果。对指导中国近代化建设事业、对建设现代国家，对两岸和平发展和祖国统一都有着现实和深远的意义。

我列举四点，与大家共同讨论：

一是"制无美恶，期于适时；变无迟速，要在当可"。

严复晚年，国内外形势发生了剧变，特别是 1914 年到 1918 年的第一次世界大战使严复对西方现代文明产生了怀疑并对它进行了反思。他在"一战"咏诗中感慨："太息春秋无义战，群雄何苦自相残。欧洲三百年科学，尽做驱禽食肉看。"制无美恶，期于适时；变无迟速，要在当可。至今，仍以现实意义

二是"物竞天择，适者生存"。

只有强国，不单是经济强国，而且是政治强国、文化强国。才能自立于民族之林。逻辑发展是：先救亡，继富强，后大同。"惟适之安"时要求适时、适情、适势。与时俱进只讲适时，"惟适之安"更深刻，更有内涵。

三是"鼓民力，开民智，新民德。"认为"此三者，自强之本也"是国家富强的根本办法，是治本的。

为了救亡先治标，而要救国，最根本的还是要使国家富强起来，要像西方国家那样发展经济，搞政治文明，特别是提高国民素质，使"民之力、智、德诚优"。现在国民素质问题很多，富人不太乐意搞慈善；穷人不安贫纵火报复社会，伤害无辜；搞企业的大搞假冒伪劣，污染环境；搞

农业的生产毒蒜毒姜；等等。

1918 年 6 月与熊纯如书中附有一首《心远校歌》，歌词有："天心欲启大同世，国以民德分优劣。我曹爱国起求学，德体智育须交修。"严复认为"世间一切法，举皆有弊，而福利多寡，仍以民德民智高下为归。"

四是"均平"思想。

均平不仅是均贫富，更重要的是均贵贱，要实现"民之德、智、力、品"的均平，做到"民少不肖，无甚愚"。"欲贵贱贫富之均平，必其民皆贤、皆智而后可。""必其力平，智平，德平。"严复指出："近代中国之弱，非羁于财匮兵窳也，而弱于政教之不中，而政教之所以不中，坐不知平等自由之公理，而私权奋，压力行耳。"严复认为国群自由比小已自由更迫切，"国群自由比个人自由更重要"。认为"身贵自由，国贵自主"。

总之，在近代化建设的进程中，船政在开放引进、人才培养、门户建设、自主创新、爱国自强等方面的启示是十分珍贵的，其精神遗产是值得认真继承的。中国梦归根到底是人民的梦，我们承接前人的梦想，继续前行。改革开放以来，经济体制、政治体制、文化体制、社会体制、生态文明体制建设成就举世瞩目。今后我们还要建成富强民主文明和谐的社会主义现代化国家，实现中华民族伟大复兴的中国梦。习近平总书记讲得好：我们比历史上任何时期都更接近中华民族伟大复兴的目标，比历史上任何时期都更有信心、有能力实现这个目标。

八

台湾长荣海事博物馆船政学堂专题讲座

各位女士先生，下午好！我给大家介绍的是船政学堂，中国近代教育的先驱。

19 世纪上半叶，清朝统治下的中国社会矛盾丛生，危机四伏。帝国主义列强以坚船利炮敲开了清廷闭关自守的大门，迫使清廷签订了一系列丧权辱国的不平等条约。为救亡图存，社会各界、尤其是经世致用学者开始关注世界，探索新知，关心时局，寻求强国御侮之道。林则徐是"开眼看世界"的第一人。他在总结鸦片战争的教训时，提出"师夷长技以制夷"的著名主张。魏源受其委托编写了《海国图志》，诠释了他的主张，提出了置造船械、聘请夷人、设水师科等战略设想。第二次鸦片战争的失败，使更多的中国人觉醒起来，洋务派也适时地登上政治舞台，在 19 世纪下半叶掀起了一场蓬勃的洋务运动。船政随之应运而生。

在"师夷制夷"思想的指导下，闽浙总督左宗棠选择了马尾，创办了船政，并开设求是堂艺局（史称"船政学堂"）。1866 年 12 月，船政工程动工兴建，同时对外招生 105 名。1867 年 1 月求是堂艺局正式开学。校址暂设在福州城内定光寺（又称白塔寺）、仙塔街和城外亚伯尔顺洋房。同年 6 月，求是堂艺局迁至马尾新校舍，分前后两学堂。12 月设立绘事院（又称绘图学堂）。1868 年 2 月创办管轮学堂（后并入后学堂）和艺圃（又称艺徒学堂，后分为艺徒学堂和匠首学堂）。1876 年 3 月增设电报学堂。至此，船政共有八所学堂，即前学堂（制造学堂）、后学堂（驾驶学堂）、练船学堂、管轮学堂、绘画学堂（即绘事院）、艺徒学堂、匠首学堂、电报学堂。因都是船政衙门办的，所以习惯上统称为船政学堂①。因

---

① 2011 年 6 月 8 日在台湾长荣海事博物馆（原国民党党部大楼）做《中国近代教育的先驱的报告》。

地址在福建省福州市，所以又有福建船政学堂、福州船政学堂之称。

引进西方教育模式

船政学堂引进的是西方教育模式。前学堂学制造，采用法国军港士官学校的科目训练，修法语，设轮船制造、轮机设计两个专业；后学堂学驾驶，采用英国海军的培养方法训练，修英语，设驾驶、管轮两个专业[①]。并聘任法国人日意格为正监督，与之签订了 5 年包教包会的合同。各专业学制初定为 5 年，后有的延长到一百个月，所以有"八年四"之称。各个专业都有比较完整的工程教学课程体系，都设有堂课（理论课）、舰课或厂课。堂课有内、外课之分。内课包括公共课、专业基础课和专业课。公共必修课程有外语（法文或英文）、算术、平面几何等，而《圣谕广训》、《孝经》与策论等列为必修课。专业基础课程和专业课程，有的相通，有的则完全不同。这种课程体系打破了封建教育的传统模式，开创了近代教育的先河，是一所按技术分设专业的近代高等学堂。

船政学堂实行教学、训导、行政分开的管理体制。教学工作由聘请来的监督全权负责。训导则由中国员绅负责。学堂实行的是供给制和军事化管理。"饮食及患病医药之费，均由局中给发"，"饮食既由艺局供给，月给银四两"。学生管理由稽查、管理委员负责，学堂"派明干正绅，常川住局，稽察师徒勤惰"。常川住局，即长期住校，对学生实行昼夜严格管理和思想教育，以规范学生言行。行政由船政提调负责。财务统一办理，统一核算。

船政的办学体制是厂校一体，统筹兼顾。她既不是厂办学校，也不是校办工厂，更不是厂校联合或合作。监督既管学堂，又管工厂；教习既是教师，又是工程师；学生要"手脑并用、技艺斯通"，既学习理论，又参加劳动，并承担生产任务。各学堂各个专业都根据各自的特点安排大量的实习。如制造专业，有蒸汽机制造实习课，船体建造实习课。每门实习课每天要进行数小时的体力劳动。设计专业，三年学习期间，有八个月的工厂实习。管轮专业，先在岸上练习发动机装配，再到新建轮船上安装各种机器。驾驶专业的学生，先在学堂中学习基础课程和航海知识，然后上练船学堂实习，用两年和更多的时间学习"一个船长所必须具备的理论与实际知识"以及海战、射击术和指挥。由于教学与生产劳动紧密结合，船政

---

① 潘懋元：《福建船政学堂的历史地位与中西文化交流》，《东南学术》1998 年第 4 期。

学堂办了五年之后，制造专业的学生，已有独立制作、管理车间、指挥施工等能力。1875 年 6 月开工建造的十七号"艺新"轮船，7 月开工的十八号"登瀛洲"轮船就是由第一届毕业生吴德章、汪乔年等设计监造的。此为"船政学堂学生放手自制之始"，以后建造的船舶大多数由毕业留校学生自行设计监造，共有 18 艘。驾驶专业学生在练船学堂实习期间，就远航南洋各国。

船政创办的初衷之一是整顿水师。左宗棠上奏清廷设立船政的奏折就讲到"欲防海之害而收其利，非整理水师不可"。船政造船，主要造的是军舰，武装海军；同时制炮，生产鱼雷，也是为了武装水师。船政学堂培养的人才，主要是造船和驾驶人才，也都是为造舰和水师服务。求是堂艺局章程明确规定"各子弟学成后，准以水师员弁擢用"。中国近代第一支舰队正是从船政开始。在外人看来，船政造兵船，培养水师人才，更像是海军军事基地，所以，当年的洋监督日意格就称其为"The Foochow Arsenal"，即福州兵工厂[1]。

建立留学教育制度

船政学堂还建立起中国留学生教育制度的基本模式。沈葆桢认为洋人来华教习未必是"上上之技"，"以中国已成之技求外国益精之学"必然事半功倍。他认为"窥其精微之奥，宜置之庄岳之间"[2]。"庄岳之间"即齐国。这是孟子的话，意思是要学好齐国话，就要到齐国去。正是这种指导思想，船政学堂建立了留学制度，由日意格制订留学章程和教学计划，并聘请他为洋监督。确定学制 3 年，其中有一年见习，有四个月到各地参观。前后学堂、绘事院、艺圃均有选送。由华洋两监督共同管理。各专业学生除个别外都按对口专业到有关高校学习。如制造专业的学生到多郎官厂、削浦官学、汕答佃国立矿务学院、巴黎国立高级矿务学院等地学习；驾驶专业的学生到英国海军学校、格林威治皇家海军学院、抱士穆德大学院等地学习。晚清 40 多年，船政学堂共毕业学生 510 名（连同民国初期毕业的共 629 名），选送出国留学生四批及另星派出共 111 人[3]。他们分赴法、英、德、美、比、西、日等国。学习的专业主要有造船、航海、飞机、潜

---

① 左宗棠：《左宗棠全集》书牍卷七，湖南岳麓书院，1987，第 25 页。
② 沈葆桢：《沈文肃公政书》卷 3，吴门节署吴元炳 1880 年刊本。
③ 福建船政学校：《福建船政学校校志》，厦门鹭江出版社，1996，第 196 页。

艇、枪炮、鱼雷、矿冶、机械、无线电、天文等。学成回国，成为我国科技力量的主要骨干，典型的代表有造船专家魏瀚、郑清濂，矿务专家林应升、林日章，轮机专家陈兆翱、杨廉臣等。魏瀚留学英、法、德、比四国，精通造船、枪炮、铁甲制造诸法，回国后在船政总司造船。陈兆翱留学英、法、德、比四国，精通制机诸法，回国后在船政总司造机。郑清濂留学英、法、德、比四国，精熟造船和制造枪炮，回国后在船政总司快船和铁甲制造。还有吴德章、杨廉臣、李寿田3名，在英、法、比三国留学，精通快船、铁甲和轮机制造，回国后在船政分任工程处造船、制机总工程师。陈才鍴留学德国专攻鱼雷、水雷制造，回国后在船政总司鱼雷制造工程。陈兆翱在留法期间发明抽水机，用新式锅炉，还改进了轮船的螺旋桨，外国人很多都效仿他。池贞铨、林庆升、林日章、张金生、游学诗等，都是我国早期的矿务专家。我国我省的很多煤矿、锡矿、铁矿、铜矿、银矿、铅矿的开采，都有他们的足迹，都是从他们开始做起的。

船政教育成绩斐然

李鸿章曾把船政学堂的培养模式归纳为"入堂、上船、出洋"六个字。[①] 把"出洋"即出国留学作为培养人才的重要组成部分，这对于封闭的、科学技术大大落后于发达国家的中国来说，是很有远见的。正是由于建立了留学制度，促成了一批又一批的青年到国外去，使出国留学的青年开阔了眼界，增长了知识，改变了思维，学到了先进的科学技术和管理知识，为加快中国的近代化进程贡献了力量。也正因为有了出国留学，使他们感受到中西方文化的异同。通过对比，了解到差距，促使他们去追求真理，探寻救国良方。纵观近代的风云人物，他们中的许多人是有留学背景的。在这方面，严复是一个典型。他透视西学，提出了西方国家"以自由为体，民主为用"的精辟论断；抨击时局，破天荒地揭露专制君主是窃国大盗；传播西方进化论、社会学理论、经济学理论等，影响了几代人；提出了强国富民的救国方略，倡导"鼓民力、开民智、新民德"，被誉为中国近代的启蒙思想家。

在传播西学方面有所作为的还很多。例如留法归来的王寿昌帮助林纾翻译法国小仲马《茶花女遗事》，震撼中国文坛，促使不懂外文的林纾与

---

① 李鸿章：《请设海部兼筹海军》，《李文忠公全书》，译署函稿第15卷，第30页。

许多人合作翻译出 184 部外文名著。林纾与严复、辜鸿铭成为中国近代三大翻译家。陈寿彭翻译《格致正轨》《八十日环游记》、罗丰禄翻译《海外名贤事略》、《贝斯福游华笔记》等都有一定影响。还有马建忠，在欧洲从事外交工作多年，精通英文、法文、希腊文、拉丁文，得以根据外文文法，研究古汉语文法，撰写了《马氏文通》，开辟了近代汉语文法研究的新领域。

船政精英还将中国文化介绍到国外去，陈季同就是杰出的一位。他在法德等国使馆工作多年，熟悉欧洲社会与文化生活，时常出入巴黎文艺沙龙，写了许多介绍中国现状和中国文学的法文作品，如《中国人自画像》、《中国戏剧》、《中国人的快乐》、《黄衫客传奇》、《中国人笔下的巴黎》、《中国故事集》、《吾国》等，还用法文写了一本以中国问题为题材的喜剧《英雄的爱》，在法国文坛上享有盛名，成为近代中学西传的第一人。

船政学堂引进西方先进的教育模式，结合中国实际，实行"权操诸我"的原则，变成自己的东西，形成特色鲜明的中国化办学模式，很多都是开风气之先的。她突破传统，大胆革新，采用契约合作、引进外教、留学深造的培养模式，采取厂校一体化、工学紧密结合的办学形式，形成熔普教、职教、成教于一炉的办学体系，实行科技与人文结合、培养爱国情操和人才为本、精益求精、因材施教的教学理念，专业设置与课程体系针对性和实用性强，特色鲜明，成效卓著。实践证明，船政的办学模式是成功的。培养的人才成为社会中坚力量，被誉为科技和海军的摇篮。他们在工业、交通、地矿、外交各领域都做出突出的贡献。除魏瀚、郑清濂等留欧学生外，没有留欧的也十分突出；如詹天佑、邓世昌、吕瀚、许寿山、叶琛、林森林等。詹天佑是留美幼童，在耶鲁大学土木工程系专修铁路工程，获学士学位。回国后在船政后学堂修驾驶专业，毕业后留校任教。后献身铁路事业。他承建的京张铁路工程，凿通号称天险的八达岭隧道，解决青龙桥坡道难题，提前两年全线通车，创我国铁路史奇绩，成为举世闻名的铁路工程专家。邓世昌在黄海海战中为掩护定远旗舰，率先驾驶致远舰冲向吉野等日舰，准备与敌舰同归于尽，被敌舰发射的鱼雷击中后落水殉国，被誉为民族英雄。在马江海战中，吕瀚、许寿山、叶琛、林森林等管带都英勇奋战，表现了爱国主义精神和大无畏的英雄气概。据不完全统计，船政学堂培养的海军人才约占中国近代海军同类人员的 60%，晚清和民国时期的多数海军高级将领，如总理南北洋海军兼广东水师提督的叶祖珪、曾一度代理北洋政府国务总理的海军大臣萨镇冰、领衔发表著名的《海军护法宣言》的海军总长程璧光、被孙中山任命为海军总长兼总司令的海军上将黄钟瑛，历任海军总长、交通总长、教育总长等职的刘冠雄等等，都是船政的毕业生。《清史稿》也记载"船政学堂成就之人才，实为中国海军人才之嚆矢。"① 船政学堂还成为各地纷纷效仿的样板。威海卫、昆明湖、江阴、湖北、吴淞、上海、青岛等各类学校相继开办，都采用船政的办学模式。船政学堂的教师和毕业生，很多被派到各地担任要职，1880 年，天津水师学堂成立，前四任总办相继为曾任船政大臣的吴赞诚、曾任船政提调的吴仲翔、吕耀斗和严复。1882 年设立广东鱼雷学馆，调魏瀚、陈应濂为教习。1890 年设立江南水师学堂，调沈瑜庆为总教习。1903年设立烟台海军学堂，调谢葆璋（谢冰心之父）为监督。1904 年设立南洋水师学堂，调叶祖珪为督办。船政学堂为各地办学提供了榜样，输送了人才，被李鸿章誉为"开山之祖"②。

---

① 赵尔巽：《清史稿·学校》中华书局，1977，第 3123 页。

② 张侠等：《清末海军史料》，海洋出版社，1982。

附　录

（一）北京晚报记者专访沈岩发表"中国近代文明的摇篮"文章

2014年9月4日北京晚报记者张骁发表专访沈岩的稿件。题为"中国近代文明的摇篮"，专稿配发船政全图（冯晨清制图）和沈岩照片。凤凰资讯等媒体转发。全文如下：

马尾造船厂的北边就是船政学堂的旧址。在马尾船政博物馆和马尾造船历史博物馆里，陈列着当年船政局和船政学堂的沙盘。山上有祭拜妈祖的天后宫，而山下相对平缓的地带则是当年船政局的主体建筑群，包括了造船厂和学习制造、航海等专业知识的学堂。而学堂又分为前学堂和后学堂，前学堂习法文，学造船；后学堂习英文，学驾驶、管轮。

一校一级敌日本一国

1894年，中日黄海之战，清朝参战的11艘巡洋舰中，有10艘战舰的管带毕业于船政学堂，而且是同班同学，故历史学家有"一校一级而大战日本一国"的说法。然而甲午沉筋，人们对于船政学堂，有什么样的评价，它是否也是一个失败的产物？记者为此采访了船政文化知名学者沈岩。

记者：船政学堂在甲午战争中扮演了怎样的角色？

沈岩：船政培养了近代驾船、驾舰人才，为日后提供了海军主力舰队骨干力量，如刘步蟾、邓世昌、叶祖珪等，让李鸿章都感叹："观南、北洋管驾兵船者，闽厂学生居多。"无疑，船政学堂达到了"育才"的作用。在甲午战争前后，船政学堂也在国内推动了船舶制造、矿采冶炼、铁路建设、电信事业的发展，达到了"助产"的作用，这是铁的事实。

记者：船政学堂成立几十载，便诞生大批左右中国格局人物，这在今天看来也是一个奇迹，它为何能如此"高效"？

沈岩：沈葆桢将严谨刻苦、专业专攻的风气注入学堂。当传统私塾还在研读四书五经时，船政学子们和洋教习、着"辫装"清廷教员一起秉灯夜读数理化，船政人是"敢闯、敢干的"。同时，船政学堂对于学生的管理极为严格，每年实际在学时间为349天，这样算下来，一学年相当于现在高校的1.4个学年。此外，船政学生每三个月参加一次考试，列一等有赏金，列二等无赏无罚，列三等三次就斥出（即开除），淘汰率很高。现在国内不少高校实行在读生到国外进行交换学习或邀请外国教授授课的情况，而放在140年前，对于封建王朝而言，这是很罕见的。现在大学辅导员承担思想教育工作，该职务多由老师或学长担任，而船政时期的"训导"则是道台、知府，相当于现在的局级干部，这些人和学生同习同住，培养了学生深刻的爱国使命感，因此甲午海战中为何涌现出那么多与舰共存亡的悲壮事迹，也就说得通了。从物质资源的匹配上来看，船政学堂也是顶级的，课程强调实践，国家便斥巨资为其配备专属练船、西洋教员，还大批组织学生公派留学。每个月，学生还能领到4两纹银的"工资"，当时一家三口一年的开销也就十几两银子，这笔收入让出身寒门的学生们及早地培养了职业感。

记者：甲午战败，船政学堂该作何评价？

沈岩：此前学界有将甲午之败归结于船政学堂的观点，这样指责未免过重。当时清廷腐败落后的思维给船政发展带来结构性阻碍。"中学西用"本身就是个矛盾命题，晚清时追求"登科及第"，学习科学技术热情不高，令学堂各届学生都招不满。虽然北洋海军管带都为正规学堂毕业生，但掌管教育训练的衙门官员大多是门外汉，对船政教育缺乏顶层设计，对实战方针缺少思考，更谈不上为决战做准备，这是战败关键原因。如果当时将丁汝昌换成船政学子，效果肯定不一样。

（二）大众日报记者采访沈岩发表"林则徐翁婿的船政梦"文章

大众日报记者陈巨慧、卢昱采访沈岩后，写了"林则徐翁婿的船政梦"和"邓世昌：粤闽锻才 挽歌北洋"的署名文章2013年5月11日在大众日报发表

毛泽东讲到中国民主革命的历史曾经说："从林则徐算起，一直革了一百多年。"

林则徐虎门销烟的壮举威震中外，维护了国家主权和民族尊严，揭开了近代中国人民反侵略斗争的序幕，无愧为民主革命的先驱。而作为近代

"睁眼看世界"的第一人，他也是最早大声疾呼加强海防，首倡海军建设思想的先驱。

蒙蒙细雨中，沿珠江北岸前行，记者找到了位于海印桥北的广州林则徐纪念园。纪念园正门牌楼两侧黑底金字镌刻着林则徐的名句："苟利国家生死以，岂因祸福避趋之。"正对大门的是一尊高大的林则徐立像雕塑，旁边是靖海门销烟的浮雕群像。浮雕一侧的石碑解释了这座纪念园的由来：1839 年 6 月，林则徐在东莞虎门销烟后，同年七八月间，又在广州靖海门外海印石附近的东炮台前进行了 3 次销毁鸦片和鸦片烟具的运动，史称靖海门销烟。与虎门销烟不太一样的是，这次销烟，还同时销毁吸食鸦片的托盘、烟枪等木制烟具，士兵用刀劈，用火烧，噼里啪啦，场面十分浩大。老百姓在旁边围观，引起极大震动。

绿树婆娑、鲜花满园，林则徐"开眼看世界"的赭红色半身雕像就坐落在园道旁的花丛中。沿着这条园道走到江畔，可以看到并列着的三门大炮。其中最大的炮车名"四轮枢机磨盘炮车"，是林则徐于 1841 年 6 月与铸炮专家龚振麟在抗英期间首创的全国最大、最重的 4000 公斤大炮和最先进的四轮枢机磨盘炮车。这种"可三百六十度旋转，炮口能高能低"，"虽重至万斤，以一人之力即可推拉轻捷"的大炮和四轮枢机磨盘炮车，在抗英保卫战中发挥了重要作用。

其实，早在鸦片战争爆发前，林则徐已深感建设海上武装力量的重要性和改进海军武装装备的紧迫性。在位于福州市三坊七巷的林则徐纪念馆里，林则徐的海塞防御思想也是展览的重要内容之一。

福州林则徐纪念馆文博馆员朱云斌告诉记者："林则徐虽然没有留下海防方面的专著，但从他遗留的奏稿和信件中，可以清楚地看到他在海防方面的强烈主张。"起初他的海防观大体可分为："弃大洋，守内河，以守为战"的原则，以及进行"择地固炮台、造大炮、采用火攻、设奇伏、召义勇"等手段。随着战争的发展，他进一步意识到"船坚炮利"才是最为有效的海防主导。他主张用粤海关盈余的收入置炮造船，却遭到了道光帝的呵责，"筹计船、炮，建设水军"的拟议没有得到清朝统治者的理睬，甚至被革职遣戍新疆。

1850 年，为官 30 余年，历官 14 省的林则徐在赴任途中因病去世，他的海防梦却在他的外甥兼女婿沈葆桢那里得到了延续。

　　离开福州林则徐纪念馆，穿过繁华的仿古商业街，记者在略显静僻的宫巷中找到了沈葆桢的故居。这是一幢典型的明清大宅，大门口上有檐楼，下有门廊，六扇开门，两侧的细木格窗扇古朴素雅。由于沈葆桢故居尚未修复开放，记者只能从斑驳的红漆中感知历史的沉浮。

　　这幢大宅始建于明天启年间，总面积约 1500 平方米，为 1855 年，沈葆桢在出任江西九江知府前举债购得。1865 年，沈葆桢因母亲去世丁忧回籍时，曾在这座宅院西偏花厅小门开铺卖字。1866 年，沈葆桢重孝在身，左宗棠为请沈葆桢接替他空出的福建船政大臣一职，三顾"茅庐"的往事就发生在这所宅院。接受任命后，沈葆桢将办公地点也临时设在这所宅子里，他的船政梦就此启航。

　　"林则徐对沈葆桢的影响是很大的。1833 年，林则徐在江苏巡抚任上时，曾把沈葆桢带在身边亲侍笔砚，他的思想、行为和性格，都给沈葆桢留下了很深的影响。而林则徐也对沈葆桢的品性、才学很满意，后来才会把自己的女儿嫁给他。"福建省马尾船政文化研究会会长沈岩介绍。

　　关于林则徐选婿的故事，广州、福州流传着许多大同小异的版本。大概是说除夕夜，大家都回家守岁过年去了，林则徐独把沈葆桢留下来，赶写一份文稿。天气很冷，沈葆桢一边呵着手，一边一丝不苟地誊写。看看要写完了，林则徐"哦"了一声说："我忘了告诉你，这文章还需要改一句话。现在你都写好了，怎么办？"沈葆桢见林则徐面有难色，忙说："写好了还可以再写，不要误了大人的事。"说罢就把那写好的文字撕成两半，要林则徐把原稿改了后让他再写。林则徐很受感动，见沈葆桢办事认真稳当，才识过人，断定今后必成大器，当夜就留沈葆桢在自己家里过年，还当面把次女林普晴许他为妻。

　　故事是否真实已无从辨析，只是林则徐与沈葆桢相处的时间并不多，1834 年沈葆桢告归后，再也无缘相见，林则徐甚至连沈葆桢与女儿的婚礼也未能见证。

　　沈岩说："后来，林则徐与沈葆桢虽未相见，但两人常有函札相通，对于林则徐师夷长技的主张，沈葆桢非常熟悉，他也很好地执行了林则徐的思想，坚持自己的主权，将国外先进的东西引进来，很多观念都是与林则徐一脉相承的。"

　　沈葆桢接任后，在福建马尾建造的中国历史上第一座造船厂，成为当时远东最大的造船厂。在他所任职的 8 年里，造出了 5 艘商船和 11 艘兵舰，中国第一代海军舰队之福建水师装备主要来源于此。为尽可能做到最好，沈葆桢从技术、管理到原料严格把关，他以月薪 1000 两白银的高薪请来洋人监督，而自己的月薪只有 600 两。他还创办了福建船政学堂，培养自己的海军军官，并择优出国留学，培养出邓世昌、刘步蟾、萨镇冰、严复等诸多名将。

"中国近代想要强国，马尾就是一个起航点，沈葆桢做出了突出的贡献。"沈岩说。

然而，在 1884 年中法战争的马江海战中，沈葆桢费尽心血所创建的福建水师全军覆没。所幸，沈葆桢此时已化作古人，未目睹这痛心一幕。

在福州停留的时间不长，即将离开的那个上午，记者特意赶早去林则徐墓、沈葆桢墓拜谒。手机导航中将目的地设定为林则徐墓，却被带进了无路可走的阴郁荒山。司机师傅说，在福州开了 8 年出租车，从没听说过有林则徐墓。几经周折，记者终于得以进入福建省军区大院，祭怀林则徐。

林则徐墓为三合土夯筑，表面密生青苔，分为四层墓埕，形制似如意。墓前有三合土狮子一对，墓前的横屏上刻有"五凤来翔"四个翠绿大字，左右为两座青石碑，一是御赐祭文，一是御赐碑文。这座大墓是 1826 年林则徐因母丧守制，为其父母建造的。1850 年，林则徐病逝于赴任途中，归葬原籍，与父、母、妻、弟和弟媳合葬于此。清明节刚过，为数不多的几个花圈上，鲜花依旧鲜艳。

时间所限，拜别林则徐墓后，记者未能如愿前往位于福州总医院后山上的沈葆桢墓，只是听司机师傅说，那里路偏更不好找，除了沈家后人，即使是清明节也少有人去祭扫。

（三）大众日报记者采访沈岩发表"邓世昌：粤闽锻才挽歌北洋"文章

大众日报记者陈巨慧、卢昱采访沈岩后，写了"林则徐翁婿的船政梦"和"邓世昌：粤闽锻才 挽歌北洋"的署名文章，2013 年 5 月 11 日在大众日报发表

1894 年 9 月 17 日，邓世昌在大东沟海战中壮烈殉国。

光绪帝为表抚恤，赐邓家白银十万两，并赐邓母一块用三斤黄金制作的"教子有方"匾额。钦差从珠江边的金花庙码头登岸，邓氏家族和当地居民用红地毯从码头铺到邓氏宗祠来迎接。

当时邓母拿出六万两白银"改善生活"，用剩余四万两在邓家祠堂旧址修建"邓氏宗祠"以作纪念。

萍婆树下少年郎

清明刚过，春意已浓，雨季的广州却天潮潮地湿湿。

穿过榕树低垂的街道，走出墨绿遮掩下的巷子，得亏朱红漆书写的"自行车修理店"旁有一块"邓世昌纪念馆"的指示牌，我们才意识到要转弯，迎面而来的是青砖门楼，门楣刻有隶书"燕翼"二字，进门右转，"邓氏宗祠"四个大字映入眼帘。一座岭南清式建筑，碧墙灰瓦，清幽肃穆，掩映在寻常巷陌的榕荫中。

如今，祠堂已改为邓世昌纪念馆。馆长郭勇说，祠堂始建于1834年，"邓世昌的父亲邓焕庄是茶叶商人，往来于广州、上海等地做生意。茶叶生意当时利润丰厚，邓家生活可谓殷实。这座祠堂最初就是由邓焕庄出资建造的。1849年农历八月十八，邓世昌出生在祠堂西北角的祖屋里。"

寻访祠堂后的旧居，雨滴敲在鳞鳞千瓣的青瓦上，聚成一股股细流沿瓦槽与屋檐潺潺泻下，铺展开来，润湿着石板铺就的街道，青苔油然。邓世昌在这片叫做龙涎里的街巷里，度过了人生头十年的光景。如今，在邓氏宗祠东面的花园里，有一口"世昌井"，当年邓世昌曾喝过井里的水，每天清晨在井边与众兄弟翩翩习武。世昌井往北走10步远，尚有一棵邓世昌手植的萍婆树。

邓世昌的侄孙邓权民已是95岁高龄，听说记者从山东赶来采访，显得有几分激动。他用夹杂着粤语的广东普通话说，这棵萍婆树是邓世昌小时候种下的，"1991年10月，一场台风将这棵古树吹断，那时已有140圈年轮。"这棵有灵性的萍婆树在干枯了一段时间后，树干上又发出新枝，现已亭亭如盖，比碗口还粗。

萍婆树历经百年沧桑，守望着邓氏宗祠的兴衰。据邓权民介绍，抗战时，邓氏家族外出逃难，宗祠日益破落。当年他的堂弟邓桑民回广州从事地下抗日活动时发现广州的宗族祠堂十有八九沦为日军驻扎地，但奇怪的是，邓氏宗祠从来没有日本兵侵扰，反而常有日兵偷偷到宗祠祭拜邓世昌。

有一次，有一名日本军官来到邓氏宗祠，毕恭毕敬地向邓世昌的牌位鞠躬，神情严肃。懂得日文的邓燊民问他：邓世昌当年是你们的敌人，为什么还来拜他？那个日本军官竖起大拇指说道："邓世昌当年在海战中自沉殉国，很英勇。在来中国之前，军部对我们做指示，不能驻扎在邓氏宗祠，不能骚扰他的后人。"

千里赴闽投学堂

近代的广州城，背负着历史的光荣与沉重。出生于斯的邓世昌从懂事起就在父亲膝下聆听林则徐虎门销烟的壮举，随父亲到离家不远的三元里，听父亲讲述当年"千众万众同时来"的义愤。那一幕幕声若雷霆、令敌丧胆的场面，令他深受触动，在幼小的心灵中埋下救国救民的种子。

据邓权民介绍，邓世昌在 10 岁时随父移居上海。开明务实的邓焕庄意识到，无论儿子将来以何谋生，都必须学习洋文。于是，他把邓世昌送进一个教会学校，学习当时在国人眼中还是"蛮夷之语"的英语，并专门为他雇请了一名洋教师教算术、几何，这使得邓世昌很早就接触到西方文化。

年幼的邓世昌看到黄浦江上外国军舰畅通无阻地游弋，曾慨然叹道："中外通商日盛，外舰来华日多，中国的弱点都被外人探知，假使中国不用西法建立海军，一旦强邻挑衅，就无法对付了。"一次，他见外国军舰撞翻一艘中国渔民驾驶的小舟，军舰上的外国佬反而将水中挣扎的中国渔民取笑一番后扬长而去，心中极为愤怒，萌发了报效海军的志向。

1867 年初，福州依然是绿荫满城，在城南的一座千年古刹白塔寺里，伴随着暮鼓晨钟，飘出了一群束发少年"ABCD"的朗朗读书声，恰与两旁香堂里僧人们念诵的经文相答。消息灵通的人士说，左宗棠大人的"求是堂艺局"开学了。

"船政根本在于学堂。"据中国船政文化博物馆工作人员孟晓越介绍，福建船政大臣左宗棠创办福建船政局之后，既办厂，又办学；既造船、整理水师，又抓紧育人。他提出"开设学堂，延致熟习中外语言文字洋师，教习英、法两国语言文字、算法、画法，名曰求是堂艺局"。校址有一处就暂设在白塔寺。

1867 年，左宗棠奉命为钦差大臣，督办陕甘军务，他力荐由沈葆桢接替他的空缺。同年夏天，船政学堂在马尾新盖的校舍落成，"求是堂艺局"更名为"福州船政学堂"，开办前学堂制造班和后学堂驾驶管轮班。这所学堂是中国第一所近代海军学校，它的建立为邓世昌的海军梦插上了飞翔的翅膀。

据福建省马尾船政文化研究会会长沈岩介绍，学堂最初的生源主要为福建本地资质聪颖、粗通文字的 13 到 16 岁的子弟，还必须填写三代名讳、职业、保举人功名经历以作担保。第一批报名者大多是清贫子弟，他们不仅冲着学堂包吃穿住而来，还指望着每月发放的 4 两纹银贴补家用，这些孩子中就有 30 年后翻译《天演论》的严复。

严复的叔叔严厚甫是举人，母亲领着严复请他担保，举人对这种新学堂岂有好感，当即回绝。母子俩痛哭跪求，方才勉强同意。沈葆桢亲自命题——以"大孝终身慕父母论"作文一篇，适逢父丧、家道中落的严复写得声情并茂，而 46 岁的沈葆桢恰好也蒙丧母之痛，感同身受，将严复点为第一名录取。

那时科举未废，时人多像严厚甫一样，对新学堂难生好感，以致生源不足。沈葆桢考虑到学生要有外语基础，所以将招生范围扩展到广东、香港一带，并将年龄要求放宽到 20 岁。邓世昌得知此消息后立即禀告父亲，要求报考。父亲毫不犹豫地答应了他的请求。邓世昌参加考试，成绩优秀，顺利考取后学堂驾驶专业，成为广东籍 10 名学生中的一员。入学时，邓世昌已 18 岁，比一般同学大三四岁。

从广州到福州，有 1000 余里。跋山涉水，初到马尾的邓世昌在去后学堂的路上会路过船政局衙门，抬头可见沈葆桢亲自拟写的头门楹联："且漫道见所未见，闻所未闻，即此是格致关头认真下手处；何以能精益求精，密益求密，定须从鬼神屋漏仔细扪心来。"仪门楹联："以一篑为始基，从古天下无难事；致九译之新法，于今中国有圣人。"而大堂楹联为："见小利则不成，去苟且自便之私，乃臻神妙；取诸人以为善，体宵旰勤求之意，敢惮艰难。"

沈岩解读楹联，指出沈葆桢办船政的心迹以及对学生的殷殷期待：要勇敢地摒弃传统陋习，认真追求科学真理；在科学技术日新月异的关键时刻，要脚踏实地，打好基础，求实求精，刻苦探索；要除去私利，顾全大局，勤奋工作，自强不息；只要我们共同努力，中国的科技人才一定要涌现，中国的将来也一定有希望。"这几幅楹联天天挂在那里，静对着邓世昌等一批年轻的海军学员，耳濡目染，潜移默化。"

练童远航探碧海

寻觅当年福建船政局的今世布局，记者发现后学堂的遗迹全无。当年马尾造船厂占地 600 亩，而今只留下轮机车间、绘事院等建筑。未到谷雨，记者漫步在现代化的马尾造船厂里，沈葆桢当年亲手种下的榕树，繁衍成片，叶叶流年。霏霏细雨中，远处工人敲击铁板的铮铮声与焊花齐飞扬，码头上巨轮成列。这热闹繁荣的厂区覆盖着沉寂百年的故事，邓世昌就是在这里度过了 5 年时光。

据沈岩介绍，当时福建船政学堂的考核制度严格，军事训练强度大，淘汰率高。在这漫长的"马拉松"式学习中，邓世昌自始至终，奋发学习，自强不息，各门功课考核皆列优等。"凡风涛、纱线、天文、地理、测量、电算、行阵诸法，暨中外交涉例文，靡不研究精通"。

而像邓世昌一样努力的，还有刘步蟾、方伯谦、林泰曾、严复、邱宝仁、林永升、叶祖珪等一批同学，他们中的大多数人日后成了北洋水师的骨干。在这里，邓世昌与他们的人生轨迹相交汇，他们的命运也从此和碧波巨浪联系在一起，同清末飘摇的海军共沉浮。

"堂课教育，仅是海军教育的第一步。要成为合格的海军军官，须经练习舰的实习。"沈岩说。1872 年，邓世昌同其他同学一起登上"建威"练船，开始了他们渴望已久的海上远航。中国海军的第一批学员，从沈公榕下列队出发，告别马尾港上的罗星塔，穿越鸥鸟翻飞的台湾海峡，穿行在沙线交错的南中国海，有时数日不见远山，有时岛屿萦回，纱线交错。

"出发时由教员躬督驾驶，各学员逐段眷注航海日记，测量太阳和星座的位置，练习操纵各种仪器。返航时学员们轮流驾驶，教师将航海日记仔细勘对。"沈岩介绍道，作为船政总监督的法国人日意格曾惊叹："这些年轻人中的几位，他们靠着观察、各种计时器及各种计算法，能够把一只轮船驶到地球的任何角落。"这次历时四个月的海上航行，被后来的史学家称为"练童远航"。

而今登上罗星塔，海风习习，眺望东北闽江出海处，浮屿点点，沙鸥翔集。东南方两山夹峙，三江汇合，云绛烟绕，山隐水迢。向西，凭栏俯瞰马尾造船厂的码头，依稀可见厂房与码头分离的布局。只是码头尚在，那艘名为"琛航"的运输船却早已不见踪影。

1874 年 2 月，在这个码头上，沈葆桢任命邓世昌为刚扬帆下水的"琛航"运输船大副。这份信任是邓世昌凭借在"建威"练船赴南洋实习中的表现得来的，他实际驾驶、管理舰船的素质和技能深得外教好评，加之年龄在同学中偏大，比较稳重和老练。正因如此，沈葆桢称赞他是船政学堂中"最伶俐的青年"之一。

3 年后，邓世昌代理"扬武"巡洋舰大副。同年，福州船政局首次派学生去英、法留学。若按邓世昌的全面素质和表现，完全可以进入出洋留学之列，只因带船人才紧缺，才让他继续留在风涛海浪中锤炼。最后，严复、刘步蟾、林泰曾、方伯谦、叶祖珪、林永升、萨镇冰等人扬帆英伦。其中，严复被派往朴次茅斯海军学院学习。

也许是机缘巧合，邓世昌虽未留洋，但十年后，他还是来到了严复曾经读书的城市，不过这次是李鸿章派他同叶祖珪、邱宝仁、林永升等一起赴英接舰。在这里，他迎接了与自己命运紧紧相连的"致远"号，并与其他同僚结队驾舰驶向大海，乘风破浪，抵达威海。

而世界著名小说家、堪称侦探悬疑小说鼻祖的柯南·道尔，自 1882 年起在朴次茅斯居住了十年。2011 年底，被柯南·道尔视为"严肃创作"的历史小说《约翰·史密斯的告白》，在经历近 130 年的遗失后重现人间，其中一段有关中国的预言不可避免地成为宣传其中文版的噱头："有四个国家在未来将成为超级大国，在我看来，最有把握居于第一的是中国。拥有吃苦耐劳的居民，坚韧、节俭、聪敏，有恢弘的历史记忆做支撑，它必将重返万国之首。"

藏甲北洋叹忧患

柯南·道尔隔大清朝两万余里，这"严肃创作"的预言在当时成了没有根基的念想。而邓世昌去朴次茅斯接舰则是北洋藏甲的坚实一步。

其实已被大家公认为是"精于训练"的海军专家邓世昌，早在 1881 年 8 月就曾随丁汝昌、林泰曾前往英国纽卡斯尔港，接收"超勇"、"扬威"两艘巡洋舰。接舰后，年轻的北洋水师迎来了第一次跨越大洋的航行。

邓世昌、林泰曾艰难地带领编队一边返程，一边总结经验教训，熟悉军舰驾驶，并且还不断进行编队队形操演，由大西洋，经地中海，过苏伊士运河，越印度洋。三个月后，终于抵达天津大沽口。李鸿章亲自迎接，并乘舰航行至旅顺。

在接"致远"回国时，同样的路线，同样的训练思路，邓世昌积极组织将士认真进行海上训练。在他的带领下，全舰官兵终日变阵数次。操练的内容和科目，完全是实战可能发生的，"时或操火险，时或操水险，时或作备攻状，时或作攻敌计，皆悬旗传令。"

而邓世昌却因劳累过度，发了寒热。他对自己要求甚是严格，作为管带，不论在何种情况下，都要对全舰的安全负全责。他拖着虚弱的身体，一步步艰难地走上驾驶台，"扶病监视行船"。在邓世昌以身作则的激励下，"致远"舰将士"莫不踊跃奋发，无错杂张皇状"。

时光的指针拨到1888年，邓世昌接"致远"到威海卫后，刘公岛上北洋水师提督府前的青龙逐日海军旗已开始飘扬。那时，北洋水师已成为一只拥有25艘舰船，旅顺、威海、大沽口三处主要基地，军队训练水平不亚于西方的远东海上劲旅。

游轮汽笛鸣起，螺旋桨犁开万顷碧波，向薄雾中若隐若现的刘公岛驶去，空气中猛然加料的"海味"令人精神提振。一百多年前，北洋水师的战舰也在这片海域中纵横驰骋，骄傲地践行使命。

北洋水师，是李鸿章苦心经营的成果，但之后几年，清政府认为海军建设一劳永逸，不懂得海军是一个需要连续投入、不断更新的军种，反而紧缩开支，甚至在主管财政的户部尚书翁同龢的主张下，严令禁止再添购新舰、炮、军火等。

及至甲午海战前夕，一等铁甲舰"定远"、"镇远"和巡洋舰"济远"服役期已近10年，巡洋舰"致远"、"经远"、"来远"、"靖远"的舰龄接近7年。而北洋水师日常出巡任务极为繁重。

中国甲午战争博物馆研究员戚俊杰告诉记者，每夏秋之间，北洋海军除驻防操演外，还要巡弋辽东、高丽一带，或率二三舰，往日本各口岸；冬春季节则巡察南洋群岛，既为宣誓主权，也为降低取暖经费。长时间高强度地使用，对军舰的锅炉动力系统产生了极大的损耗，最直接的影响就是军舰的航速变慢。而李鸿章同水师提督丁汝昌多次申请大修、更换锅炉的申请，迟迟没有下文。

而据山东史学会甲午战争专业委员会委员、北洋水师网站站长陈悦介绍，更让人忧心的还有当时北洋水师的舰船技术。进入19世纪90年代，舰船设计推陈出新，往往一些建造时还被认为技术领先的军舰，等下水服役时就已被淘汰。"非常不幸，北洋水师的军舰几乎都是这一时期的产物。它们在设计建造时，几乎每一艘都是同时段世界上最先进的军舰，然而只过了短短几年时间，就已被宣布落伍。"北洋水师右翼总兵刘步蟾也曾上书李鸿章要求添购新式装备。就在 1894 年初，李鸿章上奏清廷要求为北洋水师更新装备，仅仅只得到光绪皇帝"该衙门知道"五个红字的批注。

治事精勤难随众

除了藏甲之外，北洋水师还吸纳了一大批优秀的人才。邓世昌就是李鸿章派人从福建水师"挖来的"。

1880 年，除了重用留洋归来的刘步蟾等人之外，为兴办北洋水师，李鸿章派心腹马建忠前往福建考察、招收水师人才。听到各方面对邓世昌的赞誉后，马建忠亲自到邓世昌所带的"飞霆"炮船察看，只见兵船管理井然有序，士卒训练有素，纪律严明。

马建忠向李鸿章推荐，说邓世昌"熟悉管驾事宜，为水师中不易得之才"。李鸿章也是识才之辈，同年夏天，将邓世昌调至北洋水师，任"镇南"蚊炮船管带。同时赴任的还有邓世昌的同班同学林泰曾等。次年夏天，在福建船政后学堂担任练习舰教习的方伯谦也调入北洋，任"镇北"炮船管带。

邓世昌刚到北洋水师一个月，北洋水师总教习葛雷森率镇东、镇西、镇南、镇北四炮舰巡游黄海，至海洋岛时，镇南触礁。由于邓世昌沉着指挥，"旋即出险"，但清政府偏信洋员的报告，竟将邓世昌撤职。不过，在此后的十余年中，邓世昌"治事精勤，若其素癖"，再未发生事故，他在履行职务时，决不依赖洋员，而是独立工作，甚至亲自操作。

1882 年，日本趁朝鲜政局动乱之机，企图出兵干涉。丁汝昌奉命率舰东渡援朝，邓世昌"鼓轮疾驶，迅速异常，迳赴仁川口，较日本兵船先到一日"，"日兵后至，争门不得入而罢"，挫败了日本的侵略计划。

邓世昌虽然没有到外国留过学，但其"西学甚深"，为一般同僚所不及。时人称赞他"使船如使马，鸣炮如鸣镝，无不洞合机宜"。他的"致远"舰，是北洋水师中最干净整洁、保养最好、训练最精锐的军舰。

邓世昌忠勇刚烈的性格，以及"不饮赌，不观剧，非时未尝登岸"的作风，和很多其他军官格格不入。与方伯谦之类在沿海各港口购地盖房，娶妻纳妾的军官们不同，邓世昌到北洋之后，始终不带家眷，坚持在军舰上居住，一心治军，只有一条爱犬相伴左右。这使得邓世昌在北洋水师中遭到闽系军官群体排挤，成为军中一名孤独的外来者。

其时，有北洋水师士兵给将领起绰号，比如称方伯谦为"黄鼠狼"，惟妙惟肖。而邓世昌则有"邓半吊子"之外号。论起渊源，还要追溯到已故甲午战争研究中心主任戚其章先生，在上世纪 50 年代曾采访"来远"舰水兵陈学海时的情形。据陈学海回忆，当时邓世昌还有"邓二杆子"这个外号。

戚俊杰向记者解释，民间起这种外号，一般有形容此人做事不管不顾，轻率鲁莽的意思。而水兵用这个词形容邓世昌，倒也未必是贬义。

陈学海的原话是："致远船主邓半吊子真是好样的！他见定远上的提督旗被打落，全军失去指挥，队形乱了，就自动挂起统领的督旗。又看日本船里数吉野最厉害，想和它同归于尽就开足马力往前猛撞，不幸中了雷。这时，满海都是人。邓船主是自己投海的。"可见，陈学海对邓世昌是充满敬意的。

这位孤独的将领在他 27 年的海军服役生涯中，仅回乡探亲三次，最长的一次也只不过在家住了 7 天。中法战争时期，邓世昌的父亲去世，面对严峻的海防形势，邓世昌却强压悲痛，背负"不孝"之名留在军中，没有归乡，只是默默地在军舰住舱里一遍遍手书"不孝"二字。等他再次回家已是 5 年之后。邓权民回忆起奶奶邓温氏当年描述邓世昌回家的情形："一进家门，就跪倒在地，大哭不止，悲恸过度，以致昏了过去。"

而邓世昌最后一次回乡，是在 1892 年，打那之后，他再也没有回去。

雨落邓氏宗祠，雨敲罗星古塔，绵绵潇潇，汇集入海。作为北洋水师的一员，邓世昌恰似雨滴，在一场瓢泼中落下，如玉珠般迸然而碎。百年之后，雨滴尚在黄海中冷冷奏着挽歌。时光仿佛回到了 1894 年 9 月 17 日，农历八月十八，那一天，邓世昌整 45 岁……

（四）福州晚报、马尾新闻网等报道海峡论坛·第四届海峡两岸船政文化研讨会大会发言提纲

2013 年 6 月 13 日，海峡论坛·第四届海峡两岸船政文化研讨会在福州召开。会上，刘庆（中国军事科学院研究员、博士生导师）、苏小东（烟台海军航空工程学院教授）、刘焕云（台湾联合大学全球客家研究中心副研究员、台湾清华大学通识教育中心副教授）、徐学海（福州海军学校航海 13 期毕业生、台湾海军中将）、沈冬（首任船政大臣沈葆桢六代孙女、台湾大学音乐学研究所教授）、文干（福州海军学校航海专业第十二届毕业生、大连海洋大学原校长）、沈岩（福建省马尾船政文化研究会会长）相继做了主旨发言。

刘庆认为：中国的海洋之梦道路艰辛曲折，从 1896 年到 1938 年，在不到半个世纪的时间里，中国海军舰船先后两次被基本摧毁或全部摧毁，包括船政学子在内的中国海军将士只能待在陆上，但他们始终没有放弃海军强军之梦。

苏小东建议：一是希望两岸携手共同研究，这样船政文化的传承才有了根基和更广阔的前景；其次，文化归根到底是人化，研究船政文化背后的关系，特别是地域性的社会关系，可以作为我们以后着力的方向。最后从船政文化从后人传承的角度，也需要做一些研究和宣传。

刘焕云说：在历史长河中，船政文化是近代中国海军的摇篮，展现了近代中国先进科技、高等教育、工业制造、西方经典文化翻译传播等丰硕成果，孕育了诸多爱国之仁 人志士及先进思想，放射出中华民族忧患意识中特有的励志进取、虚心好学、博采众长、勇于创新、忠心报国的传统文化神韵。我们可以将此精神展现成为"船政文化"，是中华民族世代相传的精神瑰宝。沈葆桢、丁日昌等多位出自福建船政的福建巡抚驻台督办台湾防务，由此深深带动了台湾的近代化建设，在台湾近代建设中 留下了不可磨灭的功勋。

沈冬说：沈葆桢首次出访台湾时，曾经写过一封家书，上面写到他对台湾的印象是"此非佳处，愿子侄终身无涉此地也"。二战后，杭州的一支沈氏后裔迁入台湾。除了沈家人做着收集沈葆桢的资料的事情，沈葆桢的事迹还深入台湾普通百姓家中，出版了多本沈葆桢的书籍。在台湾还有三个大的资料库收集了大量沈葆桢以及船政的资料。第一个是中央研究院的《汉籍电子文献》其中收集了 500 多个关于沈葆桢的段落；第二个是故宫博物院《典藏资料库系统》，其中的人物传中含有沈葆桢传包，在奏折项中也含有大量的关于台湾的奏折，关于沈葆桢的就有 500 多个，按照年代排序；第三个是台湾大学《台湾历史数位图书馆》，用资讯工程的角度来阐述，运用大量图表来表述沈葆桢与各个船政人物的交往信件，朝廷来往奏章，沈葆桢的大事记等等。

文干介绍海校情况，说学校中精英荟萃，涌现出一大批杰出人才，他们在校生活多姿多彩，其中游泳是必修课，除此之外还有各种球队、歌唱团、京剧团等课外组织。学校毕业的学员中有的参加了抗日战争，有的参加了反法西斯战争，做出了卓越的贡献。

沈岩发言认为：船政的精神就是中国梦的精神。船政文化拉开了近代中国工业化的序幕，是民族复兴的起点。鸦片战争后，林则徐、左宗棠等先驱做起了中国梦。洋务运动最有成就的就是船政，船政的精神就是中国梦的精神。它包括了爱国主义民族精神和改革开放创新精神。船政文化产生的精神具有深远的现实意义。船政第一代创办者，具有改革创新精神，开放之精神；第二代船政学堂培养出来的学者，留学欧洲，看到西欧 文化，留下宝贵财富。其中，真正了解中西文化的就是严复。他提出的"物竞天择、适者生存""治国方略""均平思想"等对今天具有深远的现实借鉴作用。

后　记

协助专家学者出版船政方面的研究文集，是马尾船政文化研究会的一项任务。继著名船政专家陈道章的系列研究文集出版后，研究会决定向我等约稿，陆续推出一些船政研究专家的文集。2013年研究文集立项后，开始运作。于是我检点近年来的研究，整理出主要的研究文章和讲座讲稿。以文集和讲稿的形式分别出版。书名定为《沈岩船政研究文集》、《沈岩船政文化讲稿精选》，交由社科文献出版社出版。

文集和讲稿虽付梓，但我还无时无刻不在思考着船政及其船政文化的一些问题。我常常自问：史料来源可靠吗，论文观点正确吗，观点表述准确吗？我也常常思考：研究能不能更为准确一些、全面一些、深刻一些，船政的思想能不能形成理论，有无现实意义，等等。沿着这个方向努力，无疑是正确的，但学术无止境，真理无止境，宇宙是人类无法穷极的。历史悬案难以破解，科学谜团无法诠释，有些甚至是几千年来争论不休的老问题。人的一生精力有限、水平有限、见识有限，加上因为种种原因致使史料不全不实等问题，我们的研究也只能取得相对的成果而已。个人的研究更是沧海一粟，微不足道。十多年来，虽然积累了一些论文，也不断在深化，取得了点滴成果，但仍然感到史料不足，研究不深，尤其是船政代表人物如沈葆桢、严复等的思想研究还远远不够。所以，我原先把研究文章和讲稿集在一起，定名为《船政初探》，但同道们一致反对，认为已研究多年，还"初探"不合适，于是分成两本书，改为现在的书名。

从总理船政事务衙门成立的1866年，至2016年，150年过去了。我们对船政，是不是就了解透彻了呢？没有，远远没有！我们只是了解个大概、了解个皮毛而已。我们的研究虽然取得一定的成果，但仅仅是开始，还有很多东西值得我们去挖掘，去探索，去研究。船政文化博大精深，我们的研究充其量只是冰山一角。虽然"初探"容易产生仅仅是开始的误解，但研究还需深化，还任重道远，还需同道同好继续为之努力。此书的出版，恰好是船政创办 150 周年，作为献礼的礼物确实是我的一个心愿，但我更衷心地期待有更多比我更好的文章问世，尤其是欢迎有更多的年轻学者进入这个领域。

研究是一个过程，认识在不断深化。我的讲稿因为时间的推移可能有许多观点在深化过程中，表述上也有前后不一致的地方。汇集时，我没有改动它。我想，这是历史形成的，研究者的研究有一个认识上的深化过程，应当实事求是，当时怎么说的就怎么说。这样做，读者应该能够理解。能看到研究的脉络，不是更好嘛。

讲稿较多，我选出一部分出版。即将付梓，首先感谢福建省委宣传部、福建省文史馆、福建省社科联、福建省社科院、福建省图书馆、福州市委宣传部、福州市社科院、马尾区委、马尾区政府、马尾区政协、马尾区宣传部、福建船政交通学院、阳光学院和马尾船政文化研究会等单位的重视支持与帮助。研究过程中还得到中央高等院校和研究机构及台湾等许多学者专家及媒体的支持，在此也一并表示谢意！最后，还要感谢社科文献出版社的编辑出版与发行。

讲稿中难免存在许多不如人意的地方，也许还存在笔者没有觉察到的谬误，衷心地希望读者给予批评和指正！

沈岩

2015 年 12 月 17 日客于南宁

图书在版编目（CIP）数据

沈岩船政文化讲稿精选／沈岩著. --北京：社会
科学文献出版社，2016.7
ISBN 978 - 7 - 5097 - 8813 - 4

Ⅰ.①沈…　Ⅱ.①沈…　Ⅲ.①造船工业 - 工业史 - 福
建省 - 近代 - 文集　Ⅳ.①F426.474 - 53

中国版本图书馆 CIP 数据核字（2016）第 043039 号

沈岩船政文化讲稿精选

著　　者／沈　岩

出 版 人／谢寿光
项目统筹／李延玲　高　靖
责任编辑／高　靖　赵子光

出　　版／社会科学文献出版社·国际出版分社（010）59367243
　　　　　地址：北京市北三环中路甲 29 号院华龙大厦　邮编：100029
　　　　　网址：www. ssap. com. cn
发　　行／市场营销中心（010）59367081　59367018
印　　装／三河市尚艺印装有限公司

规　　格／开　本：787mm × 1092mm　1/16
　　　　　印　张：14.25　插　页：0.75　字　数：228 千字
版　　次／2016 年 7 月第 1 版　2016 年 7 月第 1 次印刷
书　　号／ISBN 978 - 7 - 5097 - 8813 - 4
定　　价／59.00 元

本书如有印装质量问题，请与读者服务中心（010 - 59367028）联系